y-knot

民主主義の
比較政治学

伊藤武・作内由子・中井遼・藤村直史　著

Musubu

有斐閣

デザイン　高野美緒子

はじめに

▷ 比較政治学との出会い

 比較政治学とはどのような分野でしょうか。比較政治学は、主に国内政治に比重を置いて、複数の国や複数の分野の政治を比較する、政治学の一分野です。

 ある国や分野の政治がどのような特徴があるかを考えるときには、比較が不可欠です。比べて初めてわかることはたくさんあります。たとえば、日本政治はたびたび大きな構造汚職のスキャンダルが起きてきたため、汚職が多いというイメージをもつ人も多いかもしれません。2024 年にも、日本では政治資金問題をきっかけに、きれいな政治を求める声が上がっています。しかし、腐敗について世界レベルの比較によく用いられる腐敗認識指数 (Corruption Perception Index) の最新版 (2023 年) によれば、日本 (スコア 73) は、イギリスやフランスなどと同じレベルで、とくに腐敗が多いわけではありません。

 また、議員の数が多すぎるのは問題だという話もよく聞きますが、日本の人口当たりの国会議員数は少ないほうです。たとえば、下院について日本の衆議院とドイツの連邦議会を比べると、法定定数はそれぞれ 465 と 630 です。

 比べることの大切さは伝わったでしょうか。政治について独特だ、問題だと思っていたことがありふれていたりすることもある一方、普通だと思っていたことが変わっていたりするのはめずらしくありません。だからこそ、比較することで政治の特徴と共通性を選り分

けていく政治学——比較政治学が必要なのです。

▷ 本書の視点

　政治を比べる重要さがわかったとしても，比べる対象はたくさん
あります。世界の地域，さまざまな政策分野や時代を比べる比較政
治学の間口は広く，長い歴史がある学問分野です。グローバル化に
よって急速に変わりつつある各国政治のイメージをとらえるのは簡
単ではありません。何から始めたらよいのか，取っ付きにくく感じ
られるかもしれません。

　そこで本書では，思い切った取捨選択をして比較政治の対象を絞
ると同時に，比較の視野を拡げる試みもしています。本書は，政治
学入門で最初によく扱う，政治とは何か，政治学はどのような学問
かという問いには踏み込みません。古典的な政治学の教科書では，
政治は「諸価値の権威的配分」であるというイーストンの有名な定
義を紹介するなどしながら，政治とはどのような営みかを正面から
とりあげるのが出発点でした。

　これに対して，最近の政治学の教科書では，政治は選挙や議会な
ど典型的な政治の場とされる範囲を超えるものと考えるようになっ
ています。たとえば，家庭や大学の仲間の関係など，従来「公」に
対して「私」の領域と考えられてきた分野についても，政治として
考えるべきとする立場も現れています。何が政治かは，人が違えば
異なり，時代によっても揺れ動いています。同じく，政治学とは何
かについても，多様な考え方があります。

　だからこそ，あまり堅苦しく定義を示しても有益だとは思いませ
ん。とりあえずは，「個人を超えた社会や経済などの問題について，
何かの決定をしたり，それに影響を与えようと働きかけたりするこ
と」という程度のイメージをもってくだされば十分です。政治学と

は何かについても，上記のような政治を対象にする社会科学の一分野であると考えていただければよいでしょう。

そのうえで，本書は，比較する政治の対象を，主に欧米アジアの「確立した民主主義国（established democracies）」の政治に絞っています。以前なら「先進民主主義国（advanced democracies）」と呼ばれていた国々です。比較政治学全般の対象には当然それ以外の，発展途上国と呼ばれてきた国々も含まれていますし，民主主義ではない政治（権威主義といいます。後述）も対象です。ただし，わざわざ分けている以上，民主主義国と権威主義国，さらに民主主義国の中でも何世代かにわたって持続した民主主義国と，民主化して間もない新興民主主義国では，比べるための条件が異なっています。

本書では民主主義と権威主義を比べるのではなく，民主主義の中で比較するほうが，日本の読者向けの比較政治として有益だと考えました。もちろん，本書でも，権威主義についても必要な範囲で説明しています（第2章）。ただし，権威主義に重点を置くか，両者を横断する比較政治については，すでに優れたテキストがあるので，そちらに譲ります（代表的なものとして，久保慶一・末近浩太・高橋百合子『比較政治学の考え方』〈有斐閣ストゥディア，2016年〉，粕谷祐子『比較政治学』〈ミネルヴァ書房，2014年〉などがあります）。

他方で，本書は，近年の比較政治学のテキストでは正面から扱われることが少ないテーマもとりあげて，比較政治の守備範囲を拡げようとしています。宗教や文化は，20世紀半ばごろまでは比較政治でもふれられてきましたが，今は政治学として扱う難しさから避けられる分野です。しかし，執筆者たちが大学で教えてきた経験から，多くの学生が関心をもつ分野です。そこで新しい枠組みを用いながらとりあげることにしました。また，司法政治のように，教科書ではまだあまり登場していない分野も，同じく関心が集まってい

はじめに　iii

る分野なのでとりあげています。他方，議会や選挙，政党，福祉といった典型的分野については，ジェンダーや教育政策など最新の研究も採り入れて刷新しています。いずれも現代の民主主義国の政治を理解しようとするときに，大切で，面白い問題です。

本書の書名を『民主主義の比較政治学』としたのは，このように，現代の民主主義国の政治に焦点を当てて，変化の仕方や背景をじっくり考えていこうという思いを反映しています。

めざすレベル

本書は，大学の学部生に，比較政治学を学んでもらうためのテキストです。大学4年間の学習を，入門・標準・発展・応用の段階に分けるとしたら，本書は，標準を中心に，入門と発展も横断した水準に設定しています。入門レベルから使用可能なように，基本的な制度や理論の説明も疎かにしていません。そのうえで，発展的な内容に興味をもつ人には，発展レベルに加えて，ところどころ応用につながる内容にもふれています。また，文献案内やサポートページも用意しています。

1年生や学際的な学部などで選択科目として履修する方や政治学系の科目を初めて学ぶ方にとっても，基本的な内容から解説を始めているので大丈夫です。2年生以上の政治学の入門講義を終えた方にとっては，政治学の1つの分野としての比較政治学を学ぶのにちょうどよいでしょう。さらに，研究の世界をのぞいてみたいという意欲的な方にも，随所に最新の研究をふまえた説明があるので，そちらを参考にして，学習を進めてください。

執筆者より

執筆者である4人の専門は，地域としては日本からヨーロッパ

まで，分野としては政党や世論，議会，政治経済まで，手法としては歴史研究から計量や実験まで，バラエティーに富んでいます。このようなチームになったのは，実際に比較政治学という分野が多様な対象や手法を横断したものであるからです。実際に各々がさまざまな大学で教えてきた経験を基に，学部の比較政治のテキストとして必要な内容を盛り込みました。

　専門は違っても，比較政治学として，政治について何かと何かを比べて初めてわかった！……という魅力を伝えたい，という思いは共通しています。比べるのは国同士でも構いませんし，政策の分野でも構いません。当たり前だと思っていたことがそうでなかったり，わからなかったことに意外な説明や理論が謎解きを与えてくれたりする発見の面白さを味わってほしいです。この教科書は，あくまでも入り口であって，学生と教員が議論しながら，もしくは学生自身が調べながら勉強するきっかけとなればと思います。

　本書の作成にあたっては，多くの方にお世話になりました。執筆者それぞれが担当した授業を履修した学生のみなさんの反応が，執筆を進めるときの支えになりました。板橋拓己先生（東京大学），稗田健志先生（大阪公立大学）には，草稿に目を通していただき，貴重なコメントを頂きました。できる限り反映したつもりですが，内容の責任はあくまで著者にあります。最後に，ゆっくりとした進行の著者たちを絶妙のタイミングで促してくださった編集者の岩田拓也さんの力なしでは本書は完成に漕ぎ着けられませんでした。

　本書を多くの方の手に取っていただき，比較政治学の面白さを知っていただけるよう願っています。

　2025 年 1 月

著 者 一 同

Information

全体の構成

本書は，分野別に 14 の章からなります。**第 1 章から第 3 章**は，国家，民主主義，民主主義の内容と，政治体制全体の特徴を扱う章です。続く**第 4 章から第 9 章**は，選挙，政党，執政，議会，司法，地方といった，いわゆる政治制度に注目した分野です。そして，**第 10 章から第 14 章**は，文化，宗教，政治経済，福祉，社会といった，政治制度の背景となる分野を扱っています。

おおよそ週 1 回のペースで 14 回〜15 回程度で行われる大学の授業（2 単位）で，ちょうど初回の授業オリエンテーションの後に，1 章ずつ扱うと，終わるようになっています。通年や 4 単位の授業では，1 章あたりに時間をかけて 2 回程度で進めていただくとよいでしょう。

章ごとに自立した内容になっていますので，第 1 章から始めなければならないわけではなく，関心のあるところから読み始めていただいてもわかるようになっています。他方で，選挙制度（第 4 章）と政党数や政党組織（第 2 章）の関係のように，各章は他の章との関連を意識した説明を心がけています。参考にしてほしい他の章を示していますので，あわせてたどって読んでいただくと，より理解が深まります。

各章の構成

Quiz クイズ……各章は，最初の扉ページに関連するクイズを置いていますので，読み始める前に挑戦してください。ページをめくると答えと簡単な解説があります。

Chapter structure 本章の構成／Keywords……章の冒頭に，章全体の構成（節ごと）とキーワードを掲載しています。各章の初めの部分でも，章の課題と内容を簡単に説明しています。全体を概観するのに使ってください。

本論……内容に応じて，数節に分かれた説明を行っています。説明の中では，図表を用いたり，文章の末尾に（ ）で参照文献を入れたりしています。

Book guide 読書案内……日本語で読め，入手しやすい文献を中心に，章の内容

を理解するのに大切な書籍や論文を数点挙げて、解題を付しています。

Bibliography 参考文献……章の内容に関連する参考文献を挙げています。基本的な内容から、発展的な研究までを挙げていますので、関心に応じて参考にしてください。

ウェブサポートページ

この教科書を使って学習される学生、授業をされる教員の方々向けにサポートページを用意しています。刊行後、随時内容を拡充していく予定です。

(1) 購入者向けサポートページ

本を購入してくださった方は、下記のような内容をご覧いただけます。

エクササイズ……章の内容に関係した問題をいくつか付け、解説を付しています。理解できたかの確認になるような基本的な問題から、少し手応えのある問題まで揃えています。復習や試験対策に利用してください。発展的な問題は、本書をゼミの教材として利用される場合に、授業内のディスカッションの素材としても使えるように意識しています。

関連データ・図表……本文には所収できなかった図表やデータ、参考となるウェブサイトなどの説明を含んでいます。

補足解説……教科書に盛り込めなかった内容や関連研究の紹介、時事問題に関する解説など、各種アップデートして掲載することを予定しています。

購入者向けサポートページは、下記のURL（QRコード）からご参照ください。

https://www.yuhikaku.co.jp/yuhikaku_pr/y-knot/list/20014p/

(2) 教員用サポートページ

本書をテキストに採用していただいた教員の方には、さらに下記のような内容をご案内しています。

授業用スライドまたはレジュメ……授業に使えるようなスライドやレジュメを用意しています。

参考試験問題……本書に関係する試験問題と可能な場合は解説も用意しています。

授業用Tips……授業内で関連したアクティブ・ラーニングなど課題を出す場合のTips（事例集など）を用意します。

著者紹介

伊藤　武（いとう　たけし）

1971 年生まれ。

1998 年，東京大学大学院法学政治学研究科博士課程中退。博士（法学）。

現在，東京大学大学院総合文化研究科教授。

専門は，比較政治学，ヨーロッパ政治，イタリア政治。

主な著作　『イタリア現代史——第二次世界大戦からベルルスコーニ後まで』（中公新書，2016 年），「ドイツ・イタリアにおける国際貿易支持と EU 支持の関係」久米郁男編『なぜ自由貿易は支持されるのか——貿易政治の国際比較』（有斐閣，2023 年），ほか。

作内　由子（さくうち　ゆうこ）

1983 年生まれ。

2012 年，東京大学大学院法学政治学研究科博士課程修了，博士（法学）。

現在，獨協大学法学部教授。

専門は，西洋政治史。

主な著作　「選択肢を表に——オランダにおける選挙綱領のマクロ経済予測」『獨協法学』116 号（2021 年），「オランダ型議院内閣制の起源——議会内多数派と政府との相互自律性」『国家学会雑誌』122 巻 7・8 号（2009 年），ほか。

中井　遼（なかい　りょう）

1983 年生まれ。

2012 年，早稲田大学大学院政治学研究科博士後期課程修了，博士（政治学）。

現在，東京大学先端科学技術研究センター教授。

専門は，比較政治学，バルト諸国の政治，ナショナリズム研究。

主な著作　『欧州の排外主義とナショナリズム——調査から見る世論の本質』（新泉社，2021 年），『ナショナリズムと政治意識——「右」「左」の思い込みを解く』（光文社新書，2024 年），ほか。

藤 村　直 史（ふじむら　なおふみ）

1979 年生まれ。

2010 年，京都大学大学院法学研究科後期博士課程修了，博士〔法学〕。

現在，神戸大学大学院法学研究科教授。

専門は，議会研究，日本政治。

主な著作　"Campaign Communication and Legislative Leadership,"（Stefan Müller との共著），*Political Science Research and Methods*（forthcoming），"Ideological Positions and Committee Chair Appointments,"（Jochen Rehmert との共著），*Legislative Studies Quarterly*, Vol.49, No.1, pp.75–102（2024），ほか。

目　次

はじめに …………………………………………………………………… i

著者紹介 …………………………………………………………………… vi

Information ……………………………………………………………… viii

第 1 章　国家形成 ………………………………………………… 1

1　国家とは何か …………………………………………………… 3

主権国家（3）　国民国家（6）

2　国家形成の過程 ………………………………………………… 7

なぜ近代主権国家が成立したのか（7）　多様な統治形態は近代以降にどのような影響を与えたか（9）　ヨーロッパ外での国家形成（10）

3　国家の発展 ……………………………………………………… 11

浸透（11）　標準化——国民意識の醸成（15）　参加——人々の政治参加（18）　分配——福祉国家の発展（21）

第 2 章　現代民主主義の定義と指標化 ………………… 27

1　自由と競争 ……………………………………………………… 29

民主主義の条件（29）　選挙と自由（30）　包摂と参加（32）

2　民主化の三つの波 ……………………………………………… 35

最初の民主化（35）　第一の波に対する引き波（37）　第二次世界大戦後の第二の波（38）　第二の波に対する引き波と第三の波（39）

3　非民主主義体制の多様性 ……………………………………… 41

権威主義体制とは何か（41）　権威主義体制の分類——軍隊・政党・個人（42）

第3章　民主主義の多様性 ……………………………………… 47

1　アカウンタビリティ ……………………………………… 49

アカウンタビリティとは何か（50）　本人–代理人関係（51）　首相の権力の日英比較（52）　裁判官の任命方法（53）

2　直接民主主義と間接民主主義 ……………………… 54

参加・熟議・直接民主主義（54）　代議制の重要性（56）

3　議会制民主主義の多様性 ………………………………… 58

多数決型と合意型（58）　議会制民主主義を支える制度（60）　国民投票（62）　ロトクラシー（65）

第4章　選挙政治 ……………………………………………… 69

1　選挙制度 ……………………………………………………… 71

多数制と比例制（72）　個人投票と政党投票（75）

2　投票参加 ……………………………………………………… 77

投票率の違い（77）　投票参加のモデル（77）　投票参加の要因（79）　データの国際比較（80）

3　投票選択 ……………………………………………………… 82

投票選択する有権者（82）　コロンビアモデルとミシガンモデル（83）　業績投票・回顧投票（85）

第5章　政党政治 ……………………………………………… 91

1　政党の歴史 …………………………………………………… 93

2　政党システム ………………………………………………… 95

目　次　**xi**

政党システムとは何か（95）　政党システムを測る（96）

3 政党の組織 ・・ 98

政党の目標（98）　政党の凝集性，規律，一体性（100）　一体性
の要因（102）　造反（104）

第 6 章　執政政治 ・・・ 107

1 大統領制・半大統領制・議院内閣制 ・・・・・・・・・・・・・・・・・・ 109

執政制度の類型（109）　議院内閣制と大統領制の違い（110）　半
大統領制（112）　大統領制か議院内閣制かの執政制度の影響（112）

2 政権形成と連合政権 ・・・・・・・・・・・・・・・・・・・・・・・・・・・・・・・・・・・・ 114

政権形成・政策形成に与える影響（114）　連立政権の理論（115）
少数政権（117）

3 政官関係 ・・ 117

4 ガバナンス ・・ 120

政府機能の拡大と NPM（121）　中央地方関係と市民（122）

第 7 章　議会政治 ・・・ 125

1 議会の役割 ・・ 127

国民の代表（127）　立法（128）　政府の監視（129）　内閣の形成と
信任・不信任（129）

2 議会の制度 ・・ 130

一院制・二院制（130）　本会議中心主義と委員会中心主義（131）

3 立法過程 ・・ 133

変換型議会とアリーナ型議会（133）　政党内の立法過程（134）　政
党間の立法過程（136）

4 誰が議員になるのか？ ・・・・・・・・・・・・・・・・・・・・・・・・・・・・・・・・・ 137

ジェンダー（137）　世襲（138）

5 議員行動 139

第 8 章　司法政治 145

1 司法化する政治と政治化する司法 148

司法の重要化の背景（148）　政治の司法化（149）　司法の政治化
（150）　司法化と政治化をめぐる政治学的議論（153）　司法の政治
化が進む要因（155）

2 司法制度の設計と政治的背景 156

権力配分規定としての憲法と司法（156）　司法制度の国制上の位置
（157）　新しい立憲主義と現代における司法の役割（159）　司法審
査の重要化（160）　司法の政治化に対する改革の潮流（161）　司
法の独立性と社会的効果（162）

3 司法プレイヤーの行動 164

裁判官の行動と政治学（164）　司法行動論の 3 つのモデル（165）
裁判官の任命とキャリア・選出基盤（167）

第 9 章　地方政治 171

1 連邦国家と単一国家 173

中央・地方の政府間関係（173）　中央と地方の権限の分割（175）
連邦制のバリエーション（176）

2 地方分権と自治体 178

地方政治の制度（178）　地方政治の特徴（179）　NIMBY（181）
地方政府の量的な差（181）

3 マルチレベル 183

第 10 章　文化と政治 189

1 政治文化論の危険性と可能性 191

目　次　**xiii**

安直な文化論を避ける（191）　世論調査による政治文化への接近
（193）

2　政治文化の比較研究 ……………………………………… 196

政治的価値観の国際比較（196）　政治文化と政治的パフォーマンス
（200）

3　政治的対立軸としての文化 ……………………………… 202

非経済争点としての文化争点（202）　文化争点のねじれ（205）　文
化と政治の一致──ナショナリズム（207）

第11章　宗教と政治 ……………………………………… 211

1　民主主義と宗教──ヨーロッパのキリスト教と政治 ……… 213

自由民主主義体制における宗教と政治参加（213）　近代における政
治と宗教（214）　キリスト教政党の形成（217）　キリスト教政党の政
策（218）　民主主義体制への功罪（219）

2　現在の宗教と政治──ヨーロッパ，アメリカ，日本 ……… 221

第二次世界大戦後のヨーロッパ（221）　現代アメリカにおける宗教と
政治（224）　現代日本における宗教と政治（227）

3　政治対立の道具としての政教分離 ……………………… 230

ライシテ（230）　右翼ポピュリスト政党（231）

第12章　政治経済 ………………………………………… 235

1　戦後政治経済体制の形成と経済の国際化への対応 ……… 238

戦後政治経済体制の形成（238）　経済の国際化と新自由主義
（240）　政治経済体制の構造変化と理論的考察（241）　資本主義の
多様性論（243）

2　グローバル化の政治経済学 …………………………… 245

収斂・非収斂をめぐる論争（246）　グローバル化のトリレンマ
（247）　インサイダー・アウトサイダー問題（248）

xiv

3 財政政策と金融政策の政治 250

財政政策（251）　再分配（253）　金融政策（1）——為替レートの
安定（254）　金融政策（2）——中央銀行の独立性（255）　金融政
策（3）——政府，企業，個人の債務拡大の影響（257）　コーポレ
ート・ガバナンスと政治の関係（258）

第13章　福祉政治 263

1 福祉国家の成立と発展 265

福祉国家の成立（265）　福祉国家の発展（267）

2 福祉国家の形成と発展をめぐる理論 269

福祉国家の形成要因（269）　福祉レジーム論（270）

3 現代の福祉改革 273

縮減の政治（273）　福祉国家の縮減の難しさ（275）　新しい社会的
リスク（276）　新しい社会的リスクへの対応（277）　経済危機と福
祉改革（279）　高等教育・職業教育と福祉政策（281）

4 福祉改革をめぐる政治学的議論 283

福祉改革の政治力学（283）　福祉改革とジェンダー（285）　移民と
福祉国家（286）

第14章　社会と政治 291

1 社会と政治をつなぐ多様な経路 294

選挙以外の政治的表出の紹介（294）　非投票参加のコスト（296）
非投票参加と社会経済的属性（297）

2 ロビイングと利益団体政治 298

利益団体と民主政治（298）　利益団体政治の国家的差異（競争型
と調整型）（300）　利益団体の影響力行使の実態（301）

3 デモとオンライン運動 303

社会運動とデモ（303）　政治レパートリーとしてのデモ活動の効果

目　次　**xv**

（304）　オンラインと社会運動（305）

索　引 ……………………………………………………………………… 311
　　　事項索引（311）　国名索引（320）　人名索引（322）

◆図表一覧

図 2-1　Polity による世界の政治体制の推移（32）
図 2-2　V-Dem による日本，ニュージーランド，スイス，アメリカの選挙民主主義スコア（34）
図 2-3　権威主義体制分類の推移（1946–2010 年）（43）
図 4-1　各国の直近の議会選挙の投票率（78）
図 4-2　政治関心と政治参加（81）
図 6-1　連立政権形成のモデル（116）
図 7-1　一院制と二院制（131）
図 9-1　地方分権度（182）
図 10-1　ウェルツェル＝イングルハート文化地図（民主主義諸国版）（195）
図 10-2　政治関心度の国際比較（197）
図 10-3　大きな政府志向度の国際比較（199）
図 10-4　「男性のほうが政治家として優れているか」設問回答の国際比較（201）
図 10-5　政治的対立の 2 次元空間モデル（204）
図 12-1　グローバル化のトリレンマ（247）
図 14-1　署名・デモ・陳情の経験（295）
図 14-2　コーポラティズムの強さ（301）
図 14-3　インターネット上で政治的意見を発信したことがある比率（306）

表 3-1　レイプハルトによる多数決型・合意型を類型化する指標（59）
表 4-1　選挙制度の類型（多数制と比例制）（73）
表 4-2　選挙制度の類型（個人投票と政党投票）（76）
表 5-1　政党モデルの歴史（94）
表 8-1　裁判所の判断が論争を招いた主な事例（152）
表 8-2　2 つの憲法制度設計と司法・政治関係（157）
表 8-3　司法行動論の 3 つのモデル（166）
表 12-1　資本主義の多様性論の主要な特徴（244）
表 13-1　福祉レジームとその主要な特徴（271）
表 13-2　職業教育の技能レジーム（282）

＊　執筆に際し，直接引用したり参考にした文献を，各章末に一覧にして掲げた。本文中では，著作者の姓と刊行年のみを，（　）に入れて記した。

例：（久米ほか 2011）

久米郁男・川出良枝・古城佳子・田中愛治・真渕勝 2011『政治学〔補訂版〕』有斐閣。

国家形成

Chapter

第 **1** 章

Quiz クイズ

Q1.1 「脆弱国家インデックス」（https://fragilestatesindex.org/）は国家の統治能力を数値化してランキングにしたものです。この中で日本は 179 カ国のうち何位になっているでしょうか（順位が低いほど統治能力がある）。予想したうえで，上記のサイトで確認してみよう（2023 年度版）。

    a. 80 位-100 位   **b.** 120 位-140 位   **c.** 160 位-179 位

Q1.2 神前式結婚式を挙げることが日本で広く行われるようになったのは，いつでしょうか。

    a. 平安時代   **b.** 江戸時代   **c.** 明治時代

Answer クイズの答え

Q1.1　c. 160 位–179 位

　日本は，世界の中でもトップクラスに統治能力の高い国家です。「脆弱国家インデックス」のウェブサイトの日本のページを見てみると，2012 年にいったん順位が下がっています。これは，前年の東日本大震災によって，多くの被災者が出たことによります。

Q1.2　c. 明治時代

　日本で伝統的と思われている神前式結婚式は，のちの大正天皇が結婚するときに使われたのをきっかけとして広まったものです。このように，現在，「伝統」と考えられているものの中には，必ずしも歴史が古くなく，近代以降に「伝統」と理解されるようになっていったものが多くあります。とくに「ある国の伝統」といった場合には，その国家が存在し，さらに人々がその構成員であるという意識が共有されることによって，その伝統が伝統として認識されるようになるのです。

Chapter structure　本書の構成／Keywords

1　国家とは何か
正統な物理的強制力の独占，脆弱国家，国民国家

2　国家形成の過程
多様な領域支配の形，略奪国家論，社会契約論

3　国家の発展
中間団体の排除，政治参加，福祉国家

本章ではヨーロッパの国家形成について扱う。比較政治学は現代の国内政治を主な分析対象とするが、その前提である「国家」が何を指し、同時に政治アクターである国家がいかなる役割を果たしているのかを検討する。

　とくに本書の射程である自由民主主義体制をとる先進国に関して、比較政治学の前提となる国家像を提示することが主要なテーマである。近代主権国家の歴史的な発展をたどることで、現在の先進民主主義国がいかなる特徴をもっており、また何でないのかの理解を深める。

　先進民主主義国に着目した比較政治学の最新の研究動向においては、歴史的発展や時代の変化はほとんど研究の対象とはならない。しかし現実の世界は変化を続けており、比較政治学自体もそれにあわせて変化してきた。比較政治学を研究する際に、暗黙の裡に何が前提とされているのかを意識することで、今後の現実政治と研究動向の変化にもついていくことができるようになるだろう。

　まず第1節では、その国家像を国民国家と規定し、国家と国民について説明する。第2節では私たちが念頭に置く国家がどのように形成されてきたかを検討し、第3節ではそのような国家が近代以降にどう変化していったかをみていこう。

1　国家とは何か

▷　主権国家

　この節では国民国家を扱う。まず国家について説明しよう。現在の比較政治学において統治の基本的な単位は国家である。比較政治

学でこの「国家」という言葉が使われる際には，近代の主権国家が想定されている。主権国家は，周囲の国家と国境線で区切られた領土内で排他的な統治権をもち（対内主権），また他の国家や上位の統治主体から干渉を受けない（対外主権）。

このような国家のイメージは現在では自明に思われるが，歴史的にみれば地球上がほとんど主権国家によって覆われている状況はここ50年程度のことであって，それほど当たり前のことではない。たとえば，手元に世界史の資料集があれば近代より前の時代の勢力図をみてほしい。「国家」の領域がしばしば別の「国家」と点線で区切られていたり，境界線が曖昧にされていたりしているはずだ。つまりそれぞれの「国家」の領域ははっきりとしていなかったわけで，主権国家の前提である領土からして不明確だったのである。

比較政治学は国内政治を扱うものであるから，とくに対内主権について考えてみよう。対内主権とは，国家の領土内を実効的に支配できている状況を指している。しばしば国家の定義として引用されるのは，ウェーバーによるものである。彼は国家を「**正統な物理的強制力（暴力）の独占**」と定義した（ヴェーバー 1980）。正統な物理的強制力とは，具体的には警察や軍隊が挙げられよう。私たちは人を逮捕・監禁したり，暴力をふるったり，殺したりしてはいけないことになっている。しかし，国家は法律の規定のもとに，人を逮捕したり，拘置所や刑務所に収容して自由を奪ったり，また場合によっては死刑にしたりすることもある。同じ行為であっても，国家が行う行為は「正統である（レジティマシーをもつ）」とみなされるのである。逆に，国家とは異なる主体がたとえば人を殺すことはありうるが，その場合は違法な行為となり国家によって罰せられることになる。

物理的強制力が独占されていない状況とは，どのような状況であ

4　第1章　国家形成

ろうか。最も深刻なケースでは，シリアのように正規軍とは別に軍事組織が形成され，内戦が生じる場合もある。このように物理的強制力が分有されている状況においては，法律よりも物理的な力のほうが有効になるだろう。特定の勢力がパワーを独占していないということは，何らかのルールを定めたとしても力によって覆すことができるからである。このような状況では将来を見据えて計画を立てることもままならず，日々暴力に対抗するために武装し，衣食住といった生活の基礎自体が不安定になってしまう。このような国家のことを脆弱国家という。

　冒頭のクイズにあった脆弱国家インデックス（インデックス，つまり指標については第2章）は，国にどの程度統治能力があるかを順位づけしたものである。この教科書で議論する対象は，この指標において比較的順位が低い（すなわち統治能力が高い）。それゆえ議会などで決められたことは適切に執行されることが前提に置かれるために，執行ではなく決定の仕組みやその過程が中心的なテーマになるのである。むろん，先進民主主義国においても脆弱国家性と無縁であるわけではない。アメリカで武装した人々による議事堂の襲撃事件が起きたり，イタリアでマフィアが暴力を背景に一部の領域に強い影響力を行使したりしていることはよく知られている。しかし本書では，それは扱わない。

　日本国憲法において議会である国会は国権の最高機関であり，国の唯一の立法機関と定められている。国会で定められた法律は，日本の領土全域で施行される。たとえば，住民がこの法律に反対しているので北海道では施行しません，ということはできない。国会で定められた法律が及ばない領域は，国境の内部に基本的には存在しないのである（各国大使館などの例外はある）。他方で，立法の及ぶ範囲は領土内のみである。日本の法律は，その外には基本的には及ば

ない（海外の日本大使館や日本籍船などの例外はある）。

▷ 国民国家

　さて，その議会は議員によって構成されているが，それを選出するのは国民である。国会議員は地域ごとの選挙区から選出される場合もあるが，その地域のみを代表するのではなく，あくまでも国民全体を代表することが憲法によって定められている。ごく一部の例外を除いて，国民の投票が直接に法律への賛否を左右することはないが，それでも代表を選ぶことで成立した法律に民主的な正統性が与えられることになる。

　議会では多数決によって法律が制定される。それは自分の主張が少数派になり反映されなくても，いったんはその決定を受け入れることが想定されている。それが成立する背景には，立場は異なっていても同じ基盤をもっているという感覚がなくてはならないのである。同じ領域に住んでいたとしても，全く別の種類の人間であるとしか感じられないのであれば，さらにその人々が多数派で自分が少数派であるとすれば，多数派が決定したことを「皆で決めたこと」として受け入れるのは難しい。

　日本は議会制民主主義の国であるが，これは現在の権威主義体制においても同様のことが言える。物理的強制力を独占しているからといって，権力に逆らう人々が多く現れれば体制は立ち行かない。国家には正統性が必要である。そこの住人が共通の基盤をもっていて権威主義体制の支配者がそのリーダーであると受け入れられることは，とりわけ「民意」を重視する傾向にある近年の権威主義体制においても重要なのである（→第2章3）。

　ここで，国家内で共通項としてしばしば引き合いに出されるのが「国民（ネイション）」という概念である。国民というと日本語の語

6　第1章　国家形成

感では当該国家の国籍をもっている人というニュアンスになるが，ここではより曖昧である。ここでいう国民は，もっと民族的なものである。たとえば日本のネイションというと，日本国民というよりむしろ日本人というほうが語感に沿っている。本章の第3節で詳しくみる通り，近代以降，一つの国民は一つの領域に住むべきであるという国民国家の考え方が浸透し，同じ民族が住む国外の土地を要求したり，その国に住んでいる他の民族を差別し排除（あるいは同化）しようとしたりするナショナリズムが広がっていった。

2 国家形成の過程

なぜ近代主権国家が成立したのか

近代主権国家はどのように成立したのだろうか。近世以前にはさまざまなタイプの「国家」が存在した。商業を中心とした都市国家や軍事力をもって統合された国家，司教領や修道院領などの教会領，多様な支配領域を統合する帝国など，**多様な領域支配の形**が存在したのである。

しかし，近代になると近代主権国家という一つの形態に収斂した。はっきりとした国境線をもち，領域内を全面的に支配する政府が統治し，その外からの介入を受けない国家である。なぜこのような形態になったのかに答えたのが，アメリカの社会学者ティリーであった。

ティリーは戦争こそが国家の形成を促していったと説く（**略奪国家論**）。戦争には資源が必要となる。それを獲得するためには大きく分けて2種類のルートがあるという。一つは強制力集約型で，領土内から強制力を徴発する方法である（広大な農業地域を擁するロ

シアやブランデンブルクなど）。もう一つは資本集約型で，商業地域と契約して資本を徴発する方法である（北イタリアやフランドルなど）。最も効率的に国家形成が可能なのは，この2つを組み合わせた資本化された強制力型である。この方法は，イギリスやフランスのように領土内から資源を獲得しつつ，商業地域からも資金を調達するやり方である。

　軍事技術が発達するにつれ，必要な資源は増大する。すると，強制力集約型においては，軍事力を維持する資金をより効率的に獲得する必要が生じる。そうなると領土内に官僚機構を作り上げ，徴税することになる。政府が官僚機構を通じて領土内を直接支配するようになるのである。他方，資本集約型だけでは軍事力そのものが不足する。そのため商業中心の都市国家はそれだけでは維持が難しくなる。こうして，次第に領域全体を直接支配する近代国家に収斂していくことになるのである（Tilly 1985）。

　社会契約論が現れてきたのがまさしくこのような近代主権国家の成立しつつあった16・17世紀であったことは，偶然ではないだろう。主権国家の存在こそが，現在でいう脆弱国家の問題を避け，領域内の安定をもたらすと理解した結果，主権論が唱えられるようになる（ボダン）。そして，主権の正統化根拠が神による授権から，その領域内の個人個人による契約に移る（ホッブズ）。さらに，統治機構の存在意義が領域内の平和を実現することから個人の権利を確実に守ることへ移る（ロック）。こうした形で議論が進行した。社会契約論そのものはフィクションに過ぎないが，現在，世界各国でみられる憲法は社会契約論を一つの思想的源流としている。

　社会契約論からもわかる通り，領域内の安定は人々にとって利益となりうる。むしろ国家による全面的な支配を望む人々によって国家形成が促進されたという観点からティリーとは異なる議論を立て

たのがスプライトである（Spruyt 1994）。

スプライトによれば，ヨーロッパ中世末期に遠隔地貿易が発達していった結果，各地の商人たちは度量衡を標準化するなど，相互の取引コストを下げるための政治的権威を求めた。付加価値が低い商品を扱い，都市が点在するフランスでは，自らそれを実現することができないためにカペー朝の王を頼り，標準化を実現した。これが領域を全面的に支配する主権国家となった。付加価値が低い商品を扱いつつも都市が密集していたドイツでは，相互に協力して都市同盟を作り，王権に対抗した。付加価値が高い商品を扱い都市が密集していたイタリアでは，それぞれの都市が個別に都市国家を形成した。その後，商人にとって主権国家が有利であることが数世紀かけて認識され，主権国家は模倣されて近代に至る過程で広がっていくことになった。

スプライトの議論には，単に領域内で主権を行使するというだけでなく，ティリーの国家形成論で欠落している国家の正統性の要素が含まれている。物理的強制力のみではなく，領域内の人々がその統治権力を自分の利益になるものと認めることで主権国家が成立しているのである。

▷ 多様な統治形態は近代以降にどのような影響を与えたか

明確な国境線をもった領域の全面的支配が近代における国家のありようとなったからといって国家の形態がすべて一様になったわけではなく，多様性も残った。近世以前の国家形態は近代以降のあり方にも影響を及ぼした。

そのような議論の一つに，レームブルッフのものがある。彼は神聖ローマ帝国の版図や現在のオランダ，スイスといった国々では「団体主義的交渉デモクラシー」が発達したという。これは，さま

ざまな団体の利益代表が合意を通じて政策形成を行う民主主義の形である。これは，たとえば議会に権限が集中し，二大政党のうち多数派を獲得した政党が政策決定を一手に引き受けるイギリスのような形態とは異なり，利益団体による合意が政治制度の中に組み込まれているのである。

このような政治制度は，商業中心的な地域の国家形成の特徴が現在に至るまで受け継がれているために発達したといえる。すなわち，これらの地域ではティリーのいう強制力集約型の国家で生じたような強力な官僚機構と，それに伴うさまざまな中間団体の排除（3 **節**の▷**浸透**で詳述する）の程度が低く，中間団体による政治的決定の方法が維持された。レームブルッフはこれらの中間団体同士を政治的に同等と扱い，これらの間で交渉がなされることによって政治的決定がなされると考える。その手法は，16 世紀に起こった宗教改革後の宗派間の秩序形成に起源があるとする。具体的にはドイツ，オーストリア，スイス，オランダ，ベルギーといった国々が挙げられている（レームブルッフ 2004）。このようなやり方は，現在では合意型民主主義と呼ばれ（→第 3 章），また具体的な制度としては，たとえばコーポラティズム（→第 14 章）に反映されているのである。

▷　ヨーロッパ外での国家形成

本節ではここまでヨーロッパ内の国家形成について議論してきた。そこで想定される国家とは，領域内部で物理的強制力を独占し，統治の正統性が人々によって認められている国家であった。このような形態は中世末から近世を経て近代に至るまでのヨーロッパという特殊な時期・地域において発展してきたものである。

現在はヨーロッパを超えて全世界的に国家の形態が主権国家であることが前提となっている。しかし，ヨーロッパ外の国々において，

ここでみたような国家の形について実態が伴わない場合も多いことは，先にみた「脆弱国家インデックス」からも明らかである。その理由はさまざまに考えられるが，そのうちの重要な一つは国家の形成過程の違いにある。

　ヨーロッパ諸国は16世紀以降ヨーロッパ外の領域を植民地化していった。近代に至る過程で植民地支配は強化されていった。ヨーロッパ（のちにアメリカや日本もそれに加わる）の支配によって，領土の境界線が不自然に引かれたり，住民の正統性が得られない形で支配層が育成されたりした。第二次世界大戦後に多くの植民地は解放され，「主権国家」として出発することになる。しかし，植民地時代の負の遺産は現在の統治のありようにおいてもなお深刻な影響を与えているのである。

3　国家の発展

　近代主権国家が政治学で想定される国家であると説明した。しかし，とくに国内政治を扱う比較政治学においては，前提とされている国家はより狭い意味である。以下では，ロッカンによる「浸透」「標準化」「参加」「分配」という国家の発展過程に基づいて説明していこう（Rokkan 1975）。

▷　浸　透

　「浸透」とは国家が社会に浸透していく過程を指す。第1節の▷**国民国家**において国会で決まった法律が領土全域に適用されると書いたが，それは近世以降に王権が領域内に浸透していくにしたがって徐々に実現したものである。「浸透」の過程を絶対王政下の

第3節　国家の発展　**11**

フランスを例にみていこう。

絶対王政といえば，王の絶対的な権力が領域全体に及びそうに思われるが，そうではなかった。「太陽王」と呼ばれたルイ14世の統治下においてすら，王の意思は領土の隅々まで貫徹することはなかったのである。

近世フランスにおいては自生的に表れたさまざまな団体が王権によって網の目のように編成され，これらの**中間団体（社団）**を通じて王権は領域を統治していた。社団は王権からそれぞれに特権を認められていたので，「絶対王権」といえども行動の範囲をそれらによって大きく制約されていたのである（二宮 1995）。ここでは2つ例を挙げよう。

まず軍隊である。フランスでは15世紀の中ごろから封建的な貴族の軍隊と並行して王権の下で常備軍が整備されるようになり，16世紀になると軍の中心的な役割を果たすようになった。しかし常備軍とはいっても国王の思い通りに動く軍隊というわけではなかった。軍隊を指揮する連隊長や中隊長といった官職は，売官の対象となっており，国王がその官職を自由に任命するのではなく貴族に売っていたわけである。買った官職は，今度はその貴族の家産となって子孫へと代々世襲されていくことになる。指揮官となった貴族は事実上，自分の配下の士官を自分で任命できることになっており，彼らは上司である貴族のいうことを聞く。国王の常備軍といっても国王はその人事権をもっていなかったのである。なおかつ，貴族は配下の連隊を自分のものと考えていたので，国王のあずかり知らぬところで勝手に自分の私的な闘争に動員した（佐々木 2009）。

次に司法である（高澤 2006）。近世フランスには**高等法院**という司法機関があった。高等法院は時期にもよるが，フランス全土に17あった。注意が必要なのは，この高等法院は終審裁判所だとい

12　第1章　国家形成

うことで，現代日本でいえば最高裁判所に当たる。つまり国の中に最高裁判所が 17 あったのである。この高等法院はそれぞれの地方の慣習法に基づいて裁判を行う。高等法院には王令登録権という特権があって，国王の発する王令はそれぞれの高等法院において登記されなければ，その地方では発効しなかった。

ルイ 14 世の統治下では，「絶対王政」の建前のもと，このような社団の特権を制約し，国王に権限を集中させようと試み，それは一定程度成功した。軍隊は先ほどみたような官職を買った貴族の軍の寄せ集めから，より規律正しい軍隊へと変化した。国王による昇進の制度を導入して，有能な軍人を門地にかかわらず，よいポストにつけたり，規律を強化したりした。兵器や食料もそれまで指揮官の自弁だったものが，国家の管理下に置かれるようになった。また，1688 年には国王民兵制という任期 2 年の民兵を教区ごとに抽選で選ぶという制度が創設され，徴兵制度のはしりとなった。さらに，高等法院も王令登録権を奪われた。しかし，ルイ 14 世の没後は再び社団の特権が復活していった。

このように，絶対王政における国王でも領土内を全面的に支配するのは容易なことではなかったのである。国王と特権層との対立は1789 年にフランス革命に帰結した。

フランス革命は二重の革命とも呼ばれ，貴族から国王に対する革命と，それをきっかけに起きた国王および貴族に対する民衆蜂起とからなる。貴族の反乱は民衆の反乱を引き起こし，いったんは君主制を崩壊させ，さらに社団を解体した。大きな体制変動となったが，ここで検討している国家の「浸透」という観点からみれば，フランス革命は近世から続く流れを加速させる役割をもったといえるだろう。絶対王政下の君主が実現できなかった特権層の排除と国家による人々の直接的な支配は，フランス革命によって可能になったので

第 3 節　国家の発展　**13**

ある。たとえば革命後しばらくして成立したナポレオン体制における成果の一つは，フランス民法典の成立である。重要な点は，単に法律を作ったということではなく，各地でそれぞれの高等法院が運用していたさまざまな慣習法をまとめ上げ，フランス全土で適用される統一の民法典を作り上げたことにある。

フランス革命によって確立した新たな統治構造のイメージはフランス革命後の統治構造を決定づけた。それは，国家が人権をもった平等な個人を直接に掌握し，統治するというイメージである。それまでは統治するために国王は特権層を媒介して統治していたが，彼らは急速に力を失っていった。特権の一部は国家に吸収された。裁判所や軍隊は国家機関の一部となった。また別の一部は個人の自由という形で特権が解体され，国家から切り離された。

最も典型的には製造販売の権限を独占していたギルドである。たとえば絵描きのギルドであれば，その土地のギルドに所属しなければそこで絵を描いて売ることはできない。ギルドに入って親方に技術を習い修行することで，一人前の職人となる。団体の所属や教育の有無にかかわらず，自由に絵を描いて売ることができる現在とは対照的である。現在それが可能なのは，経済活動の自由としてすべての個人に所有権が認められ，自由に契約をすることができるようになったためである。特権ではなくて，すべての個人に付与された権利となったのである。

教会の機能は一部が国家に吸収され，一部は個人の権利として国家から切り離された。国家に吸収されたのは戸籍の管理や教育である。教会は出生，婚姻，死亡など人々の人生の節目に儀式を行う（秘蹟）関係から，その記録を管理していた。この役割が国家に移ったのである。また，教育については国家が教育システムを構築し，教会が教育に関与する場合でも，私立学校として国家の制度の枠内

で運営するようになった。他方，教会のもつ精神的な救済について
は信教の自由として国家の影響が及ばないものとされた。

　こうして，かつて中間団体が担っていた領域について，近世以降
次第に国家が侵食していたところ，フランス革命後にそれが加速し
た。個人の自由となった部分は，いったんは国家が関与しない領域
となり，それ以外は国家の領域となった（その後，国家は個人の自由
に再び介入するようになる。▭▶**参加**を参照）。むろんこれはフランス
革命後ただちに実現したわけではないが，このイメージがその後
100 年程度かけてヨーロッパ各国で制度化されていったのである。

▭▷　**標準化──国民意識の醸成**

　ロッカンがいう国家の発展過程の 2 つ目に当たる標準化とは，
国民意識の醸成である。先にみた通り，国家を一つの政治共同体と
して機能させようとすれば，それを構成する人々が何らかの共通す
るアイデンティティをもっている必要があるだろう。近代以降それ
を担保してきたのは，多くの場合，国民意識であった。

　国民意識というと，旧いものであるように思われるかもしれない。
しかし，自分は○○人だという意識が現れるには，全然知らない全
くの他人についても同じ○○人だということでなんとなく親近感が
わくようになる，その想像力がなくてはならない。これをアンダー
ソンは『想像の共同体』において「これを構成する人々は，その大
多数の同胞を知ることも，会うことも，あるいはかれらについて聞
くこともなく，それでいてなお，ひとりひとりの心の中には，共同
の聖 餐のイメージが生きている」と表現している（アンダーソン
2007: 24）。たとえば，自分が日本人だと思っていても，同じ日本人
のうちのほとんどと面識がないどころか名前すらきいたことがない。
日本人の 0.1% も知らないのではないだろうか。それでも同じ日本

人ということで親しい感覚を覚えるのである。これが「共同の聖餐」が示すものである（アンダーソン 2007）。このような感覚がさらに先鋭化すれば，単によそとは違う言語や文化を共有する人々という意識にとどまらず，対外戦争に深い関心をもち，場合によっては同じ国民のために命をなげうってでも他国民と戦うというところにまで行きつくのである。

　もっとも，その感覚は，古くから伝統的にあるものではない。ヨーロッパではフランス革命以降，第一次世界大戦にかけてのこととなる。日本では，近世にすでに広く庶民にも他国と区別される日本という感覚自体は広がっていた。しかし，政治共同体の一員としての国民意識が形成されたのは明治に入ってからである（渡辺 2010）。

　伝統だと思われているものが実は近代になって新しく作られたり，昔からあるものをかなり改変したものであったりすることはしばしばある。ホブズボウムとレンジャーはこれを「**伝統の創造**」と呼ぶ（ホブズボウム＝レンジャー 1992）。たとえば，神前式結婚式は 1900年に大正天皇が行ったことによって広まったものである（犬塚 2012）。「伝統」は現在に至っても創造されている。節分に食べる「恵方巻」は，限られた地域でなされていた風習が 2000 年前後にコンビニエンスストアのフェアをきっかけとして全国に広まったものであることは知っている人も多いだろう。もしこの習慣がこのまま続けば，数十年後には恵方巻が「古くから続く」「日本の」伝統と認識される日がくるかもしれない。

　国民（ネイション）という感覚もその実態があるわけではなく，近代になって作られていったものである（これをネイションの構築と呼ぶ）。以下でその過程をみることにしよう。

　重要なのは，自分の知っている世界の外にも自分の仲間がいるのだ，という意識が作られることである。そのためには，外の世界に

16　第 1 章　国家形成

対する具体的なイメージが描けなければならない。国民意識の形成に帰与したものの一つは，**教育**の普及である。たとえばフランスでは，第三共和政になって愛国主義的な歴史教科書が作られた。歴史学者ラヴィスによる『プチ・ラヴィス』である。ドイツへの留学経験のあるラヴィスは，ドイツでは子どもたちに「愛国心の堅固な基盤である国民的誇りを抱かせるために」ドイツ史を学ばせている，と考えた。そこでフランスも真似をしようと思うに至ったのである。彼は，「小学校の歴史教育は，道徳的愛国的教育に帰着すべきだ」という立場をとっていた。「歴史こそが国民教育に大きな霊感を付与すべきもの」と考える彼は，多くの教科書を執筆し，第三共和政のもとで普及した公立学校で，その教科書は広く用いられた。ここで，「フランス」という単位を子供たちは知ることになったのである（渡辺 2009）。

　もっとも，学校で教え込むだけではない。**メディア**の普及も影響を与えた。とりわけ新聞は大きな役割を果たした。新聞を買うと，その村の周りで起きたことだけでなく，パリで何があったかもわかる。ここでも「フランス」という単位で情報が伝達される。さらに，交通・通信網の発達も重要である。交通が発達すると，村から出ることができるようになる。村の外の人との交流が増えれば，村の外の世界のイメージも広がっていく。資本主義社会の発達も国民意識の形成に意味があった。自分たちで作ったものを自分たちで消費するだけでなく，あるいは自分たちの村の近くの都市に売りに行くだけでない。その商圏が広がり，ついにはフランス全土で消費される。これもまた，人々が村の外の世界を想像するのに大きく貢献した。

　先に国家は戦争によって形成されてきたと指摘したが，「国民」が住む領域と軍事・外交上の観点からできあがった国境線とは同じ範囲とは限らなかった。そのためしばしば齟齬が生じた。たとえば，

スイスは言語や宗教が異なる州（カントン）が国防上の理由から統合してできあがった国家である。これとは逆に，ドイツはさまざまな領域国家が同じ「ドイツ人」の国として 1871 年に統一した国家である。このように，軍事・外交上の理由から引かれた国境線と国民の居住する範囲とにズレがある場合には，旧来の国境線内で自治が行われ，連邦制として中央政府と州政府に主権が分有されるケースがしばしばある（→第 9 章）。複数の領域国家が国民の範囲で統合されながら，連邦制にならず中央集権国家になるイタリアのような場合もある。ジブラットによれば，統一時のドイツと異なり，イタリアにおいては統一前のそれぞれの国家が十分に行政能力を発達させられていなかったために，地方に自治を任せられず，中央集権的な統治になったという（Ziblatt 2008）。

参加──人々の政治参加

ここまで「浸透」と「標準化」の段階を検討してきた。平等で権利をもった個人，同じ○○人という建前ではあったが，19 世紀初めごろはなお国家のことを決める，つまり政治に参加する権限はごく一部のエリートに限定されていた。国家が社会に浸透するにつれて，人々も国家の動向に大きな影響を受けるようになる。また国家が切り離した信教の自由や市場経済についても，政治から無縁ではいられなかった。そのような中で，人々は政治参加の要求を高めるようになる。

19 世紀のとくに初めのほうの議会は，必ずしも重要視されていなかった。行政能力が十分高くなく，また個人の内面や市場には介入すべきではないという建前のもと権限が制約されていたために，議会が国家の決定機関であったとしてもそこでの決定にかかわるインセンティブは多くの人にはなかったのである（→第 2 章 2）。

しかし，国家の「浸透」が進むにつれて，次第に国家は領土と国民の統治の強度を強めていく。その決定機関である議会での決定にかかわることはすでに参政権をもっている人にとっても重要になり，また参政権をもたない人にとっては参政権を要求する理由となった。ヨーロッパにおいて参政権は 19 世紀から次第に拡大していき，第一次世界大戦ごろには多くの国で（男子）普通選挙が導入された。

　しかし，選挙権拡大は必ずしも順調に進んでいったわけではなかった。当時，最も重要な政治勢力は自由主義勢力であった。彼らの考えによれば政治的な判断は，一人一人の個人がもっている理性に基づいて何が公共の利益にかなうのかを考えて行う。判断の結果は一人一人違ってよいのだが，他方でそれは自分の私利私欲であってはならないのである。

　自由主義者は一般に，特権を廃し，人々が平等に権利を獲得すべきであると考えていた。したがって，人々が世論を形成する自由な議論に参加する自由をもつことは肯定したが，参政権についてはさまざまな理由から制限すべきであると考えた。

　制限の根拠の一つはどのくらい財産をもっているかである。近世以前から議会は，戦争遂行のために税金を要求する国王に対して予算を承認することが重要な役割であって，税金を払うだけの財産をもつ人にしか関係ない，という考え方があった。それに加えて近代に人々の平等が唱えられたにもかかわらず，財産をもたなければ理性で政治的な判断をすることができないとも主張された。財産がなければ自分で政治的な判断をするのではなく，他人に買収されてしまうかもしれない。それゆえ，経済的に自立している人にしか参政権を与えるべきではないと考えたのである。

　制限の根拠のもう一つは教養の有無である。理性を働かせるには教養が必要であると考えられた。自由主義者の建前からすると，

第 3 節　国家の発展　**19**

人々は平等なので普通選挙を導入すべきである。しかし，まだそこまで人々は成長していないので，教育や経済発展によって人々が成長するまでは普通選挙にはしえないと主張されたのである。

参政権が拡大されると，フランス革命によって国家の領域から切り離された2つの分野が再び政治の領域に帰ってくる。一つは教会である。自由主義者たちは国家による学校制度を作り上げていった。近世に教育を教会が行っていたにもかかわらず，国家がそれを独占するようになったとして教会はこれに反発していた。それでも国家に行政能力がないうちは教会が実質的に学校を運営していたものの，国家が教育行政を強化していくにつれ，自由主義とキリスト教勢力との間の対立は深まっていった。キリスト教勢力は選挙権の拡大とともに信徒を動員するようになった（→第11章）。

もう一つの領域が経済の領域である。選挙権の拡大とともに労働者が政治的に動員されるようになった。自由主義的な考え方によれば個人は自由に契約でき，国家はそれに介入しない。しかし，契約が自由だとしても労働者の置かれている環境は厳しかった。実際に労働をしなければ生きていけないので，かなりの悪条件でも働かなければならないのである。契約の自由を圧してでも労働者が組合を結成して団体交渉をする権利や，労働時間をはじめとする労働条件の規制，最低賃金の導入など，労働問題の顕在化と労働者の政治参加の拡大を経て国家がいったんは撤退していた市場に再び介入するようになったのである（□➡浸透を参照）。

議会に権限が集中するとともに，次の項でもみるように国家の役割が増大し，その結果議会の決定の負荷が重くなっていく。第一次世界大戦ごろヨーロッパに男子普通選挙が普及したが，その後まもなく議会で党派対立，とりわけ労働者と資本家の間の**階級対立**が激化した。問題を解消できない議会は，議論ばかりで決定できない場

20 第1章 国家形成

として信頼を失っていった。階級対立を克服するために議会制に代わるさまざまな体制案が出され，実際にイタリアやドイツをはじめとする少なくない国で議会制が崩壊し，異なる体制案が試されたのである（マゾワー 2015）。

　議会制に代わる体制の実験は結果として失敗に終わった。しかし，議会制民主主義がよいからといって，そのまま戦前の体制を復活させれば，再び体制は機能不全に陥りかねない。それゆえ第二次世界大戦後の西ヨーロッパでは，逆説的ではあるが，議会制民主主義を維持するために選挙によらないさまざまな機関が役割を担うようになった。

　たとえば，ネオ・コーポラティズムにおいては労働組合と使用者団体の代表が賃金決定や経済政策の決定を行い，それを国が公的に認める。労働者と資本家の対立を議会における党派対立ではなく，利益団体にアウトソーシングすることで，議会への負荷が下がるのである。別の例としては，司法に違憲審査権を認めることがある（→第8章）。これによって議会による憲法に反した立法を防ぐと同時に，議会制で取りこぼされるマイノリティの権利を，裁判を通じて救済する仕組みができあがってきたといえよう。

　現代の先進国の民主主義体制は単に公平な選挙による議会での決定のみから成り立っているのではなく，このような議会政治を支えるためにさまざまな制度上の仕組みが用いられている。近年，その重要性が比較政治学上で注目されつつある（Vibert 2007）（→第3章1）。

▷　分配——福祉国家の発展

　最後に，「分配」すなわち**福祉国家**の発展をみてみよう（→第13章）。国家による最初期の救貧はイギリスのエリザベス救貧法（1601年）であろう。もっとも，近世において国家による福祉の提

供は一般的ではなく，教会や私人によるチャリティが主であった。18世紀後半以降，次第に公的な救貧制度が整備されていくことになった。これはその後，日本における生活保護のような現代の公的扶助につながっていくものである。

　現在の福祉サービスで重要なのは，むしろ年金や保険といった社会保険である。このような社会保険制度も私的な領域からまず拡大していった。とくに労働者がけがなどで働けなくなった際に給付を受けられるよう，平素から少額を積み立てておくような仕組みが作られていったのである。

　1871年にドイツが統一されたのち，ビスマルクは社会保険制度を充実させていった。当時，マルクス主義が広がりをみせる中で，革命を主張する労働者を抑圧すると同時に，福祉の提供を通じて労働者に体制を支持させることがねらいであった。この制度は国家が一から制度を作るものではなく，すでに社会に広がっていた保険サービスに法の網をかけるもので，受け取る人々ごとに多様なものであった。

　貧しい人々のための法整備としては，金銭やサービスの提供だけでなく，国家によるさまざまな規制が挙げられよう。労働時間の規制や最低賃金の導入などがなされたことは前項でみた通りである。自由な経済活動を抑制し，労働者がよりよい条件で生活できるようなルールを整備していったのである。

　さて，第二次世界大戦ごろから，ヨーロッパ各国では福祉国家がさらに拡大していった。とりわけ戦後は高度成長の波で税収が増え，国家が提供できる福祉の量が一気に拡大したのである。1970年代に高度成長が終わると福祉国家の拡大は抑制された。また，1990年代以降，次第にさまざまな規制も緩和されていった。

　グローバル化の結果，福祉国家が削減されたという議論がある。

少なくとも国家の社会支出をみる限り必ずしもそれは常に妥当するわけではないが，福祉国家の形は変容を余儀なくされた。国家の役割は次第に人々の生活を支えることから，人々ができるだけ市場に包摂されることを後押しすることに重心が移っていった。それゆえに所得補償などよりも，積極的労働市場政策のように人々を労働市場に送り込む政策がとられるようになった。

　本章では，本書で扱う現代先進民主主義国の比較政治学においていかなる国家像が念頭に置かれているのかを紹介した。国家は正統な物理的強制力を独占し，領域を全面的に支配をする主体である。国家が決定したことは領域全体で実施されることが前提とされるため，政策の実施よりも決定の部分に焦点が当てられる研究分野である。国家は次第にその役割を増やし，公平かつ民主的に選出された代表がその決定を行うようになっていった。しかし過剰な議会政治の負担を緩和し，同時に議会の決定をチェックするためのさまざまな機関が整備された。現在では歳入の不足と経済の自由化とから国家の役割を限定する動きもあるが，機能をなお変化させつつ重要な政治的決定の場であり続けているのである。

Book guide　読書案内

・佐藤成基『国家の社会学』青弓社，2014 年。

　　　その名の通り社会学における国家の位置づけを網羅的に概説した本である。比較政治学における国家の理解は，ティリーやウェーバーの研究をはじめとして社会学研究に負うところが非常に大きい。

・リンダ・コリー／川北稔監訳『イギリス国民の誕生』名古屋大学出版会，2000 年。

　　　イギリスは本来，アイルランド，スコットランド，ウェールズ，イングランドからなる地域である。そうであるにもかかわらず 18 世紀から 19 世紀半ばにどのようにイギリスの国民意識が醸成されていったのか。宗教や帝国，

経済などの観点からそのダイナミズムを描き出す。

・岩井敦『ヨーロッパ近世史』ちくま新書，2024年。

　　現在，私たちが想定する主権国家とは異なるヨーロッパ近世の国家のあり
ようを「複合国家」という概念でコンパクトにまとめている。近年の西洋史
研究の進展が反映された好著である。

Bibliography　参考文献

アンダーソン，ベネディクト／白石隆・白石さや訳 2007『定本　想像の共
　　同体──ナショナリズムの起源と流行』書籍工房早川。

犬塚元 2012「時間軸において「伝える」こと」川崎修編『伝える　コミュ
　　ニケーションと伝統の政治学』風行社。

ヴェーバー，マックス／脇圭平訳 1980『職業としての政治』岩波文庫。

佐々木真 2009「ヨーロッパ最強陸軍の光と影──フランス絶対王政期の国
　　家・軍隊・戦争」阪口修平・丸畠宏太編『近代ヨーロッパの探求⑫　軍
　　隊』ミネルヴァ書房。

髙澤紀恵 2006「〈アンシアン・レジーム〉のフランスとヨーロッパ」谷川
　　稔・渡辺和行編『近代フランスの歴史──国民国家形成の彼方に』ミネル
　　ヴァ書房。

二宮宏之 1995『全体を見る眼と歴史家たち』平凡社。

ホブズボウム，エリック＝テレンス・レンジャー／前川啓治・梶原景昭ほか
　　訳 1992『創られた伝統』紀伊國屋書店。

マゾワー，マーク／中田瑞穂・網谷龍介訳 2015『暗黒の大陸──ヨーロッ
　　パの20世紀』未來社。

レームブルッフ，ゲルハルト／平島健司訳 2004「西中欧における団体主義
　　的交渉デモクラシー」『ヨーロッパ比較政治発展論』東京大学出版会。

渡辺和行 2009『近代フランスの歴史学と歴史家──クリオとナショナリズ
　　ム』ミネルヴァ書房。

渡辺浩 2010「いつから「国民」はいるのか──「日本」の場合」『UP』39
　　(2)，1–6頁。

Rokkan, Stein 1975, "Dimensions of State Formation and Nation Building: A
　　Possible Paradigm for Research on Variations within Europe," in C. Tilly
　　ed., *The Formation of National States in Western Europe*, Princeton Uni-
　　versity Press, pp.562–600.

Spruyt, Hendrik 1994, *The Sovereign State and Its Competitors: An Analysis of Systems Change*, Princeton University Press.

Tilly, Charles 1985, "War Making and State Making as Organized Crime," in Peter Evans, Dietrich Ruesschemeyer, and Theda Skocpol eds., *Bringing the State Back In*, Cambridge University Press.

Vibert, Frank 2007, *The Rise of the Unelected: Democracy and the New Separation of Powers*, Cambridge University Press.

Ziblatt, Daniel 2008, *Structuring the State: The Formation of Italy and Germany and the Puzzle of Federalism*, Princeton University Press.

Chapter

現代民主主義の
定義と指標化

第 **2** 章

Quiz クイズ

　幅広い有権者の参加と競争的選挙の存在をもって民主主義と定義
したとき，近代最初の民主主義国はどこでしょうか。

a. スイス　　**b.** アメリカ　　**c.** ニュージーランド

Answer　クイズの答え

c. ニュージーランド

　いずれの国も早くから自由で競争的な選挙を導入していました。しかし、スイスは 1971 年まで（州によっては 1991 年まで）女性の参政権が奪われていました。アメリカでは公民権問題のように社会の大多数に平等な政治的権利がありませんでした。他方、ニュージーランドは 1893 年に世界で初めて女性普通選挙権を認めていました。

Chapter structure　本書の構成／Keywords

1　自由と競争
自由民主主義、包摂と参加、ポリアーキー

2　民主化の三つの波
ハンチントン、多様な「民主主義」の試み、
「民主主義」の後退

3　非民主主義体制の多様性
権威主義体制、軍・政党・個人

本書では，現代民主主義諸国を主たる対象として，比較政治学上の諸現象を扱っている。しかし，その際の民主主義諸国とは何なのだろうか。第1に，選挙さえ実施していれば民主主義である，とはいえないことを指摘しておかなければならない。選挙は独裁国家でも実施されており，その存在のみをもってして民主主義とはいえない（宇野 2020；浅古・東島 2022）。

　では，どのような状況下であれば民主主義といえるのだろうか。以下でその論点ついて整理し，歴史的な展開や非民主主義体制の状況についても確認していこう。

1 自由と競争

▷ 民主主義の条件

　ある政治体制が民主主義といえるかどうか，どのように判断すればよいだろうか。政治体制とは「権力の構造と制度の全体」（高畠 2012: 218）であるから，権力行使の主体がどのように選ばれ，またそれにまつわる諸制度や仕組みが具体的にどうなっているか，という点から判断することになる。まず，民主主義であるためには，第1にその選挙が競争的でなければいけない。単独の政党しか出馬できない状況を，私たちは通常，民主主義とは呼ばないだろう。あるいは複数の政党が許されているとしても，政府寄りの意見を唱える候補や政党だけが出馬でき，そうではない意見を唱える人々が立候補を制限されている状況もまた，通常，民主主義とは呼ばないだろう。さまざまな政治的意見が表明できる状況での選挙でなければ意味がない，というのが，ここでのポイントである。

第1節　自由と競争　**29**

もちろん競争的であるというのは，複数の勢力が，現在の政権寄りの立場であろうと政権に批判的な立場であろうと，勝つチャンスがあるということであって，結果の競争性ではない。自由かつ競争的に選挙を戦った結果として，ある特定の勢力が大勝するということはありうる。したがって，選挙結果が伯仲しているかどうかはあまり関係がない。重要なのは，複数の多様な意見が表明され，支持をめぐって競争できる状況があるということである。そのためには，言論の自由や結社の自由，そして多様な情報源があり，さまざまな立場のメディアの存在が許されている等の状況が必要である。

　要するに，現代の民主主義諸国においては自由の要素がきわめて重要なのである。しばしば略されがちだが，普段，民主主義と呼ばれているものは，正確には「**自由民主主義（リベラル・デモクラシー）**」と呼ばれるものである。

　民主主義における自由を守るためには，場合によっては民主主義とは異なる要素，あるいは民主的な要素にブレーキをかける要素も必要となる。それが第2の要素である，制度的な抑制や均衡である。最も代表的なものが司法の独立であり，人によっては独立監視機関による執政権への監視を含める者もいる。競争的な選挙に勝利した勢力であっても，異なる意見の表明の自由や少数派の権利を侵害する決定まではできず，またそれができないように制度的な縛りをかけられているか否かが重要である。多数決によっても侵害できない権利のリストを憲法に書き込んでおき，それに反する立法に制限をかける立憲主義もここに含めていいだろう。

▷ 選挙と自由

　現代において民主主義という言葉を使うとき，それは実際には自由民主主義に基づく政治体制（あるいは思想）を意味している。実

際に，世界の民主主義にまつわる指標では，ある国の政治体制がどの程度民主的かどうかを指標化する際，単に選挙が行われているかどうかだけではなく，先に述べたような自由の要素をポイント化したり，制度的な均衡関係を重視したりしている。そのような指標として昔から知られてきたのが，フリーダム・ハウスと Polity プロジェクトである。それぞれ少し異なる方法で指標化を行っているが，こういった指標化の好ましい点は，世界の政治体制を民主主義か独裁かという質的な二分法でわけることなく，量的に連続的なものとしてとらえることができる点にある（フランツ 2021）。

　たとえば，同じような民主主義国であるアメリカと日本でも点数は違う。日本は報道の自由に若干の制約があることなどから，2023 年度のフリーダム・ハウスのデータ上では 100 点満点中 96 点となっている。他方，アメリカでは司法への介入や選挙の不透明性や汚職などが相次いだこともあって 83 点である。シンガポールも北朝鮮も，与党勝利が確定している非競争的な選挙を実施しているという意味では同じ非民主主義国であるし，シンガポールを「明るい北朝鮮」と喩える（揶揄する？）表現も存在しているが，一方でシンガポールは北朝鮮に比べれば日常生活などにおける自由や，限定的な野党の政治参加も認められている。実際にフリーダム・ハウスのスコアでは北朝鮮が 3 点であるのに対して，シンガポールは 51 点となっており，そういった非民主主義国内部での差異をみるうえでも，こういった指標化には有用性がある。

　なお，Polity では便宜的に 6 点以上を民主主義諸国であるとしているが，この指標に基づけば，世界の国々で最も多い政治体制が民主主義となったのは，1991 年になってからに過ぎない（→図 2-1）。私たちは，近代以降初めて，民主主義が主流となる時代を生きている世代なのである。それが今後の人類の歴史からみて，端緒とな

図 2-1 Polity による世界の政治体制の推移

[出所] Polity Ⅳウェブサイト。

る時代とみなされるのか,あるいは特殊な時代であったとみなされるのかは,誰にもわからない。

包摂と参加

　ただし,現代民主主義諸国の問題を考えるうえで,先に述べた基準や指標からは抜け落ちている観点もある。民主主義とみなされるために,第3に必要なのが,幅広い人々がその選挙に参加できなければならないという観点である。たとえば,国民の1%を占める貴族の間だけで競争的な自由選挙と権利保障がある,という状態を私たちは通常,民主主義とはいわないだろう。

　要するに,多様な政治的自由と,多くの人々がその競争に参加できることが重要なのである。これこそが,代表作『ポリアーキー』で現代民主主義諸国の,手続き的な指標化を試みた**ダール**の狙いだった。ダールは,万人がそれぞれ異なる理想をもってしまう理念と

しての民主主義ではなく，その理念を現実的な範囲で実現可能な体制「ポリアーキー」に必要な条件は何かと考える中で，政府に対する異議申し立ての自由（すなわち先述の第1・第2の要素）と，幅広い人々の政治に対する包摂の2つが必要であるとしたのである（ダール 2014）。

包摂の問題は，かつての貴族時代や制限選挙時代に限った過去の話ではない。たとえば，1991年までの南アフリカには競争的選挙と政治的自由が保障されていたが，その対象となっていたのは少数の白人の間だけであって，大多数の住民はこの政治過程や権利から排除されていた。直接民主主義を実施し，民主主義の理想のようにみられがちなスイスは，その一方で長いこと国民の半数（正確には過半数）を占める女性に対して参政権を与えていなかった。アメリカも長らく人口の相当数を占めるアフリカ系国民の選挙権を制限していた。これらの国々は，当時の基準では民主主義とされていても，先に述べた自由と包摂を重視するダールの基準からすれば，民主主義の名に値しないことになる。

そういった点を踏まえ，人口の相当数にきちんと政治的権利が付与されたうえで，自由な競争的な選挙が実施されているということを基準にした場合，近代史上最初の民主主義国家はニュージーランドといわれることが増えてきている（Dahl 2005；前田 2019）。というのも，ニュージーランドこそが，1893年に世界で初めて普通女性参政権を制定した国だからである（ただし，ニュージーランドでも女性の被選挙権は当時認められなかった。それを最初に広く認めたフィンランドこそが近代最初の民主主義国とする主張もある）。

このようなポリアーキー基準も含めて政治体制を指標化したのが，V-Dem である。V-Dem の選挙民主主義指標は上記の要素を各国政治の専門家に聴取し（国家間や回答者間の数値のズレや偏りを修正した

第1節　自由と競争　**33**

図 2-2 V-Dem による日本, ニュージーランド, スイス, アメリカの選挙民主主義スコア

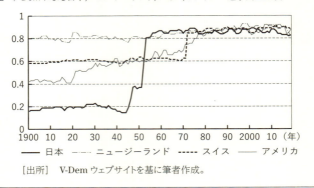

[出所] V-Dem ウェブサイトを基に筆者作成。

うえで)指標化している(Coppedge et al. 2020)。**図 2-2** はニュージーランド,スイス,アメリカ,日本の V-Dem 指標(選挙民主主義指標)である。ニュージーランドのスコアがかねてより高いのに対し,スイスやアメリカのそれは 1970 年ごろまで中程度でとどまっている。これは,これらの国々が先ほど挙げたような理由で,国民の相当数を選挙競争の場から排除していた結果である。むしろ,第二次世界大戦後に女性普通選挙権を完全に認めた日本のほうが,スイスやアメリカよりも「民主的」であったと指標づけられている時期もある。

もちろん,V-Dem も万全のデータセットではない。このデータセットがエキスパート・サーベイすなわち専門家による指標化である以上,人々の主観的判断の要素はどうしても入ってくる。そのため,そこに座りの悪さを感じる指摘もないわけではない。ただし,結局のところ過去に存在した客観指標と V-Dem のような大規模エキスパート・サーベイの結果が,どの程度ずれてしまうのかといえば,ほとんどずれていないというのが実情である。100 点満点の物

差しではなくとも，90点の物差しにはそれなりに使いようがある，ととらえるべきなのかもしれない。

2　民主化の三つの波

▷　最初の民主化

19世紀以来，世界に民主主義国が広がっている。それは**図2-1**の指標でみてとることができる。もっとも，この図をみると同じペースで民主化が進行しているわけではなく，時期ごとに民主化が促進される時期とその反動がくる時期とが交互にやってきている。これを政治学者の**ハンチントン**は「波」にたとえた（ハンチントン2023）。

図では1920年の少し前，すなわち第一次世界大戦のころに大きく民主主義国が増加しているのがわかる。これが民主化の第一の波である。

民主化の第一の波は主に北米とヨーロッパの国で起きた。19世紀の初め頃は民主主義が必ずしもいいものとは考えられておらず，そもそも議会というものがさまざまな物事の決まる重要な場所だとも考えられていなかった。これが19世紀を通じて人々にとって重要な場として理解されるようになる。すでにみた通り，ダールの議論では自由民主主義の要素は競争性と包摂性に分けられるが，第一の波で特徴的なのは，包摂性よりも競争性のほうが先に実現することが多かったということである。つまり，議会での競争的な選挙，そして議会多数派に基づく政権の成立という慣行が先に成立し，そのあと包摂性が実現する，つまり選挙権が拡大していくというケースが数多くみられた。

第2節　民主化の三つの波　　**35**

イギリスの例をみてみよう。18世紀から議会制が発達している イギリスは議会制の国としてしばしば模範とされる。しかし，当時 の議会は選挙権が非常に限定されていた。そして有権者か否かにか かわらず，議会が重要な物事の決まる場所であるという意識が必ず しも共有されていなかった。議会の出席率も高くなく500名程度 の議員のうち，400名出席することは18世紀には稀であったとい う。トーリとホイッグという党派はあったが，その実態はこれらの 党派に属している議員が一定程度いるものの，それ以外の多くは常 に与党を支持する宮廷派の議員と，常に自分の良心に従って投票す る独立派の議員に分かれていた。また選挙では無風選挙区，すなわ ち定数を超える候補者が出馬しない選挙区のほうが多かったのであ る。だいたい半分くらいの選挙区で選挙が実施されるようになった のは，19世紀の半ばになってからのことであった。

この時期は，次第に議会が重要な決定の場であるという意識が共 有されてきた時期である。議会で物事が決まる，あるいは議会を通 じて現状を改善できるということになれば選挙のときに対立候補が 出馬し，議席を争うことになる。同時に，選挙権のない人々も選挙 権を求めることになった。イギリスでは，政策上の対立として輸入 穀物による穀物価格の下落を恐れる大土地所有貴族と，自由貿易に よって自国の工業製品を輸出し，また生産コストを下げるために労 働者が安い輸入穀物を手に入れられるよう求める産業資本家との対 立が生じた。また1832年の第1次選挙法改正の後，この法律に対 しては選挙権拡大が不十分であるとして，普通選挙を求めたチャー チスト運動が起きた。

政策上の対立が生じたり，選挙権が拡大したりすれば，議会は政 党で色分けされるようになる。それぞれの党は党所属議員に議会へ の出席を促し，法案に対して党の方針に即して投票を求め，それに

従わない議員に対しては制裁を与えて党規律を高めていった（→**第5章**）。選挙では対立候補が立つのが当然のこととなった。また選挙権が拡大すると候補者は自力で当選するのが困難になって，党が候補者の後ろ盾として支援するようになった。選挙区割りもできる限り平等になるよう見直され，秘密投票も導入されるなど19世紀末に至るまでに次第に現在の議会制のイメージに近くなっていく（Cox 1987）。

　普通選挙の導入に決定的な役割を果たしたのは第一次世界大戦である。このヨーロッパ内で半世紀近くぶりに起きた戦争は，産業化による軍事技術の向上と官僚機構の能力の向上に伴って総力戦となった。その結果，多くの人々が動員され国家が遂行する戦争に協力することになったのである。国家への協力によって人々の国家への発言力が高まり，（男子）普通選挙が多くの国で導入されることになった。

第一の波に対する引き波

　第一次世界大戦後，ハンチントンの第一の波に対する引き波がくる。選挙権拡大後の議会制は過度に対立を抱え込むことになり，政党は議会で多数派を形成するのが困難になって，政権を作ったり法案を通したりするのが滞るようになった。議会制は問題を解決するには不十分な，古臭い体制である，という考えが広がっていくのである。

　引き波とはいえ，ここで起きたのは貴族などを中心とするエリート階層の政治への回帰ではなかった。ドイツのナチ体制やソ連の共産主義体制は，それぞれ高度に組織化された政党が国家機構以上に統治の役割を担っていた。また何よりもナショナリズムや体制のイデオロギーに裏打ちされた共同体への献身という形で，人々に政治

参加が求められたのである。同じ非民主主義体制であっても，そこには旧来の体制との決定的な違いがあった。むろんその政治参加は議会制民主主義が想定する個々人の平等な自由権に基づくものではなく，人々が政治に参加するにあたって多元性や自由意志の介在する余地はほとんどなかったといってよい。とくに戦間期から第二次世界大戦期にかけては，イデオロギー的な理由にとどまらず経済危機と戦時動員によって，非民主主義体制においては必然的に人々への締め付けが強化されたのである。

▷ 第二次世界大戦後の第二の波

第二次世界大戦後は，ハンチントンがいう第二の波が到来する。その一つの理由は植民地の独立である。独立後必ずしも安定したわけではなかったが，アジアやアフリカの国々がいったんは民主主義国家となった。また第二次世界大戦の敗戦国の民主化も民主主義国家の増加をもたらした。日本，ドイツ，イタリアなどがその例である。他方で，冷戦の始まりによって，ソ連側についた国々が共産主義体制になり，共産党による独裁政権が成立したことも忘れてはならない。

さて，この時期，多くの非民主主義国家において戦前のような締め付けは次第に薄れ，体制への反対そのものは認められないながらも，選挙や政策形成などを通じて相対的に自由で多元的な人々の政治参加が認められるようになっていった。

たとえば，スターリン期のソ連では，ブルジョワ異分子を排除するという名目で多くの人々が虐殺されてきたが，彼の死後，スターリンの個人崇拝が批判されると同時に国家運営に市民が参加するといった現象がみられた。もともとソ連は「ソヴィエト民主主義」を「ブルジョワ民主主義」すなわち本書でいう自由民主主義と対置し，

38 第2章 現代民主主義の定義と指標化

自由主義を否定しつつ社会主義型の民主主義を標榜していた。東欧諸国や中国でも指導政党に率いられた「人民民主主義」こそが真の民主主義だとされていた。そこでは利益が一致した勤労者や人民として市民が直接民主主義的な自己統治を行うことができると考えられていた。結果的にはそれは実現にいたらなかったものの，実現のための努力はなされたのである（塩川 1999；河本 2012）。

　また，1950年代のスペインでは，市議会議員の選出において職能代表制と代議制選挙とを並立させた選挙を実施し，これを「有機的民主主義」と呼んだ。ここではほとんどが与党であるファランヘ党の公認候補で占められていたが，政府は体制の正統化を図って公認候補以外の立候補もあえて促進しようと試みたのである（武藤 2014）。

　これらの多様な「民主主義」体制の試みは最終的には失敗に終わるものの，第一の波以前のようなエリート支配と対置されるさまざまな「民主主義」体制の可能性が模索されたといえよう。他方で，第二次世界大戦から冷戦が始まったころまでの時期に，前節で述べた民主主義 - 非民主主義の概念化がなされていく。戦間期の議会制民主主義体制の崩壊への反省と冷戦による東西のイデオロギー対立の顕在化とによって，ナチ体制や共産主義体制に対抗する体制として，現在では自由民主主義体制と呼ばれる体制像が理論化された。本節でここまで議論してきた民主主義体制史は，いわばこの理論を遡及的に当てはめて「民主化」の歴史の流れを追ったものである。

▷　第二の波に対する引き波と第三の波

　1950年代の後半に入ると，第二の引き波が訪れる。ラテンアメリカやアジアにおいて軍事クーデタによる体制崩壊が生じ，軍事独裁体制が成立した。ラテンアメリカでは，戦後に労働者の支持を得

第2節　民主化の三つの波　**39**

ようと保護貿易政策をとって国内産業の振興と雇用創出を図る，輸入代替工業化政策が行われていた。しかし，原材料輸入が増加したにもかかわらず完成品を輸出するだけの国際競争力がなく，経済的に行き詰まりをみせていた。ここでクーデタによって政権を握った軍事政府が経営者と連携した経済運営を行っていったのである。

1970年代に入ると，ハンチントンがいう**第三の波**が到来する。南欧諸国を皮切りに，ラテンアメリカ諸国，アジアにも民主化の波は波及していった。1989年には冷戦が崩壊し，東欧諸国が民主化した。**図2-1**にみられる通り，ここで民主主義国家が最大勢力となったのである。

冷戦の終結は自由民主主義イデオロギーの勝利かとも思われたが，近年，「**民主主義の後退**」ともいえる現象が生じている。ここでの後退は，戦間期のような体制の断絶ではない。近年みられる後退は，既存の体制の中で選挙によって選ばれた政権が自分たちの権力を制限する制度変更を行っていくことが多く，とくに第三の波で民主化した諸国での揺り戻しが起きているという見方もある。西ヨーロッパやアメリカなどでは，具体的にこのような制度変更が起こることは今のところ稀ではあるが，有権者の間で深刻化するイデオロギー対立が民主主義を掘り崩す蓋然性が指摘されており，先進国でも無縁の現象ではない。すなわち，政治的立場がお互いに離れていくことで，自由民主主義の原則を冒してでも対立する相手を勝たせないようにしようと考える人々が増えるのである（鷲田 2021）。

3 非民主主義体制の多様性

権威主義体制とは何か

　前章で述べた通り，今日,民主主義国となっている国々は，必ずしもずっと民主主義国であったわけではない。また，いったん民主主義国になればずっと民主主義でいられるわけでもない。その際，民主主義ではなかった国々を，どのように呼称するかという点については，いくつかの議論や見方がある。今日の政治学の世界で，民主主義体制の反対語として最もよく使われているのは，**権威主義体制**であるが，これは必ずしも歴史的にずっとそう呼ばれていたわけではない。

　歴史的にいえば第二次世界大戦後の政治体制の分類としては，民主主義か全体主義かという二項対立的な理解のほうが通常であった。両者は，政治的自由や多元性を認める点において真逆の政治体制である一方，人々に対して，政治や政権に対する積極的な支持や関与を求めるという意味では実はよく似た面もあった。

　しかし，世界の国々の多くはかつてこのどちらともいえない状態が多かった。たとえば現在では民主主義国家となっており本書の分析対象に含まれているスペインやポルトガル，あるいは韓国や台湾といった国々では，長らく，そういった政治体制が続いていた。そこでは，何か強烈な単一イデオロギーが国を支配していたわけでもなければ，完全な抑圧が敷かれていたわけでもなかった。限定的ではあるものの言論の自由があったし，場合によっては政府と対立しない範囲での野党が限定的に許されてもいて，たいてい選挙も実施されていた。他方，政府を正面から批判するような自由は当然許さ

第3節　非民主主義体制の多様性　**41**

れていなかったし，それを招きかねない自由なメディアや議論は許容されていなかった。そういった国々で人々に期待されるのは，政治のことは「おかみ」に任せ，深い関心も反発心ももたないことであった。

　冷戦期にあって，実際のところ世界の多くはこのような，民主主義でもないが全体主義とも言い切れない国々であった。これを権威主義体制という第3のカテゴリとして整理したのが政治学者のリンスである（Linz 2000）。この三分類法は，全体主義だけが非民主主義体制の理念型でないことを明らかにし，その明快さもあって浸透した。その後，ナチドイツとスターリン時代のソ連のような全体主義体制として整理できる体制が，実のところほとんど存在しない中，結局のところ民主主義国家ではない政治体制としては，権威主義体制のほうがより普遍的な地位を占めるようになっていった実情がある。

▷ 権威主義体制の分類——軍隊・政党・個人

　現在，権威主義体制を質的に分類する際，最もよく使われるのが，軍事型か，政党型か，個人型か，という3分類法である（Geddes et al. 2014）。論者によっては，個人型の下位カテゴリとして王族による君主型を分けて考えるケースもある。なお，この分類法をもちいる研究者の一人で，権威主義体制研究の泰斗であるフランツは，権威主義，独裁，専制という言葉の違いは現代ではあまり意味のないものだとして，同じものを表すとしている（フランツ 2021）。

　現在，実態として多いのは，個人型と政党型による権威主義体制である（→図2-3）。かつては政党型の権威主義体制が多く，これはその多くが社会主義国家における共産党一党独裁の普及を反映している。冷戦終結以降，政党型の権威主義体制の数は大きく減少した

図 2-3 権威主義体制分類の推移（1946-2010 年）

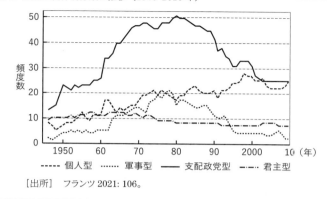

［出所］ フランツ 2021: 106。

が，依然として多く，近年は個人型の権威主義体制が徐々に増えてきている。軍事型は全体数としては少ない。

これは何を表しているのかといえば，権威主義体制を成り立たせているメカニズムは，暴力や軍事力に基づく抑圧だけではないということである（そもそも軍事独裁は，権力を手放しても専門家集団として生き残れるため，しばしば自発的に権力を手放すことでも知られている）。たいていの権威主義体制は，人々を政権に対し満足させることで，その支持基盤を盤石なものとしている。その際には，政党を通じた利益媒介の経路をあえて用意したり，側近に対する富の再分配をしたりしている。

そのために，選挙が利用されることもある。本章の冒頭でも述べた通り，選挙さえ実施していれば民主主義といえるわけではないというのは，この点でも重要である。選挙は，使い方によっては権威主義体制を強化する手段としても使えるからである。今日，多くの権威主義体制は，選挙を通じて，自分の権力基盤を揺るがしかねない潜在的不満をみつけたり，反対派勢力の分断や取り込みを図った

第 3 節 非民主主義体制の多様性 **43**

り，あるいは自身の圧倒的権力の強さや大きさを誇示する機会としている（Higashijima 2022）。複数政党を許容して定期的選挙を実施している権威主義体制は，1960年代には50％台しかなかったが，2008年には80％台にまで増えている（フランツ 2021）。それに伴い，権威主義体制の生存期間中央値は10年程度から30年程度にまで伸びている。権威主義体制は選挙を駆使して，その支配を強固にしているのである。

　だからこそ，何が民主主義であるのかという問題に再び立ち返る必要がある。それは，単に複数の政党が存在して定期的な選挙を実施しているだけでは成立しない。それが成立するためには，政府側にせよ反政府側にせよあらゆる意見を表明できる自由やそのための情報源を保持している必要がある。また，その諸勢力間での競争が存在して結果の不確実性があり，時に民意や多数派の暴走から個々の自由を守る制度や均衡があり，さらに幅広い人々に権利が与えられている必要もある。

Book guide　読書案内

・前田健太郎『女性のいない民主主義』岩波新書，2019年。

　　とくに第2章で，ポリアーキーに言及しつつ，包摂の問題を論じている。その過程で Polity 指標や V-Dem についての簡便な紹介もなされている。

・エリカ・フランツ／上谷直克・今井宏平・中井遼訳『権威主義』白水社，2021年。

　　非民主主義体制のさまざまなバリエーションを紹介するとともに，その中での実態や，権威主義体制といえども選挙を利用している理由やメカニズムが紹介されている。

・ロバート・ダール／高畠通敏・前田脩訳『ポリアーキー』岩波文庫，2014年。

　　比較政治学における「民主主義」概念の基礎となっている古典的な研究で

ある。本文に加え，高畠通敏との対談を通じたダールの日本政治への視座や，宇野重規の解説によるダールの議論の時代背景などが理解の助けになる。

✏ *Bibliography* 参考文献 ✏

浅古泰史・東島雅昌 2022「対談「民主主義 vs. 権威主義」のゆくえ」『経済セミナー』10/11 月号，6-23 頁。

宇野重規 2020『民主主義とは何か』講談社現代新書。

河本和子 2012『ソ連の民主主義と家族——連邦家族基本法制定過程 1948-1968』有信堂高文社。

塩川伸明 1999『現存した社会主義——リヴァイアサンの素顔』勁草書房。

ダール，ロバート／高畠通敏・前田脩訳 2014『ポリアーキー』岩波文庫。

高畠通敏 2012『政治学への道案内』講談社学術文庫。

ハンチントン，サミュエル／川中豪訳 2023『第三の波——20 世紀後半の民主化』白水社。

フランツ，エリカ／上谷直克・今井宏平・中井遼訳 2021『権威主義——独裁政治の歴史と変貌』白水社。

前田健太郎 2019『女性のいない民主主義』岩波新書。

武藤祥 2014『「戦時」から「成長」へ——1950 年代におけるフランコ体制の政治的変容』立教大学出版会。

鷲田任邦 2021「政治的分極化はいかに民主主義を後退させるのか——選挙不正認識ギャップ，権威主義の許容，非リベラル政党の台頭」『年報政治学 2021-I』筑摩書房，81-104 頁。

Coppedge, Michael, et al. 2020, *Varieties of Democracy: Measuring Two Centuries of Political Change*, Cambridge University Press.

Cox, Gary 1987, *The Efficient Secret*, Oxford University Press.

Dahl Robert, A. 2005, "What Political Institutions Does Large-Scale Democracy Require?" *Political Science Quarterly*, 120(2), pp. 187–197.

Geddes, Barbara, Joseph Wright, and Erica Frantz 2014 "Autocratic Breakdown and Regime Transitions: A New Data Set," *Perspectives on Politics*, 12(2), pp. 313–331.

Higashijima, Masaaki 2022, *The Dictator's Dilemma at the Ballot Box: Electoral Manipulation, Economic Maneuvering, and Political Order in Autocracies*, University of Michigan Press.

Linz, Juan J. 2000, *Totalitarian and Authoritarian Regimes*, Lynne Rienner
    Publishers.

民主主義の多様性

第 3 章 *Chapter*

Quiz クイズ

イギリスは自由民主主義の国だが，ないといわれているものがあります。それは何でしょうか。

a. 国民主権　　b. 違憲立法審査権　　c. 中央銀行の独立

Answer クイズの答え

a, b, c のすべて

　少しひっかけ問題だったかもしれませんが，ふだん日本（語）の公民教育だけで考えていると，まさか3つともという発想が出てこなかった面もあるのではないでしょうか。イギリスは議会主権であり，成文憲法もなく，中央銀行は政府に従属していますが，間違いなく民主主義国です。これを機に民主主義がもつ多様性について理解を深めてみましょう。

Chapter structure　本書の構成／Keywords

> **1　アカウンタビリティ**
> 垂直的アカウンタビリティ，水平的アカウンタビリティ，本人 – 代理人関係

> **2　直接民主主義と間接民主主義**
> 参加民主主義，代議制，エリート間競争

> **3　議会制民主主義の多様性**
> 多数決型・合意型，国民投票，ロトクラシー

48　第3章　民主主義の多様性

前章では，現代民主主義政治の制度的要件などについて説明した。だが，同じような民主主義諸国の間でも，その実態や利益媒介のあり方は共通ではない。同じ民主主義諸国の中でも，その民主主義の「質」の高低を議論する見解や，複数の民主政治のモデルを議論する見解がある。

本章では，まず第1節で現在，代議制民主主義を比較政治的に理解するうえで基礎となる「アカウンタビリティ」の概念を説明する。次に第2節で代議制民主主義としばしば対置される直接・熟議民主主義の観点から間接民主主義を照射し，第3節で代議制民主主義の中の多様性を説明する。

これらはそれぞれ別の論点だが，共通の背景をもつ。それは，代議制民主主義は民主主義としてよい体制なのか，よく機能しているのか，よく機能させるためにはどのような条件が必要なのか，という代議制民主主義に対する懐疑である。この問題自体は代議制民主主義の確立以来，常にあるものだが，現在も盛んに議論されている論点である。というのも，冷戦の終結後に叢生した新たな民主主義国の体制をいかによりよいものにし，また**第2章**で検討した「第三の波の揺り戻し」に先進民主主義国も含めていかに対抗していくか，という点で問題の現実性が高まっているからである。

1 アカウンタビリティ

本節では，アカウンタビリティについて説明する（高橋 2015）。アカウンタビリティは，しばしば日本語で説明責任や答責性という訳語があてられるが，さまざまな理論的含意が交錯して全貌を理解

するのは容易ではない。ここでは，民主主義体制における制度の多様性に視座を絞って説明しよう。

▷ アカウンタビリティとは何か

前章でみた通り，議会制民主主義は公正な競争に基づく選挙で政策決定者を選ぶ制度である。もし選ばれた代表が有権者の期待に応えなかった場合には，次の選挙で別の代表に交代することになる。もっとも，公正な競争に基づく選挙が法的に整備されているからといって，民主主義が十全に機能するとは限らない。たとえば，政治家が投票の見返りに有権者に個別の便宜を図ったり，行政が特定業者に発注する見返りに金銭を受け取ったりすることは望ましくない。このような汚職や腐敗を監視したり，政治的決定が適切に行われているかをチェックしたりする必要がある。この場合，チェックされる側がチェックする側に対するアカウンタビリティを有すると表現する。

そのようなチェックはさまざまなケースで生じうる。

まず，議員として再選するために政治家たちが自分たちの行動を有権者に対して説明する必要がある。有権者は選挙の際に任期中の現職の行動をチェックし，望ましい行動をしていれば投票し，そうでなければ別の候補に投票するからである。これを選挙アカウンタビリティという。もっとも，選挙のときだけでは在任中はチェックが効かなくなってしまう。そのため，非政府組織（NGO）やマスメディアといった非国家組織が日常的に政治家に対して説明を求める役割を果たす。これを社会アカウンタビリティという。この両者をあわせて，**垂直的アカウンタビリティ**と呼ぶ。

国家のさまざまな機関もお互いにチェックをしている。たとえば，政治家は官僚機構に対して法律を適切に施行しているかなどをチェ

ックする。また裁判所は訴訟を通じて行政が違法な行為を行っていないか，違憲立法審査権を用いて議会が憲法に反する立法をしていないかを判断する。そのほか，国家が適切な支出を行っているか（会計検査院），汚職がなされていないか（汚職対策機関），公平な選挙を行っているか（選挙管理機関），政府が適切な経済政策を行っているか（中央銀行）などをチェックする仕組みが制度化されている。これらを**水平的アカウンタビリティ**と呼ぶ。

　これらのアカウンタビリティのメカニズムが機能しているか否かは，民主主義か否かではなく**民主主義の質**の良し悪しを計るものである。

▷ 本人-代理人関係

　政治学において「アカウンタビリティ」という言葉が使われる際，政治家が権限を乱用したり不正を行ったりしていないかをチェックする仕組みとは別に，**本人-代理人関係**における「アカウンタビリティ」の用法がある。ややこしいことに，本人-代理人関係は上記の「アカウンタビリティ」を説明するときにも用いられるので注意が必要である。

　本人-代理人関係において，本人（プリンシパル）が代理人（エージェント）に委任をする。本人は代理人にできる限り自分の選好を実現してほしいと考えているが，代理人は必ずしも本人の思い通りに動くとは限らない。そこで，本人は代理人を監視し，本人の意に沿わない行動をした場合には制裁を加える。ここでしばしば制裁として規定されるのは，本人による代理人の解職である。本人-代理人関係においてアカウンタビリティは，代理人が本人に対して単に自分の行為を説明する必要があるだけでなく，それが不十分である場合に地位を失うことまで含意している（ルピア＝マカビンズ 2005）。

第1節　アカウンタビリティ　**51**

最も典型的な例は選挙だろう。本人である有権者がその代理人である政治家を選挙で選ぶ。有権者にとって望ましい行動を政治家がとらなければ，次の選挙で有権者はその政治家を落選させるのである（→第 6 章 3）。

　選挙の例は先にみた「アカウンタビリティ」と重なっている。しかし，本人－代理人関係そのものは政府や政治家に望ましい行動をさせるという含意よりも，むしろ本人と代理人との関係を中立的に分析する手法といえる。

▷　首相の権力の日英比較

　一つの例として，1970 年代の日英における首相の権力に関する研究を挙げよう（高安 2009）。1970 年代のイギリスにおける政権（とくに保守党）は首相に大きな裁量があったが，日本の自民党政権では首相の権限が制約されていた。法律上，首相に付与された権限はイギリスも日本も大きな違いはなかったにもかかわらず，このような違いが生じたのはなぜか。これが，この研究の問いである。

　高安は解の一つとして与党とその党の党首である首相との間の関係から説明する（高安は，より複雑な本人－代理人関係を描いているのだが，ここでは単純化して示そう）。この場合は党所属議員が本人で，首相が代理人となる。本人たる党は代理人である党首を選出する。日本では党首（総裁）の任期が短く頻繁に総裁選挙があり，また衆参両院ともに選挙があるために勝てる総裁かどうかという観点から所属議員たちからのチェックが入りやすい状況にあった。他方，イギリスでは二大政党ともに党首の任期は長く，国政選挙も庶民院のみで，党首が党から辞任圧力を受ける機会は少なかった。また政策形成においても，日本の自民党は総裁が党内機関と権限を共有せざるをえなかったのに対して，イギリスの，とくに保守党の組織構造

において首相は党から政策形成のフリーハンドを得ていた。こうして，形式的な制度上は首相の権限に大きな違いがなかったにもかかわらず，日英両国で実際の首相の権限に差が生まれたのである。

▷ 裁判官の任命方法

本人－代理人関係におけるアカウンタビリティは，民主主義の質を向上させるどころか，それがあることによって逆のメカニズムも生じうる。その例として裁判官の任命方法について検討しよう。裁判所のアカウンタビリティについて，「民主主義の質」の議論では違憲立法審査権に基づく立法府への統制，つまり立法府が裁判所に対して憲法に適合した立法を行っているという説明責任を負うという説明をした。ここでは立法府のアカウンタビリティを向上させ，民主主義の質を上げる，ということであった。

これに対して本人－代理人関係においては裁判官を任命する政府や議会が本人で，任命された裁判官が代理人となる。アカウンタビリティは任命された裁判官が任命権者である政府や議会に対して負っているのである。ただし，民主主義の質の観点からいえば，違憲立法審査権に基づいて立法をチェックする裁判所は政権から独立して判断できるほうが望ましい。それゆえ，本人－代理人関係におけるアカウンタビリティが機能しないような制度設計にする必要があるのである。

その一つの方法は，政権が任命はできても解任はできないようにすることである。たとえばアメリカの連邦最高裁判所の裁判官は，上院の助言と同意に基づいて大統領が任命する。しかし，いったん任命されれば任期は事実上終身となり，任命者の意図と独立して判決を下すことができる。1953年にアイゼンハワー大統領によって任命されたウォーレンは保守的な判決を下すことを期待されていた

第1節 アカウンタビリティ　53

が，実際には人種隔離政策を違憲とするなど，人権を擁護する判決を多く書いたことで有名である (阿川 2013：第 27 章)。

別の方法としては，任命した裁判官がどのような判断をしたかが任命権者にわからないようにするものもある。欧州連合 (EU) において EU 司法裁判所の裁判官は各加盟国から一人ずつ任命され，任期は 6 年で再任がある。再任されたい裁判官は政府の意図通りに判決を書きそうだが，EU 司法裁判所の場合は，判決に際して少数意見や反対意見を付すことができず，事件を担当した複数の裁判官のうちどの裁判官がどのような判断をしたかは個別にはわからない (Voeten 2009)。こうして裁判官が政府から自立して判断できるような制度になっているのである (→第 8 章)。

2 直接民主主義と間接民主主義

▷ 参加・熟議・直接民主主義

アカウンタビリティの程度が民主主義の質の問題として考えられるのは，主権者の代理人である議員や職業政治家が，その主権者の寄託にどれだけ応えているかが民主主義の程度の問題であると考えられるからである。この根底には，民主主義はあくまで主権者たる一般市民の政治的意思に根差していなければならないという前提がある。

この前提を前面に出した場合，民主主義とは，エリートによる媒介を前提とする選挙民主主義・自由民主主義だけではない，という考えは当然ありうる。それはいわば，民主主義の中でも，「よりもっと民主的な」民主主義と，そうではないものとがあるという主張を暗示している。

そういった立場は，その強調点の違いによって，いくつかの立場がある。一つには，より多くの人々が直接に政策決定に参加している民主主義のあり方のほうが，そうではないものよりも，より民主的だと考える立場である。このような立場には「**参加民主主義**」の語が充てられる。

民主主義指標の一つである V-Dem も，最低限の民主主義指標とは別に，参加民主主義度の指標も用意している（V-Dem の詳細については**第 2 章**）。その際，参加度の指標として用いられているのは，候補者選出過程がどの程度開放的か，国民投票やレファレンダムの機会がどの程度あるのか，地方政府の長も選挙で選ぶことができるのか，といった要素である（地方政府の長を選挙で選べない国もある）。この観点から，国民投票の機会が多かったり，地方政府の長も選挙で選べたりする民主主義は，そうではない民主主義よりも「より民主的」だと主張する立場がありうるだろう。

参加を重視する見方とはまた別に，一般の人々が実質的に民主的な討議を行うことを重視する見方もある。民主主義の本質は，人々による自身の自己決定にあると考えると，その自己決定の過程での議論や検討がより充実しているほうが「より民主的」と考えられるだろう。このようなことを主張する，「熟議民主主義」（あるいは討議民主主義）の立場は，政治の規範理論も含めて，さまざまな議論を展開してきた。この立場からすれば，ミニ・パブリックスや討論型世論調査を実施している民主主義国家のほうが，「より民主的」ということがいえそうである。

参加を重視する立場にせよ，討議を重視する立場にせよ，共通しているのは，普通の人々がより深く，より実質的に意思決定に関与することが，よりよいという発想である。その発想は，直接民主主義こそがより民主的であり，間接民主主義（とその制度的設計たる代

第 2 節　直接民主主義と間接民主主義　　55

議制）は，より劣った民主主義だという発想があるようにも思われる。しかし，それは本当なのか。

代議制の重要性

代議制は，（よく誤解されていることだが）歴史的には直接民主主義の代替物として導入されたわけではなかった，ということはおさえておかなければならない。「直接民主主義が理想だが，現実には不可能だから，セカンドベストとして代議制と間接民主主義をとる」というわけでは決してないのである（早川 2014）。間接民主主義（ないし代議制民主主義）は，歴史的にも思想的にも，民主主義と自由主義・共和主義といった異なる理念と価値のバランスをとるものとして，時に直接民主主義よりも優れたものであると観念されることで，近代民主主義に導入されてきた（待鳥 2015；宇野 2020）。そういった意味で，間接民主主義か直接民主主義かという論点は，単純な民主主義の質の高低といった論点とは異なる論点だといえるだろう。

歴代の政治思想の中には，政治がより民意の寄託に応えるものになるためにこそ，間接民主主義を支持する見解が散見された。かつてモンテスキューは「代表者のもつ大きな利点は，彼らが諸案件を討議できることである。人民はそれに全く適しない」（モンテスキュー 1989: 296）と述べて代議制こそよい制度であると論じた。アメリカ建国を理論づけたフェデラリスト・ペーパーは，かつての悪しきギリシャ民主政と比較する中で近代国家アメリカ最大の美点は「人民が全員参加のかたちで一体となって政府に参与することから完全に排除されていること」（ハミルトンほか 1999: 296）にあると堂々と表明する。いずれも，直接民主制に懐疑的な目を向け，代議制民主制こそが質の高い民主制であると論じる。経済学者のシュンペータ

56　第3章　民主主義の多様性

ーがエリート間の競争こそが民主主義の有効な基準であると定義づけた背景にも，同じような問題意識があったといってもいいだろう（シュムペーター 1995）。

　実際に，直接民主主義的な制度設計や決定が，より好ましい結果をもたらすのか，つまり品質のよい民主主義であるのかについては，必ずしも自明ではない。後ほど詳しく検討するが，直接民主主義の典型である国民投票やレファレンダムは，国民からの純粋な発議によってではなく，政争の具として用いられることも多く，その結果はしばしば感情的で，冷静な検討を欠く結果に至ることもある（実際の熟議による民主政の試みにあっても，運用には相当の制度化やルール設定が不可欠である〈山本 2021〉）。

　第二次世界大戦前には，代議制民主主義に対して，本来の民主主義から乖離しているとして政治的左右の双方から批判が吹き荒れた。その際，自分たちこそが真に民意を直接に代表するものであると主張した政治イデオロギーのことを，今日の私たちはファシズムや共産主義と呼んでいる。すなわち直接民主主義は全体主義の隠れ蓑にも使われてきた経緯があるのである。そんな息苦しい時代に，なお決死の覚悟で代議制民主主義こそ真の民主主義であると擁護した法学者ケルゼンは，「対立する集団の利害を調整して妥協させることができなければ民主政は存立しえない」（ケルゼン 2009: 140）とし，議会における職業政治家の老練な妥協と利害調整こそが民主主義の品質を維持するものであるとして，そのあり方の重要性を問うた。

　ならば，民主主義の質的な違いや多様性は，その議会の中における利害調整のあり方にかかっているのかもしれない。次節では，そういった多様な利害調整のあり方や民意の取り上げ方について，その多様性を理解していこう。

3 議会制民主主義の多様性

　議会制民主主義の内実は多様である。本節のはじめの2つの見出しで，この教科書が扱う比較政治の諸領域の見取り図として**レイプハルト**の多数決型と合意型という類型を示そう。これによって，多分に広がりをもった現代の比較政治学における政治制度のイメージが整理されるはずである。これに加えて，第2節で扱った直接民主主義の実践例として，国民投票とロトクラシー（くじ引き民主主義）を挙げる。議会制民主主義を中心に置きつつも，直接民主主義の制度がそれをどのように補完しているのか，補完しうるのかを検討したい。

▷ 多数決型と合意型

　民主主義はさまざまな類型化が可能だが，中でも最も重要なものは多数決型民主主義と合意（コンセンサス）型民主主義というレイプハルトによる分類であろう（レイプハルト 2014）。

　レイプハルトは政府−政党次元と連邦制次元とでそれぞれ5項目ずつ挙げ指標化し，36の民主主義国がそれぞれの次元において多数決型と合意型のいずれの場所に位置づけられるかを示した。それが**表 3-1**である。

　多数決型は，政権が単独過半数の政党によって担われ，政府が議会に優越し，二大政党制で，選挙制度が小選挙区制であり，多元主義的な利益媒介システムである。連邦制次元では中央集権的であり，一院制をとり，軟性憲法で，司法による違憲審査がなく，中央銀行が政府に従属しているものを指す。イギリスがその典型である。こ

58　第3章　民主主義の多様性

表 3-1 レイプハルトによる多数決型・合意型を類型化する指標

	指標	多数決型	合意型
政府－政党次元	政権の形態（第 6 章）	単独政権	連合政権
	政府－議会関係（第 6 章）	政府が議会に優越	両者が均衡
	政党システム（第 5 章）	二大政党制	多党制
	選挙制度（第 4 章）	小選挙区制	比例代表制
	利益集団の政策プロセス（第 12 章，第 14 章）	多元主義	コーポラティズム
連邦制次元	中央地方関係（第 9 章）	単一国家	連邦制
	二院制（第 7 章）	一院制	二院制
	憲法修正手続き	通常の法律と同じ手続き（軟性憲法）	通常の法律以上に厳しい条件の手続き（硬性憲法）
	違憲審査制（第 8 章）	ない	ある
	中央銀行の政府からの独立性（第 12 章）	独立していない	独立している

［注］　（　）内は本書でより詳細に説明している章を示す。
［出所］　レイプハルト 2014: 3 を基に筆者作成。

れに対して**合意型**は，連立政権で，政府と議会とは均衡した関係にあり，多党制で，選挙制度が比例代表制であり，コーポラティズム的な利益媒介システムである。連邦制次元では，地方分権的であり，議会は二院制で，硬性憲法であり，司法による違憲審査があり，中央銀行が政府から独立している制度である。

　第 1 節で説明した本人－代理人関係のアカウンタビリティの議論を思い出してみよう。本人である有権者は政府に委任する。このとき次の選挙で投票する際に，ある望ましい／望ましくない政策がどの政党によるものかが明確にわからないと，判断を誤ってしまうかもしれない。そう考えると，政府－政党次元が多数決型のほうが

第 3 節　議会制民主主義の多様性　**59**

アカウンタビリティは機能しそうである。合意型で連立政権が常態であれば，ある政策が連立する与党のうち，どの党の功績によるものかが不明確になってしまう。また，政権の選択という観点で考えれば，3つ以上の政党があると選挙結果で一義的に政権の形が決まらない場合がある。しかも，連立合意が困難であれば政権が不安定になるかもしれない。その場合，政権のみならず体制の動揺にもつながりかねない。それはたとえば，第二次世界大戦前に体制崩壊したドイツで現実に起こったことである。このような考え方から，かつては多数決型のほうが望ましい民主主義であるといわれてきた。

　これに対してレイプハルトは行政の質，経済の実績や民主主義の質などのさまざまな指標を提示して，少なくとも合意型は多数決型に対して遜色ないパフォーマンスをしており，場合によってはそれを凌駕すると主張したのである。レイプハルトの議論についてはデータの取り方をはじめとして，なお異論がある。しかし，いずれにせよ，多数決型のみが望ましい民主主義の形ではなく，民主主義体制の中に複数のモデルがありうることについては，もはや共通了解となったといえるだろう。

▷　議会制民主主義を支える制度

　連邦制次元についてはどうだろうか。レイプハルトの議論から離れて少し概観してみよう。裁判所に違憲審査権があったり，中央銀行が政府から独立していたりすることは，選挙によって選ばれた代表の影響力が及ばない機関が政策を左右することができるということを意味する。それで，民主主義的といえるのだろうか。

　すでに第1節で検討した通り，逆説的ではあるが，議会制民主主義はさまざまな独立機関，言い換えれば時々の政権の影響を受けにくくした機関によっても支えられている。司法機関を例にとれば，

多くの先進国で司法機関は違憲審査権，すなわち議会が通した法律について合憲か違憲かを判断する権限をもっている。議会多数派が少数派を抑圧する立法を行った際にそれを止める機関がなければ，自由民主主義の要件の一つである公正な選挙は行いえない。独立した司法機関はいわば，政党間競合の外から，ゲームのルールが公平なものになるよう見張っているのである。

　民主主義を支える一面もあれば，その非民主主義的な側面を指摘される機関の例として，独立した中央銀行が挙げられよう。現在の政治において重要な争点の一つは経済問題である。経済成長はそれを否定する人がまずいない合意争点といえようが，どうすれば経済成長をするのかを政治家が判断するのは難しい。また，短期的には景気にマイナスでも長期的には望ましい経済政策を行う必要があった場合に，政治家は選挙で勝利するために短期的な景気刺激策をとるかもしれない。独立した中央銀行は専門性の見地から，長期的な経済政策を実施することでこのようなリスクを避けると同時に，政治家にとっては難しい経済政策策定のコストを減らしているのである。中央銀行が独立しているほどインフレ率が抑えられることは，しばしば指摘される。

　他方で，重要争点であるはずの経済政策が民主的に選ばれた政治家から独立して決定されることに対しては批判も多い。この批判を受けてアカウンタビリティの向上を企図して近年では中央銀行の決定の透明性を高める努力がなされている。

　地方政府に権限を認めることは，視点を変えれば全国政府の権限が抑制されることを意味する。とくに連邦制の場合は，連邦憲法で州と連邦とにそれぞれ権限が認められ，連邦政府の州に対する影響力は限定的である。州に大きな権限が認められているということは，一方ではその地方の実情に見合った立法が可能となる。他方で，州

によっては保守的な制度が残存するケースもしばしばみられる。た
とえば、アメリカ南部において事実上の選挙権の制限を含む人種差
別法が 1960 年代に至るまで続いていたことや、スイスで州によっ
ては 1990 年まで女性参政権が認められなかったことの原因の一つ
は連邦制といえる。

　また、連邦制では連邦レベルの立法において州との調整が必要な
ことも多く、その調整の場としてしばしば上院が州の代表の場とし
て制度化されている。このようなシステムにおいては、選挙で直接
選ばれた代表のみで立法するのとは異なる民主主義の形となるだろ
う。

▷　**国 民 投 票**

　さて独立機関とは別に、議会制民主主義を補完するものとして国
民投票・国民発案やロトクラシーがある。いずれも、人々が政策を
直接決定に参加する仕組みといえる。

(1) 分　類

　国民投票（レファレンダム）・国民発案（イニシアティブ）について、
他の章では詳しく扱えないので、ここでやや詳細に扱おう。すでに
みた通り、国民が政策を直接決定する民主主義モデルには無理があ
る。それゆえ、これらを中心に据えた民主的な政治制度は存在しな
い。しかし、国民投票や国民発案は議会制を補完する形では、しば
しば使われる。

　ここで、簡単に分類を示そう。1 つ目の分類は、結果が拘束的か
否かである。国民投票・国民発案を実施したときにその結果が拘束
力をもつ場合（**拘束的**）と、あくまでも決定の参考にすぎない場合
（**諮問的**）という違いがある。次に、誰が提起するかである。国民が
提起するものを国民発案と呼ぶ。さらに、国民投票に関しては実施

62　第 3 章　民主主義の多様性

しなければならないか（**義務的**）否か（**任意**）の違いがある。

　国民投票として多くの国で制度化されているものは，憲法改正の際の義務的国民投票である。日本においても，憲法を改正する法案が国会で特別多数決によって国民投票が発議され，投票総数の過半数の賛成で憲法が改正される（日本国憲法96条）。この結果は拘束的である。

　地方レベルでの国民投票も多い。日本では住民投票と呼ばれる任意で非拘束的な国民投票がある。

(2) スイスの例

　議会制を補完する制度としての国民投票・国民発案として，スイスの例を以下で説明しよう。まず，連邦制をとるスイスでは憲法で国家と州での役割分担が規定されているため，その調整のたびにしばしば憲法改正がなされる。このときに義務的な国民投票を実施している。

　もっとも，スイスに特徴的なのは任意の国民投票および国民発案である。任意の国民投票とは，連邦法あるいは政府決定が議会の承認を受けた後90日以内に5万人の署名を提出すると，当該連邦法あるいは政府決定について国民投票にかけなければならない制度である。また，国民発案は，10万人の署名で国民投票を発議することができる制度である。これらの制度が成立した後，野党はこれを駆使して政府の政策を覆したり，立法を試みたりして成果を挙げた。その結果，スイスでは1959年以降，主要政党すべてを包摂する政権が作られて，国民投票や国民発案に訴えられないように政府レベルで調整するようになったのである（ただし，このことにより，政策変更が難しくなったという指摘もある〈Immergut 1992〉）。

　また各州や経済団体から意見を募る事前聴取制という制度によって，立法の時点で利益調整するようにもなった。その後も，既存の

第3節　議会制民主主義の多様性　**63**

主要政党や経済団体とは異なるさまざまな勢力が国民投票や国民発案を利用している。他方で，これらを避けるためにできるだけ立法時に多くの政党や団体を包摂する慣習が制度化されていったのである（田口 2020）。

(3) 民主的正統性を主張する手段としての国民投票

国民投票は野党が政府を牽制するための手段としてだけでなく，指導者が特定の相手に対して自らの民主的正統性を主張する際にも用いられる。たとえば，第五共和政のフランスでド・ゴール大統領はしばしば国民投票に訴えた。ド・ゴールは議会の権限を抑制し，大統領である自らの決定に民主的正統性を与えるために国民投票を実施したのである。また金融危機の際のギリシャにおいて，緊縮政策を求める国際通貨基金（IMF）と EU に対して失業者対策などの財政拡張政策を訴える政府は，これらの機関に対抗するために，2015 年に緊縮反対の国民投票を行って，人々からの支持を得た。

2016 年に行われたイギリスの EU 離脱をめぐる国民投票は，EU 離脱に反対するキャメロン首相がイギリスの EU 残留を政治的に決定づけようと実施したものであったが，結果として離脱派が 52% に及び，失敗した例である。国民投票が，指導者に戦略的に利用され，意図せざる帰結と混乱に結び付く例ともいえるだろう。もともとイギリスは「議会主権」の国であり，形式的には議会での決定があらゆる決定に優越していた。議会は保守党と労働党の二大政党に分かれており，いずれかの政党が選挙で多数派を獲得して単独政権を作る。それぞれの争点への賛否は与野党間で分かれており，与党が議会多数派を武器に政策形成を主導する。このような形がイギリス政治のモデルであった。

しかし，欧州統合をめぐっては長年両政党内でそれぞれ態度が割れており，もともとのモデルでは対応できない争点だったのである。

国民投票は国民に意見を聞くというよりも，党内で調整できない問題を与党の主流派の考える通りの結果を出させて党内をまとめる意味があった。それゆえ，それに反する結果が出るとEU離脱までの紆余曲折が示すように混乱が生じるのである（近藤 2017）。国民投票は，イギリス政治のモデルでは本来想定されていない制度であり，それをあえて利用したことが混乱の要因といえよう。

▷ ロトクラシー

　前節でみた参加民主主義も議会制にとってかわる制度とはなりえないが，議会制を補完する役割は果たしうるだろう。参加民主主義を実現するための一つの方策として，ここではロトクラシーをみてみよう。

　ロトクラシーとは，くじ引きで選ばれた代表が政策決定するシステムである。議会制においては，高学歴者や男性，その土地の有力者が選ばれやすい傾向にある。さらに近年，人々が労働組合やPTA，町内会といったさまざまな団体に参加することが減った結果，政治家や政治活動との距離が離れている。これに対してロトクラシーは，メンバーを決定する際にくじ引きを通じて，その自治体の人口構成を反映させる。くじ引きで合議体を作って議論を行う**ミニ・パブリックス**は，その例である。議題について関心のない人々をも巻き込むことで利害関係者だけで決定することを避けると同時に，政治共同体の一員として政治決定に携わる経験を広げていくことができるのである（瀧川 2022）。

　たとえば，アイスランドでは金融危機後に政党不信が強まり，憲法改正の試みが市民運動として現れた。この潮流の中で2010年に政府主催の公式の国民会議が設置されることになった。この会議には300名の政府機関や利益団体の代表に加えて，無作為抽出によ

第3節　議会制民主主義の多様性　**65**

る900名の市民が選ばれ，どのような条項を憲法に組み込みたいかを議論した。その後，この憲法改正の動きは，政党配置の変化や裁判所による手続きの不備の指摘によって低調になり，結局頓挫した。もっとも，政党政治への不信がくじ引きによる会議体の設置につながったことは特筆すべきことといえよう（塩田 2023）。

　民主主義には，さまざまな形がある。議会制民主主義を直接構成する選挙制度や政権の構成が多様であるのはもちろんのこと，司法，中央銀行，国民投票やロトクラシーといった議会制民主主義をまわりから支える制度も多様である。制度の良し悪しを論じたり制度設計を考えたりする際に重要な点は，多様な諸制度のよさそうなところをつまみ食いしてもうまくいかないということである。これらの制度は相互に影響し合ってできあがってきたものだからである。スイスの国民投票制度と包摂的な立法過程との関係は，その一例である。他方で，イギリスのように，もともと国制の中に組み込まれていない国で国民投票を行うと，混乱が生じることもある。

　以下の章では，個々の制度や政治のありようについて具体的に検討することになるが，一通り読んだ後，もう一度この章を読むと全体像を俯瞰することができるだろう。

///// *Book guide*　読書案内 /////

・高橋百合子編『アカウンタビリティ改革の政治学』有斐閣，2015年。
　　　　アカウンタビリティという言葉は多義的であると同時に多様な場面で使われるので，読みながら混乱してしまうことがしばしばある。本書は，その複雑なアカウンタビリティという概念を整理し，それが使われるさまざまなケースを具体的に解説して読者に見取り図を提供する良書である。

・宇野重規『民主主義とは何か』講談社現代新書，2020年。
　　　　思想史の分野から現代民主主義の位相と多様性を平易に解説した新書。古代の民主主義と現代の民主主義論の間のギャップに目配せをしているところ

も本書の特徴の一つである。

・山本圭『現代民主主義——指導者論から熟議，ポピュリズムまで』中公新書，2021 年。

　　各種の民主主義論を一通り説明したものだが，とくに本書であまり紙面を割けなかった熟議民主主義・参加民主主義などのラジカルな民主主義論の解説が充実しており，その点で類書のない一作である。

Bibliography 参考文献

阿川尚之 2013『憲法で読むアメリカ史（全）』ちくま学芸文庫。

宇野重規 2020『民主主義とは何か』講談社現代新書。

ケルゼン，ハンス／上原行雄訳 2009「政党独裁」『ハンス・ケルゼン著作集Ⅰ　民主主義論』慈学社出版。

近藤康史 2017『分解するイギリス——民主主義モデルの漂流』ちくま新書。

塩田潤 2023『危機の時代の市民と政党——アイスランドのラディカル・デモクラシー』明石書店。

シュムペーター，J. A.／中山伊知郎・東畑精一訳 1995『資本主義・社会主義・民主主義』東洋経済新報社。

髙橋百合子編 2015『アカウンタビリティ改革の政治学』有斐閣。

高安健将 2009『首相の権力——日英比較から見る政権党とのダイナミズム』創文社。

瀧川裕英編 2022『くじ引きしませんか？——デモクラシーからサバイバルまで』信山社新書。

田口晃 2020「直接民主主義（国民投票）とポピュリズム——スイスの事例で考える」水島治郎編『ポピュリズムという挑戦——岐路に立つ現代デモクラシー』岩波書店。

早川誠 2014『代表制という思想』風行社。

ハミルトン，A＝J. ジェイ＝J. マディソン／斎藤眞・中野勝郎訳 1999『ザ・フェデラリスト』岩波文庫。

待鳥聡史 2015『代議制民主主義——「民意」と「政治家」を問い直す』中公新書。

モンテスキュー／野田良之ほか訳 1989『法の精神』上，岩波文庫。

山本圭 2021『現代民主主義——指導者論から熟議，ポピュリズムまで』中公新書。

ルピア，アーサー＝マシュー・D. マカビンズ／山田真裕訳 2005『民主制の
ディレンマ——市民は知る必要のあることを学習できるか？』木鐸社。
レイプハルト，アレンド／粕谷祐子・菊池啓一訳 2014『民主主義対民主主
義——多数決型とコンセンサス型の 36 ヶ国比較研究［原著第 2 版］』勁
草書房。
Immergut, Ellen M. 1992, *Health Politics: Interests and Institutions in Western Europe*, Cambridge University Press.
Voeten, Erik 2009, "The Politics of International Judicial Appointments," *Chicago Journal of International Law*, 9(2), pp. 387–406.

選挙政治

第 **4** 章

Chapter

Quiz クイズ

Q4.1 小政党の議席獲得に有利な選挙制度はどれでしょうか。

a. 小選挙区制 　　**b.** 比例代表制 　　**c.** 混合制

Q4.2 有権者が最も政党を重視して投票する選挙制度はどれでしょうか。

a. 拘束名簿式比例代表制 　　**b.** 小選挙区制
c. 非拘束名簿式比例代表制

Answer クイズの答え

Q4.1　b. 比例代表制

　比例代表制が最も小政党に有利です。この制度では，獲得した票に比例して政党に議席を配分するため，小政党でも議席を獲得できる可能性があります。他方，各選挙区で最も議席を獲得した候補者だけが議席を得る小選挙区制では，各区で第1位の票を獲得しにくい小政党は議席を得にくいです。

Q4.2　c. 非拘束名簿式比例代表制

　拘束名簿式比例代表制は，有権者は候補者ではなく政党に投票し，政党の比例名簿の候補者の当選順位も決められているため，有権者は政党の名簿に掲載された候補者の誰を当選させるかを決めることができません。

Chapter structure　本書の構成／Keywords

> **1　選挙制度**
> 票・議席換算，比例性，個人投票

> **2　投票参加**
> 合理的投票者，制度的要因，政治関心

> **3　投票選択**
> 社会学モデル，政党帰属意識，業績投票

日本では，国民は18歳になると選挙権を手にし，国，都道府県，市町村などの複数の選挙で投票を行う。民主主義国では，主権者である国民が選挙を通じて代表者である政治家を選出し，政治家に権力を委任する代議制民主主義が多くの場面で採用されている。そのため，有権者の代表者である政治家を選出する選挙は，民主主義において最も重要な行為である。

　その一方で，有権者の意思の政治への代表のされ方は，選挙をめぐる仕組み（選挙制度）によって大きく異なる。その典型例は，票の議席への換算である。たとえば，2021年の衆議院議員選挙において，自由民主党（自民党）は，全国で小選挙区において48.1％の得票率で65.4％の議席率を得ており，得票率を大きく上回る議席率を実現している。それに対して，比例代表では34.7％の得票率で40.9％の議席率を得ており，得票率と議席率はほぼ同じである。また，有権者の投票参加や投票行動も，選挙制度によって大きく異なる。

　そこで，本章は，まず選挙制度に焦点を当て，その分類や効果などを議論する。次に，有権者の投票参加の違いやその要因を検討する。最後に，有権者がどの候補者・政党に投票するのかを決定する要因を解説する。

1　選挙制度

　上記の通り，有権者がその代表者である議員を選出する選挙は，民主主義の根幹である。しかし，有権者が議員をどのように選ぶかを決定する選挙制度は，国や選挙によって異なる。候補者や政党が

同じ票数を得ても，選挙制度が違えば，その当落や議席数は大きく異なる。また，選挙制度は，有権者の投票行動，候補者や政党の選挙・立法活動，政党システム，政策的帰結にも違いをもたらす。選挙制度の類型には，主に，多数制－比例制，個人投票－政党投票という2つの軸がある。

▷ 多数制と比例制

選挙制度の第1の類型は，多数制－比例制という軸である。この軸は，どのように有権者の**票が議席に換算される**のか，多数派と少数派いずれの意思をより政治に反映するのかという点に注目する（Lijphart 2012）。

選挙制度の基本的類型は，**表4-1**に示されるように，**多数制**と**比例制**，それを組み合わせた**混合制**の3類型である（Bormann and Golder 2013; Golder 2005; レイプハルト 2014）。この類型の基準は，①各区で最も票を得た政党や候補者が当選するのかそれとも議席は票に応じて比例的に配分されるのか，②有権者は政党に投票するのかそれとも候補者に投票するのかである。

多数制は，その区で最も多くの票を得た候補者や政党が議席を得る制度である。多数制の典型は，1つの選挙区から1人の候補者のみが当選する**小選挙区制**である。多数制は，相対的に最も多くの票を得た候補者や政党が当選する**相対多数制**と，過半数の票を得た候補者や政党が当選する**絶対多数制**に分かれる。相対多数制は，イギリスの下院，アメリカの上下両院，カナダの下院が該当し，絶対多数制はフランスの下院で採用されており，1回目の選挙で過半数を得た候補者が存在しない選挙区では，12.5%以上の得票率の候補者間による決選投票が行われる。

比例制は，その名の通り，得票に比例して複数の候補者や政党が

72 第4章 選挙政治

表 4-1 選挙制度の類型（多数制と比例制）

多数制	相対多数制	イギリス下院，アメリカ上下両院，カナダ下院
	絶対対数制	フランス下院
比例制	比例代表制 　拘束名簿式比例代表制 　非拘束名簿式比例代表制	スペイン下院 オーストリア，ベルギー，オランダの下院，デンマーク，フィンランド，スウェーデン
	単記移譲式投票制	アイルランド上下両院，マルタ
（半比例制）	単記非移譲式投票制	日本の衆議院〈1947-1993 年)〉
混合制	小選挙区比例代表並立制	日本の衆議院（1996 年-）
	小選挙区比例代表併用制	ドイツの下院，ニュージーランド（1996 年-）

［出所］ Bormann and Golder（2013）の図 2 とレイプハルト（2014）の図 8-1 を参考に筆者作成。

議席を得る制度である。政党名簿に候補者が記載される**比例代表制**と，選挙区に候補者が立候補する**単記移譲式投票制**に分かれる。前者の比例代表制は政党名簿が用いられ，拘束名簿式と非拘束名簿式の 2 種類がある。**拘束名簿式比例代表制**では，政党の名簿において候補者の順位があらかじめ決められており，政党が獲得した議席数の議員が名簿順に当選する。この制度はスペインの下院で採用されている。

　他方，**非拘束名簿式比例代表制**では，政党の獲得する議席は政党やその候補者に投票された得票数によって決まり，政党が獲得した議席数の中で誰が当選するかは，政党名簿の中でより多くの個人名での票を獲得した候補者となる。オーストリア，ベルギー，オランダの下院，デンマーク，フィンランド，スウェーデンの議会などで採用されている。

第 1 節　選 挙 制 度　**73**

単記移譲式投票制では，有権者は候補者に投票し，候補者に順位をつける。最下位の候補者へ投じた有権者の票は第2位選好候補者へ移譲され，これが当選者が決まるまで繰り返される。この制度はアイルランドの上下両院で採用されている。

混合制は，多数制（実際の採用例では小選挙区）と比例制（同比例代表）を組み合わせた制度である。2種類が存在する。一つは，日本の衆議院のように，当選者数は小選挙区と比例代表で別々に決まる**小選挙区比例代表並立制**である。もう一つは，ドイツ下院やニュージーランドのように，原則として政党の獲得議席数は比例代表での得票で決まり，党内で誰が当選するかは各候補者の小選挙区での選挙結果によって決まる**小選挙区比例代表併用制**である。

さらに，**単記非移譲式投票制**は，レイプハルトによれば，半比例制として，多数制と比例制の中間に位置づけられている（レイプハルト 2014）。単記非移譲式投票制は，日本では中選挙区制と呼ばれることが多く，複数の候補者が当選する選挙区において，有権者は1人にしか投票できず，その票が他の候補に移譲されることのない制度である。1947年から93年までの衆議院で採用されており，自由民主党（自民党）は，同一選挙区に複数の候補者を擁立し，自民党候補者間での競争が行われていた。また，日本の参議院の都道府県選挙区で，東京都，神奈川県，愛知県，大阪府など，2人以上が選出される区は単記非移譲式投票制である。

Inter-Parliamentary Union のデータベース Parline によると，2024年の時点で，世界の二院制の下院と一院制議会を合わせた183議会のうち，35.0%に当たる64議会が多数制，42.1%に当たる77議会が比例制，19.7%に当たる36議会が混合制を採用している。

前述の通り，多数制，比例制，混合制という分類は，政党が獲得

した票の議席への換算がどの程度比例的であるかという点からの分類である。比例制のほうが，政党の得票率と議席率が文字通り比例するのに対し，多数制では得票率の高い政党はそれ以上の議席率を獲得する。混合制は，その中間になる。

選挙制度は，代表と責任・安定政権の形成の間にトレードオフを抱えている。確かに，有権者の意思である票が比例的に議席に換算される比例代表制のほうが，より有権者の意思を政治に代表しやすいという利点がある。他方で，多数代表制のほうが，有権者が個々の議員の当落に直接関与することができ（アカウンタビリティ），また過半数の議席をもつ政党が生み出されやすく，安定政権が樹立されやすいという利点がある（Carey and Hix 2011）。

▷ **個人投票と政党投票**

選挙制度には，個人中心 – 政党中心という第2の軸も存在し，議員の選挙・立法活動，政党組織，政策的帰結に影響を及ぼす。この軸を理解するうえで，「個人投票」という概念が重要であり，「**個人の資質，能力，活動，実績に由来する候補者の選挙支援の比率**」と定義される（Cain et al. 1987: 9）。個人投票は有権者が選挙で行っている判断であり，直感的にもわかりやすいものである。有権者がどの候補者や政党に投票するかを決定するにあたって，候補者の能力や実績をより重視して投票すれば個人投票，政党の能力や実績をより重視して投票すれば政党投票となる。

有権者が候補者を基準に投票する場合（「個人投票」），候補者・議員は，選挙区へ公共事業や補助金などの個別利益を誘導し，自身の個人的評判を高めるために選挙・立法活動を行う動機をもつ。それに対して，有権者が政党を基準に投票する場合（「政党投票」），候補者・議員は，外交・防衛，社会保障などの国レベルの一般政策に関

第1節 選挙制度 **75**

表 4-2 選挙制度の類型（個人投票と政党投票）

	選挙区定数＝1	選挙区定数＞1
（政党中心）▲	政党が公認権をもつ小選挙区制 （イギリス下院，カナダ下院）	非拘束名簿式比例代表制 （スペイン下院）
	絶対多数小選挙区制 （フランス下院）	
		非拘束名簿式比例代表制 （フィンランド）
	予備選挙を用いる小選挙区制 （アメリカ）	
		単記非移譲式投票制 （日本衆議院　1993年）
（個人中心）▼	立候補自由の小選挙区制 （フィリピン下院）	

［出所］　Carey and Shugart（1995）の表1を簡略化した。

心をもち，所属政党の評判を高めるために選挙・立法活動を行う動機をもつ。

　キャリーとシュガートは，以下の3つの要素から，さまざまな選挙制度を個人中心の制度と政党中心の制度の間に位置づけた（Carey and Shugart　1995）。

　(1) 名簿（BALLOT）：政党指導部が候補者の公認や政党名簿の順位を決定できる程度。

　(2) 移譲（POOL）：有権者が政党の候補者に投じた票は，同じ政党の他の候補者の当選にも数えられるか，

　(3) 投票（VOTE）：有権者は政党と候補者のいずれに投票するか。

表 4-2 に示すように，彼らは，選挙制度を，選挙区定数（DISTRICT MAGNITUDE：1つの区から何人が選出されるか）が1か，1より大きいかにわけたうえで，政党中心から個人中心に順位づけしている。

76　第4章　選挙政治

選挙制度が個人投票か政党投票かという性質は，政策的帰結，汚職，集権か分権かという政党組織（→5章3）など，さまざまな政治現象に影響を与える。個人中心の選挙制度ほど，特定の有権者に焦点を当てた政策をもたらしやすく，また汚職の発生につながりやすい。

2 投票参加

投票率の違い

投票参加の水準は，国や選挙で大きく異なる。図 4–1 に，International Institute for Democracy and Electoral Assistance（International IDEA）のデータをもとに，202 カ国の直近の議会選挙での投票率を示した。濃い色で塗られた国ほど投票率が高く，薄く塗られた国ほど低い。投票率が最も高い国は，順にソマリア，ルワンダ，ラオス，ナウル，シンガポール，ベトナム，エチオピア，トルクメニスタンで，90% を超える。他方，最も低い国は，順にチュニジア，ハイチ，アルジェリア，エジプトであり，30% を割っている。

投票参加のモデル

こうした国や選挙の間の投票率の違いは，何によって説明できるのだろうか。より平易に言い換えると，なぜある有権者は投票し，別の有権者は棄権するのだろうか。ダウンズやライカーとオードシュックは**合理的投票者**モデルを提示している（Downs 1957; Riker and Ordeshook 1968）。ダウンズは，各候補者が当選した場合に得られる「期待効用」（候補者がもたらすと期待できる利益）を比較して，有権者は投票するか棄権するかを決めているとする。有権者は，最

図4-1 各国の直近の議会選挙の投票率

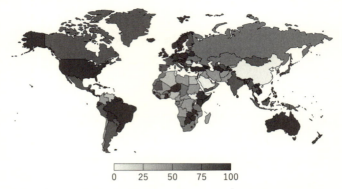

[出所] International Institute for Democracy and Electoral Assistance (International IDEA)
https://www.idea.int/data-tools/data/question?_id=9188&database_theme=293 (2024年12月5日アクセス時のデータ)。

も高い便益をもたらす候補者に投票し，候補者間で期待効用に差がなければ棄権する。ライカーとオードシュックは，ダウンズのモデルを発展させることで，有権者の投票による効用を下記の式で表している。

$R = BP - C + D$

R は有権者が投票によって得られる報酬，B は他の候補者と比べて自身が望ましいと思う候補者が当選した場合に得られる有権者の便益，P は有権者の投票が選挙結果に与える確率，C は投票にかかる費用，D は市民としての義務感を表す。R が 0 以上であれば有権者は投票し，0 以下であれば棄権するとされる。

B（便益）は，有権者が自身の政策的立場と近いなど，より望ましいと思う候補者がいるほど大きくなり，投票する可能性が高まる。

P は選挙が接戦であるほど自身の投票がどの候補者が当選するかに与える影響が大きくなり，投票する可能性が高まる。C（コスト）は投票にかかるコストであり，主に投票する時間や労力というコストと投票先を決めるための情報コストからなる。たとえば，投票所や期日前投票所の数などによって，有権者が投票に要するコストは決まる（松林 2016, 2017）。また，候補者や政党の政策や業績などの情報の収集・考慮しやすさによって，情報コストは決まる。いずれのコストも低いほうが有権者は投票しやすい。D（義務感）は，投票することが民主主義システムの維持につながり，それは自身の長期的利益になるという有権者の感覚であり，高いほど投票する。

投票参加の要因

　これまで多くの研究が，各国のさまざまな選挙について，有権者が投票するか棄権するかの要因について実証的分析を行ってきた。これらの研究をまとめたレビューあるいはメタ分析は，投票の規定要因を，制度的要因，政治的要因，社会経済要因に分類している（Cancela and Geys 2016）。

　制度的要因は，選挙制度，有権者登録の平易さ，義務的投票制，同時選挙，選挙の重要性である。このうち，選挙制度については，多数制に比べて比例制のほうが投票を議席に比例的に変換しやすい（死票が少ない）ため，投票率が高くなりやすいという見解が主流である。義務投票制とは，投票を市民の権利だけでなく，義務ともとらえる考えに基づく制度である。棄権の罰則はない場合もあれば，罰金，選挙権停止，被選挙権停止といった罰則を規定している国もあり，国によってさまざまである。同時選挙については，国によっては大統領選挙と議会選挙，下院選挙と上院選挙，国政選挙と地方選挙が同日に実施される。たとえば，アメリカの場合，下院選挙，

第 2 節　投票参加　**79**

上院選挙の投票率は，関心の高い大統領選挙と同日に行われる年の選挙のほうが，行われない年の選挙（中間選挙）よりも高い。

政治的要因は，選挙の接戦度や選挙運動の活発さである。接戦の選挙や，政党や候補者が積極的に選挙運動を行い，動員する選挙で高い。社会経済要因は，人口，住民の流動性，住人の所得や民族の同質性などである。人口が少ないほど，人口の流動性が低いほど，所得格差が小さいほど，マイノリティが少ないほど，投票率が高い傾向がある。

▷ データの国際比較

ここまで読んだ方の中には，**政治関心**の要素にふれられていないことに気が付いた方もいるかもしれない。ジャーナリスティックな議論で投票率の問題が挙げられるとき，まっさきに政治への関心についての議論に終始してしまう傾向がある。しかし，先に述べた投票参加のモデルに関心の要素がないように（しいていえばそれはDの義務感の一部をなす），国際比較の観点からすると，政治関心の高低と投票率の高低はそこまで堅固な相関関係はないというのが実情である。

図4-2は世界価値観調査を用いて，「政治に関心があるか」という設問に対して多かれ少なかれ「ある」と答えた比率と，「国政選挙にいつもいくか」という設問に「いつも投票に行く」と答えた比率を国ごとに示した散布図である。この図からは，両者の関係性はそこまで明確ではないことがわかるだろう。

ちなみに，こういった投票参加について世論調査を行うと，どこの国でも実際の投票率よりも高い数値が出ることがよく知られている。これは，「投票に参加した」ということが「社会的に望ましい」こととされるので，人々は自分をよくみせようとして偽の回答をし

80　第4章　選挙政治

図 4-2 政治関心と政治参加

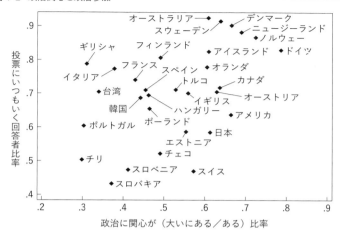

［出所］　世界価値観調査 2017-22 データ（EVS/WVS 2022）より筆者作成。

てしまう傾向を示す典型例の一つだからである。

　このような「社会的望ましさバイアス」を除去する推定方法が近年は発達してきているが，それを用いた研究によると「政治関心の高い人は実際に投票にいきやすい」のではなく「政治関心の高い人は（実際に行っていなくても）"投票に行った"と答えやすい」だけなのではないか，という知見も出ている（Goldberg and Sciarini 2023）。政治に関心がある人は，投票に行くことを好ましいことだと思っているので，そう思っていない政治関心の低い層よりも「選挙に行った」という建前（あるいは嘘）を表明しがちなのである。

　投票率を上げようとして政治に関心がある人を増やすことは，「投票に行った」という嘘をつく人を増やすだけで，実際には投票を増やさないのかもしれない。それよりは，効果が明確にみられている，選挙制度改革や，競争性を高める状況の創出のほうが，よほ

ど投票率の向上に資する可能性がある。

3 投票選択

投票選択する有権者

　人々は好ましい政策を主張する政治家や政党を自らの代理人として選択している，という関係が一般には想定される。その前提として想定される有権者像は，複数の政治家・政党の候補者の政策的立場を適切に認識し，かつ自身に好ましい政策的立場を理解し，それに近い候補者を選んでいるというものである。しかし，それはあくまで理論的な前提であり，実際の人々がどのように投票先を選んでいるかは自明ではない（棄権もまた選択の一つであり，この問題は前節で説明した通りである）。

　そもそも，個々の人生や生活がある私たちにとって，すべての候補者の政策を把握してから投票するというのは現実的ではないようにも思われる。ある古典的な研究では，先に述べたような要件を満たす有権者は全体のわずか3％しかいないという一見衝撃的な指摘もある（Campbell et al. 1960）。

　これは何も有権者は愚かだという話ではない。むしろ，賢さの表れなのかもしれない。投票選択に限らず，何かを選択する際に私たちは，網羅的に探索して比較・検討するということはなく，さまざまな簡便な手がかりを用いて選んでいる。昼食に何を食べるかを決める際，その日の近隣の飲食店のランチ情報をすべて調べたうえで比較・検討し，自らの健康状態に照らし合わせて決める者はいない（そのようなことをしていれば，日は暮れて，結局みずからの健康を害するだろう）。それよりは，簡便に入手可能な情報を用いて選択するほ

うが，より情報コストも考慮したうえで，より適切で目的合理的だといえよう。それは投票でも同じである。有権者は愚かなのではなく，賢いからこそ，そういった手がかりを用いて投票を行う。では，どのような手がかりを用いているのだろうか。

▷ **コロンビアモデルとミシガンモデル**

(1) 社会学モデル（コロンビアモデル）

投票における手がかりについては多様なものがあるが，ここでは代表的なものを紹介しよう。まず投票に際してしばしば参照されるのは，候補者（や政党）がどのような社会的属性を有しているか／代表しているかという要素であるとされる。より具体的には，性別や学歴階層，年齢や宗教，人種，地域，帰属団体など，個々人が有する社会的状況が，投票の選択に影響を与えると考える。

これはたとえば，女性有権者が，女性候補者や女性候補の多い政党に投票する，高学歴層が高学歴の候補者や政党に投票するといった形をとる。地元出身の議員であれば，地元に利益をより誘導してくれるかもしれない，と考えて，同じ地元の候補者を選ぶことも，これに当たるだろう。こういった有権者の行動については，社会的属性が投票に与える影響を強調することから，**社会学モデル**（あるいはその研究が盛んであったコロンビア大学の名をとってコロンビアモデル）といわれることがある。

もちろん，このような投票選択は意識的に考慮される面もあれば，もっと無意識のレベルで人々の投票選択に影響を与えている面もある。架空の候補者の誰に投票するかといったようなことを選ばせる実験で，投票者の顔の皺（年齢）や，ジェンダー，表記される人名のエスニシティといったものを無作為に変えると，無視できない程度に有権者の選択も変化することがわかっている（McClean and Ono

第3節 投票選択 **83**

2024)。

　私たちはこういった有権者像を暗黙に想定していることもある。そういった視座に基づく言論の代表例がいわゆる「シルバー・デモクラシー」論であり，高齢者議員は高齢者からの支持を集めやすいだとか，若い議員が増えれば若い有権者が増える（逆もしかり）といった認識が表明されやすい。しかし，シルバー・デモクラシー論が実証的根拠の薄弱な神話に過ぎないように，社会学モデルにも限界があり，有権者の投票行動を説明するうえでは十分ではない。

(2) 政党支持／政党帰属意識（ミシガンモデル）

　もう一つ重要な要素として表れるのが，日常的な政党支持・政党帰属意識である。これがどのように効果を発揮するかは，先に述べたように選挙制度との兼ね合いもある。政党単位で投票する場合に政党支持が重要であるのはある意味では自明だろう。しかし，個人投票の要素が強い選挙制度においても，政党支持は投票に重要な意味をもつ。というのも，個々の有権者からみて，個々の政治家個人がどのような人物であり，どのような政策を掲げているか，そのすべてを網羅して比較・検討することはきわめて高いコストがかかるからである。しかし，個々の候補者の情報や資質がわからなくても，ある政党の候補者であるという情報は，その候補者の政策選好などを十分に予測させることができる（先に述べた昼食選択のたとえを用いるならば，毎日の日替わりランチの内実はよくわからなくても，「この店が出すランチならだいたいこういったものだろう」と推測しやすいことに似ている）。このような観点の研究は，かつてアメリカのミシガン大学で盛んに展開されていたことから，「ミシガンモデル」と呼ばれることもある。

　加えていえば，政党支持は有権者の政策的判断と吟味を手助けする面もある。一般に，有権者はあらゆる政策領域について強い選好

84　第4章　選挙政治

を有しているわけではない。あるテーマでは自身の利害から一定の選好をもつ（そのうえで支持政党を有する）一方で，また別のテーマについては強い関心がないというのは自然なことである。政党は，こういった有権者の自然な選好状況にも手がかりを与える。自身が支持している政党が肯定している政策であれば，きっとそれは自身にとっても有利な政策なのだろうという（暗黙の）推論を働かせることができる。

もちろん，今日の民主主義国家では，かつてほどいずれかの政党の党員である比率は多くないし，いわゆる無党派層（積極的無党派層）の比率も増えてきている。しかし，積極的な支持政党がない場合でも，忌避政党を有している有権者もいるし，政党は個々の政治家の政策志向を示すラベルとして，きわめて大きな重要性を有している。

実際に有権者に対し，さまざまな政策や政党に関する，架空の組み合わせを提示して，どちらのほうがよいかという選択を行わせる実験を行うと，相当程度の人は政党ラベルのほうを重視して支持する／しないを決めている。たとえば日本の例では，自民党が唱えている政策から自民党という情報を消すと支持率が下がったり，共産党や立憲民主党の政策を自民党のものと（架空のものとして）提示すると途端に支持率が上がったりする現象がみられた（Horiuchi et al. 2018；堀内 2021）。人々は存外，「何を言ったかより誰が言ったか」を重視する向きがある。

▷ **業績投票・回顧投票**

投票行動の第2の論点として，人々は投票選択に際して，将来のことだけではなく，過去の情報も参照して判断を簡便に行っている点は重要である。先に述べたような，「自分と似た属性の候補者

は自分にとってよい政策を実現してくれるだろう」とか,「自分が支持している政党の候補者は自分にとってよい政策を実現してくれるだろう」という想定ないし期待は,将来に向かっての「まえむき」な期待からなる投票である。

しかし,将来のことはよくわからない。選んだ政治家は必ずしもよい政策を実現する能力(や意思)を有していないかもしれない。適切な政治的実績を生み出せるかどうか,何から判断すればよいだろうか。多くの要素があるが,最も信頼のおける情報の一つが過去の実績(ないし過去からなる今の状況)である。

現在の社会状況をよいと感じるならば,現与党(ないしその候補)に投票して続投してもらい,悪いと感じるならば,現与党(ないしその候補)以外に投票して与党を罰するという判断を行う。こういった投票は,過去を振り返って後ろ向き・回顧的に評価を下すということで,回顧投票や業績投票と呼ばれる。多数決型民主主義(→3章)のように,政治家の議会での活動をみて,次の選挙で判断を下すという世界観・民主主義観からすれば,むしろこちらの投票選択のほうが,「正しい」投票選択ということも可能だろう。

この際,業績と一口にいっても多様であるが,もっぱら参照されるのは,私たちの生活に最も直結している経済状況である。単純にいえば,景気がよければ与党(とその候補者)は得票を集め,景気が悪ければその逆の現象が起こるわけである。景気の指標として用いられるのは,賃金上昇率,物価インフレ率,失業率などである。

もちろんそれ以外の要因も効果を発揮する。たとえば,アメリカ大統領選挙において現職政党候補者の得票率は,ほぼ可処分所得増加率に比例することがわかっているが,1952年と1968年の大統領選挙だけは例外的に現職政党候補者の得票数が少ない。これは,この2つのときに朝鮮戦争とベトナム戦争で大量の死者を出したこ

とが影響している（Hibbs 2000）。これはあくまでアメリカの例であって，この場合は経済成長率に加えて戦死者数が業績投票上の回顧情報として重要だということになる。しかし，当然似たようなメカニズムは他国の場合でも，それぞれの国の社会状況に合わせて効いてくるものと想定できよう。

　注意すべき点として，業績投票は，その業績評価を下される相手が明確でないと機能しづらいという面がある。誰が褒められるべきなのか／責められるべきなのかという責任の明確性の高低によって，業績投票が力を発揮するときとそうではないときがある。たとえば，下院と上院で多数派がねじれているような場合には，好景気の評価や不景気の責任を負うべき党はどちらの多数派政党であるかどうかは自明ではないだろう。連立政権の場合には，何かうまくいかなかったときに，それは連立内第1党の責任なのか，パートナーの第2党が足を引っ張ったせいなのかも，わかりづらくなる。実際に，上院のねじれ・少数派政権・連立政権では，高い失業率やインフレ率によって，与党得票率が減じられる効果は消え，選挙制度の違いによってもその効果は左右されることが先行研究では指摘されている（Powell and Whitten 1993; Nishizawa 2009）。

　人が選挙で選択する際の判断基準は一様ではないし，一様であるべき理由もない。そしてそれはまた制度からの影響も受けている。同じことは，そもそも投票に参加するか否かといった要素にも関係してくる。

⚑⚑⚑ Book guide　読書案内 ⚑⚑⚑

・フランシス・ローゼンブルース＝マイケル・ティース／徳川家広訳『日本政治の大転換──「鉄とコメの同盟」から日本型自由主義へ』勁草書房，2012年。

第3節　投票選択　**87**

日本で，1996 年から中選挙区制に代わって小選挙区比例代表並立制が採用された選挙制度改革に焦点を当て，選挙制度が政党や議員の選挙誘因と政策形成に与える影響，またそれを通じた政策的帰結への影響を検討している。

・松林哲也『何が投票率を高めるのか』有斐閣，2023 年。

投票率に与える影響を多角的に検討している。政治参加に関する実態的議論に加えて，分析方法についても，刺激を受けながら学べる。

・アダム・プシェヴォスキ／粕谷祐子・山田安珠訳『それでも選挙に行く理由』白水社，2021 年。

選挙の歴史とその効果を，データに基づいて議論している。

/// *Bibliography* 参考文献 ///

堀内勇作 2021「マニフェスト選挙を疑え──2021 年総選挙の計量政治学」『日経ビジネス』12 月 8 日。https://business.nikkei.com/atcl/gen/19/00351/120200011/

松林哲也 2016「投票環境と投票率」『選挙研究』32 巻 1 号，47–60 頁。

松林哲也 2017「期日前投票制度と投票率」『選挙研究』33 巻 2 号，58–72 頁。

松林哲也 2023『何が投票率を高めるのか』有斐閣。

レイプハルト，アレンド／粕谷祐子・菊池啓一訳 2014『民主主義対民主主義──多数決型とコンセンサス型の 36 カ国比較研究［原著第 2 版］』勁草書房。

Bormann, Nils-Christian, and Matt Golder 2013, "Democratic Electoral Systems around the World, 1946–2011," *Electoral Studies*, 32(2), pp. 360–369.

Cain, Bruce, John Ferejohn, and Morris Fiorina 1987, *The Personal Vote: Constituency Service and Electoral Independence*, Harvard University Press.

Campbell, Angus, Philip E. Converse, Warren E. Miller, and Donald E. Stokes 1960, *The American Voter*, Wiley.

Cancela, João, and Benny Geys 2016, "Explaining Voter Turnout: A Meta-Analysis of National and Subnational Elections," *Electoral Studies*, 42, pp. 264–275.

Carey, John M., and Simon Hix 2011, "The Electoral Sweet Spot: Low Magnitude Proportional Electoral Systems," *American Journal of Political*

Science, 55(2) pp. 383–397.

Carey, John M., and Matthew Soberg Shugart 1995, "Incentives to Cultivate a Personal Vote: A rank Ordering of Electoral Formulas," *Electoral Studies*, 14(4), pp. 417–439.

Downs, Anthony 1957, *An Economic Theory of Democracy*, Harper & Row.

EVS/WVS 2022, Joint EVS/WVS 2017–2022 Dataset (Joint EVS/WVS). GESIS, Cologne. ZA7505 Data file Version 4.0.0, https://doi.org/10.4232/1.140 23.

Goldberg, Andreas C., and Pascal Sciarini 2023, "A Reassessment of the Association between Political Interest and Electoral Participation: Adding Vote Overreporting to the Equation," *Acta Politica*, 58, pp. 141–160.

Golder, Matt 2005, "Democratic Electoral Systems around the World, 1946–2000," *Electoral Studies*, 24(1), pp. 103–121.

Hibbs Jr, Douglas A. 2000, "Bread and Peace Voting in US Presidential Elections," *Public Choice*, 104(1–2), pp. 149–180.

Horiuchi, Yusaku, Daniel M. Smith, and Teppei Yamamoto 2018, "Measuring Voters' Multidimensional Policy Preferences with Conjoint Analysis: Application to Japan's 2014 Election," *Political Analysis*, 26(2), pp. 190–209.

International Institute for Democracy and Electoral Assistance (https://www.idea.int/data-tools/question-view/521　2024 年 12 月 5 日最終アクセス).

Inter-Parliamentary Union, Parline (https://data.ipu.org/compare/?chart=map&field=electoral_system&file_format=xlsx&region=0&structure=any__lower_chamber&year_to=2024　2024 年 12 月 5 日最終アクセス).

McClean, Charles T., and Yoshikuni Ono 2024, "Too Young to Run? Voter Evaluations of the Age of Candidates," *Political Behavior* 46(4), pp. 2333–2355.

Nishizawa, Yoshitaka 2009, "Economic Voting: Do Institutions Affect the Way Voters Evaluate Incumbents?," in Hans-Dieter Klingemann ed., *The Comparative Study of Electoral Systems*, Oxford University Press: 193–220.

Powell Jr, G. Bingham, and Guy D. Whitten 1993, "A Cross-National Analysis of Economic Voting: Taking Account of the Political Context," *American Journal of Political Science*, 37(2), pp. 391–414.

Riker, William H., and Peter C. Ordeshook 1968, "A Theory of the Calculus of Voting," *American Political Science Review*, 62(1), pp. 25–42.

Simpser, Alberto 2013, *Why Governments and Parties Manipulate Elections: Theory, Practice, and Implications*, Cambridge University Press.

政党政治

第 **5** 章
Chapter

Quiz クイズ

Q5.1 以下のうち，政党が担う役割はどれでしょうか（複数回答）。

  a. 選挙 **b.** 政権形成・運営 **c.** 政策形成

Q5.2 以下のうち，政党に所属する議員の議会での投票の一致度を含む概念はどれでしょうか。

  a. 凝集性 **b.** 規律 **c.** 一体性

Answer クイズの答え

Q5.1　a, b, c のすべて

　さまざまな政治現象は，政党を単位として展開されます。選挙では，政党は公約を有権者に示し，候補者は所属政党の政策を訴えます。政権形成・運営では，とくに議院内閣制下において単独もしくは複数で議会の過半数の議席を確保した政党が首相を選出し内閣を形成します。政策形成では，過半数の議席を確保した政党が与党として法案を作成・可決し，対する野党は主に与党の政策を監視・抑制します。

Q5.2　c. 一体性

　一体性は，議会での議案への賛成か反対の投票において，同じ政党に所属する議員が同じ投票態度をとっているかの程度を表します。同じ態度をとる原因は，所属議員がもともと政策について類似した考え方をもつ（凝集性）か，政党指導部が所属議員に対し党の方針に沿った投票態度をとらせている（規律）か，あるいはその両方です。

Chapter structure　本書の構成／Keywords

1　**政党の歴史**
幹部政党，組織政党，カルテル政党

2　**政党システム**
有効政党数，社会的亀裂，選挙区定数

3　**政党の組織**
議場投票，一体性，選挙制度

テレビ，新聞，SNS（ソーシャル・ネットワーキング・サービス）や政治家の街頭活動などを通じて政治にふれる際，政党の名前や活動を目にすることが多いのではないだろうか。現代の民主主義国では，政党が選挙，政権形成・運営，政策形成などで中心的な役割を担っている。選挙では，政党は公約・マニフェストを提示して，実施する政策を有権者に約束する。また，候補者を公認し，選挙資金，選挙活動などの支援を行う。有権者が投票先を決めるうえで，候補者と並んで政党への評価は重要な要因となる。政権形成・運営では，とくに議院内閣制では通常，過半数の議席を占める勢力が政権を形成するため，必然的に政党の役割は大きい。一般に，単独で議会の過半数の議席を占める政党が存在する場合は単独政権を形成し，そうした政党が存在しない場合は複数の政党が連立政権を形成する。政権が形成されると，与党による政権運営と，野党によるその監視が行われる。政策形成においても，政党は，政府と協調して政策を立案する。法案が成立するためには議会での過半数の賛成で可決することが必要であり，与党は所属議員が法案に対して一体的に賛成の投票を行うように規律する。

　本章では，こうした政治の中心的アクターである政党について，その歴史的位置づけ，システム，組織を検討する。

1 政党の歴史

　政党の語源はラテン語の partir（分ける）とされる。13世紀までには多くのヨーロッパ諸国で対応する語が使われていたが，党派・派閥と等しく，国益や公益に分断をもたらすという点で否定的な意

表 5-1 政党モデルの歴史

政党モデル	特徴	最盛期
①幹部政党	コーカス政党・エリート政党とも言う。議員集団の党派としての政党。もともと18世紀頃からの民主化の初期に登場した名望家政党が該当するが，現在でも新党を中心に存在している。	18世紀〜19世紀半ば
②組織政党	19世紀後半の大衆民主主義の時代に社会主義や宗派勢力を中心に登場。系列団体や党固有の組織と結び付くが，現代では組織力は衰退に向かっているとされる。	19世紀末〜1960年代
③包括政党	20世紀中盤以降の中道右派・中道左派の大政党に多い。ただしアピール対象は本来の基盤に近い一定の範囲に収まるのが提唱者キルヒハイマーの趣旨である。	1950年代後半〜1970年代
④カルテル政党	20世紀終盤以降党派の違いを超えて目立つ，公費助成など国家資源に党活動を依存し，日常活動の比重は低い一方で選挙での動員を偏重する政党を指す。選挙ビジネス政党とも呼ばれる。指導者個人に集権化・依存したものは，個人政党と呼ばれる。	1980年代〜

［出所］ Katz and Mair 1995 を基に筆者作成。

味を帯びていた。19世紀にかけて，政党は現代のように否定的な意味とはひとまず区別された存在として理解されるようになった。政党という組織があることによって，議会での多数派形成と政策形成が安定的になったり，有権者の情報入手コストが下がるといった効用が知られるようになったりしてきたからである。

選挙権拡大が徐々に進む議会制民主主義の下で，従来の議会内勢力のみならず，議会外勢力も，政治グループとして政党を形成し，多くは議会に参入した。イギリスなどのように議員集団の成立後に，選挙対応の組織が成立して，恒常的な政党組織となる例もあれば，

北欧諸国のように選挙権拡大が議会政党の形成に先んじるところもあった（**表 5-1** の①の場合）。

19世紀後半の工業化・都市化や宗派問題や労働問題，選挙権拡大の進展と前後して，政党の組織化は進む（②）。その後，第二次世界大戦後に経済成長が進んで階級や宗派の亀裂の意義が弱まり始めると，もともとの基盤の階級を超えたアピールを行う政党が登場する（③）。

しかし，経済成長の結果，宗派的・文化的世俗化が進み，政党や系列団体の組織力が低下すると，政党のあり方は大きく変化した。社会から遊離して，公的助成などに依存して政党間で存続を図る政党（④）や，組織化をむしろ負担とみなして指導者に集権化させ，選挙での勝利に特化した政党など，新しいタイプの政党も登場している。

2 政党システム

政党システムとは何か

政党は規模，構造，政治的立場などの点で，それぞれに特徴をもち，複数の政党の関係が，その国の政治のあり方を特徴づける。連立政権が常態となる国であれば，複数の政党の競合・競争関係によって政治的アウトプットは変わりうる。また，単独政党による政権であっても，他党との関係がその政権運営に影響を与える。政党の行動は，それ自体独立した組織として完結するのではなく，常に他の政党との協力や競争関係の相互関係の中に文脈づけられ，影響を受ける。こういった政党同士の相互関係の体系のことを，**政党システム**（政党制）と呼ぶ。

政党システムは，その国やその時代における多数派形成の基盤となり，政治行政の進め方を大きく規定して，政治的帰結を左右するという点で重要である。それだけではなく，その国・時代の有権者の選択肢を事実上拘束するという点でも，きわめて重要な要素をもつ。かつてダールは，その著書『ポリアーキー』の中で，民主政治の運営において重要な帰結をもたらすものは，行政府と立法府の関係に加えて政党システムであると述べていた（ダール 2014: 181-182）。

　政党システムは，どのような政党があるのか，どれほどの政党があるのか，政党同士はどのような関係にあるのかといった諸要素によって規定される。とくに，どれほどの政党があるのかという側面は，その国が多党制か，二大政党制か，一党優位制であるのかといった側面を規定する。同じ民主主義の中でも，多数決型の政策決定・政治運営となるか，合意型の政治となるかは，一様のあり方があるわけではないことは第3章でも述べた。その違いの中核にある対立がまさに「政府－政党次元」と名づけられているように（第3章 58 ページ参照），政党システムの違いこそが民主主義諸国の政治のあり方を決定的に左右する違いなのである。また，政党システムをとらえるためには，議会政党の数を数え上げるだけではなく，大規模政党の影響力と泡沫政党の影響力の差も考慮しなければならない。

◻▷　**政党システムを測る**

　政党システムを定量的に把握するために，最も一般的に用いられる指標が「有効政党数」である。**有効政党数**は，各政党の議席率を二乗し，総和した値によって，1 を除することで簡単に算出することができる（Laakso and Taagepera 1979）。有効政党数を算出することで，異なる国や時代の政党システムの違いを計量的に比較したり，質的な言説についてある程度客観的な根拠を提供したりすることが

可能になる。先に述べたレイプハルトらの研究も，国際比較においてこの指標を広く活用している。また，それは，同じ国の中の違いを説明することにも用いることが可能である。日本を例にすると，都道府県ごとに（あるいは市町村ごとに）有効政党数はかなり大きく異なることが知られており，地域ごとに民主政治のあり方が違うことが可視化される（日本の地方政治の論点は**第9章**でも少しふれる）。

　では，政党システムとその指標としての有効政党数は，なぜ国や地域によって異なるのだろうか。大きな枠組みとして，社会的構造と制度からの説明が可能である。

　本章の冒頭で述べたように，政党が社会の中の部分的利益を代表する存在である以上，その社会にどの程度大きな対立が存在しているかは政党システムの重要な決定要因である。極端な例を出せば，もし任意の国の中で経済的格差だけが唯一の社会対立であるならば，部分社会の利害を代表する政党は2つで足りるだろう。しかしそこにたとえば中央と地方の対立，民族や宗教の対立といったものが加われば，それだけ利益代表に必要な政党の数も増えてくる。こういった，任意の国の中にある社会的な「亀裂（クリーヴィジとも呼ばれる）」の存在は重要である。

　また，政党システムの違いは，選挙制度を中心とした制度面も決定要因である（Cox 1997）。たとえば小選挙区制と比例代表制であれば後者のほうが，多くの政党が形成されやすいことはよく知られた議論であろう。この際，とくに重要なのは選挙区の定数——すなわち一つの選挙区から何人の議員が選出されるか——であり，同じ選挙制度であっても，**選挙区定数**の違いは政党システムの違いをもたらす。同じ比例代表制の国の比較でも政党システムに違いが出る一因はそこにある。たとえば，同じ日本の中でも大阪市と京都市はどちらも政令指定都市でありながら有効政党数が倍近く異なり，前

者のほうがはるかに小さい。その一因は両市の平均選挙区定数がやはり倍近く異なり，前者のほうが小さいことと関係する。

このほか，比例代表制での議席配分方法や，大統領選挙と議会選挙を同日に行うかなどの要因も，政党システムに違いをもたらす。いずれにしても重要なのは，ある国（もしくはある時代やある地域）の政党政治のあり方は，その国に固有の社会構造に影響を受ける部分があると同時に，普遍的な制度的設計からも影響を受けるということである。そして，その政党システムの違いが，それぞれの政治に違いに大きな影響を及ぼし，民主政治のあり方に多様性をもたらしているのである。

3 政党の組織

次に，政党の行動とその内部の意思決定について，体系的に考えよう。まず政党を1つの単位ととらえる場合，政党はどのような行動をしているのかを，政党の目的追求という観点からとらえる。続いて，1つの単位としてとらえた政党は，実際には複数の議員によって成り立っており，議員間の政策の違いやそれを克服して一体的な行動をとらせる政党のメカニズムを検討する。

▷ 政党の目標

ストロームは，政党は，**票，政権，政策**を追求すると提唱する (Strom 1990)。政党の第1の目標は選挙でより多くの票を獲得することである。より多くの票を獲得することで，より多くの所属議員が当選することができる。その結果，議院内閣制では，単独で議会の過半数の議席を獲得すれば単独政権を形成することができ，そう

でなくとも第1位の議席を獲得すれば第1党として連立政権の形成・運営で中心的な役割を果たすことができる。大統領制では，過半数の議席を得た政党は多数党として，法案・予算の採決や政府・大統領との関係において，優越的な意思決定をできる。

政党の第2の目標は，政権を獲得することである。政権を獲得することで，政府の意思決定を担い，自党の望ましい政策を実施することができる。また，議院内閣制の場合には，通常，第1党が首相を輩出し，それ以外の与党議員も大臣などの内閣の主要な役職を担うため，所属議員の昇進目標を満たすことにつながる。

第3の目標は，政策である。政党は綱領や選挙公約などの形で政策を掲げており，それらの実現をめざす。政策目標には，票を獲得するためのものと，政策それ自体が目標となっているものがある。前者の例としては，減税や有権者への給付拡大が挙げられる。政党は，税負担を減らしたり，現金や事業を配分したりすることで，有権者からの支持を得て票を増やそうとする。他方，後者の例は増税である。増税は有権者に不人気な政策であり，選挙での票を減らす可能性がある。それでも，党として政府の財政を改善するために実施することがある。

政党をこうした3つの目標を追求している存在として想定すると，その行動を体系的にとらえやすい。各党が減税や政府支出の拡大を提示することは，有権者からの支持を得て票を増やすための行動とみなせる。野党の小政党が与党に近い政策を掲げたり政府提出の議案に賛成したりするのは，政権に入るための行動の一環ととらえられる。

一般的には，これらの3つの目標の追求は相互に補強し合う。政党は，より多くの票，とくに過半数の票を得ることで政権を獲得・維持でき，政権与党であることで望ましい政策を実現すること

第3節　政党の組織　**99**

ができる。ただし，時に3つの目標が矛盾することもある。たとえば，政権に参加すると，与党しての政策責任を有権者から追及され，票・議席を減らすこともある。また，連立政権に参加し他党と共同して政策を形成・実施することで，自党の政策を断念せざるをえないこともある。

▷ 政党の凝集性，規律，一体性

現代の政治は政党を単位として展開される一方で，政党は異なる政策的立場や支持者をもつ議員によって構成されている。たとえば，同一政党の議員であっても，経済政策をめぐって，都市部と農村部選出の議員の間には，立場の違いがある。都市部選出の議員は低水準の政府支出で経済的効率性を志向したり，経済成長につながる自由貿易を支持したりする傾向がある。他方，農村部選出の議員は，地域経済の振興のために政府支出の拡大を求めたり，国内の農業の衰退につながる自由貿易の拡大に反対したりする傾向がある。また，外交・防衛政策では，保守主義的な議員は防衛力の強化や国際紛争への積極的な関与を支持するのに対し，リベラルな議員は防衛力の強化には反対し，国際紛争も軍事的な解決を避けようとする。さらに，政権形成・運営をめぐっても，党内には現執行部にかわって自身が執行部（与党の場合は首相や大統領）を占めようという議員がおり，潜在的な対立が存在する。

政党が政権運営や政策形成で一体的な行動をとるかどうかは，政党や政府の安定性，政策形成の効率性を大きく規定する（Kam 2009）。議員が所属政党に対して，その政策や決定に頻繁に異議を唱えたり，従わなかったりすると，政党は組織維持や意思決定に困難をきたす不安定な状態になるだろう。それが与党であれば，内閣信任案の否決や不信任案の可決につながり，政権が崩壊する可能性

100　第5章　政党政治

もある。また，そうした内部対立を抱える政党や政府は，政策の立案や可決を安定的に行うこともできない。

こうした政党内での所属議員のまとまりをとらえる概念として，凝集性，規律，一体性という概念がある（Bowler et al. 1999）。政党の**凝集性**とは，所属議員間が類似した政策選好をもつ程度である。議員が政党の綱領や政策に共感して所属している場合には，政党の凝集性は高い。他方，議員は，党の政策よりも，選挙での当選や，議会で役職を得たり政策形成過程に参加したりするための手段として政党に所属している場合には，凝集性は低い。

政党の規律とは，所属議員が政党の方針に従う程度である。政党指導部は，所属議員に報酬や罰を与えることによって，党の方針に沿った行動をとらせる（Benedetto and Hix 2007）。報酬は公認，大臣などの役職，政治資金，選挙区への利益誘導を与えることであり，逆に罰はそれらを与えないことである。

政党の一体性とは，政党に所属する議員が同一の行動をとる程度である。一体性の中でとくに重要なのは，議会での投票の一体性である。先に述べた通り，議会で法案や予算などの議案を可決するためには，過半数の賛成が必要である。与党において**議場投票**の一体性が低い，つまり政府や与党が提出した法案に対して与党議員が反対票を投じたり棄権したりすると，議会の過半数の賛成を得られず，議案を可決することができない。

政党の一体性を決定するのは，凝集性と規律である。もともとの立場が一致しているほど（凝集性），政党が所属議員を統制しているほど（規律），所属議員の行動は一致する（一体性）。つまり，議員の行動が一致しているのは，もともとの立場が一致しているからか，政党が統制しているからか，あるいはその両方の可能性がある。

第 3 節　政党の組織　**101**

▷ 一体性の要因

それでは，議場投票における一体性は，どのような要因によって決まるのだろうか。議会での投票において，同一政党の議員が同じ行動をとる程度は，国や政党によって異なる。

アメリカでは，政党の公認は予備選挙といわれる一般党員による選挙によって決定されるため，指導部は公認権を通じて所属議員の議場投票を統制することが難しい。アメリカの民主党や共和党は，所属議員が党の方針に反した投票をしても，公的に処罰することはできない。

代わって，政党は党内の議員の多くが賛成する場合に，法案を成立させるという**条件付き政党政府モデル**（Aldrich and Rohde 2000）や，多数党は委員会において不都合な法案を本会議に送らないという**政党カルテル・モデル**（Cox and McCubbins 2007）が提示されてきた。両モデルともに，多数党が，議会においてどの法案をどのような手続きで法案会議に送付されるかを決定する能力であるアジェンダ・セッティング・パワー（議題設定権）を用いる点を重視する。条件付き政党政府モデルは，多数党にとって望ましい法案を本会議に送る正のアジェンダ・セッティング・パワーを，政党カルテル・モデルは多数党が望まない法案を本会議に送らない負のアジェンダ・セッティング・パワーを，政党が利用していることに着目する。

アメリカ以外の民主主義国の多くでは，議員は，議場投票を行うにあたって，有権者に加えて，政党指導部から圧力を受ける（Carey 2007）。選挙で当選するためには，有権者が望む政策を実施する必要がある。他方で，政党指導部は議案を可決するために，党の方針（党議）に沿った投票を議員に課す。有権者の望む政策と政党の政策が異なる場合には，議員は選択を迫られることになる。たとえば，消費税率引き上げなど，有権者の負担が増加する不人気な政策

102　第5章　政党政治

を実施すると，有権者からの反発を買い，議員は票を減らすことになる。他方で，国の財政を維持するためには，政党指導部はそうした有権者の負担を増加する政策を実施せざるをえなく，所属議員に対して，先に述べた報酬と罰という規律によって，法案に賛成票を投じさせようとする。

　選挙制度と政党による候補者公認，行政・立法関係，中央・地方関係，与党か野党かなどの要因が政党の一体性に影響を与えることが明らかにされてきた（Carey 2007; Depauw and Martin 2009; Sieberer 2006）。第1に，また，選挙制度については，候補者が自身の能力で当選する候補者中心の選挙制度と，政党の能力で当選する政党中心の選挙制度のうち（→4章1），後者のほうが政党は所属議員を党議に従わせやすい。個人中心の選挙制度の例は，党の比例名簿に掲載された候補者のうち，個人での得票が多い候補者から当選する非拘束名簿式比例代表制である。この選挙制度では，名簿に掲載された党の候補者から誰が当選するかを決定するのは党指導部ではなく，有権者であるため，議員は政党からの圧力を感じにくい。他方，政党中心の選挙制度の例は，党の名簿の順位が政党によって投票前に決定されている非拘束名簿式比例代表制である。この選挙制度では，党指導部が，党に従順な議員を名簿上位に，反抗的な議員を名簿下位にすることを通じて，所属議員の議場投票行動を統制しやすい。また，候補者の公認については，一般有権者や党員が決定する分権的な公認制度から，党の指導部が決定する集権的な制度がある（Hazan and Rahat 2010）。集権的な公認制度ほど，政党指導部は，党の方針に反した議員には公認を与えないという手段を通じて，議員に党議に沿った投票を強制させやすい。

　第2に，行政・立法関係については，大統領制より議院内閣制のほうが政党の一体性が高い。議院内閣制は，議会議員が大臣や副

大臣などの内閣のメンバーとなって法案や立法の策定にかかわる。そのため，そうした大臣任命が党指導部から議員への報酬となったり，議員の選挙結果が内閣の実績や有権者からの内閣支持と強く関係したりする。その結果，議員は政党の方針に従いやすくなる。他方，大統領制では，議員は政府のメンバーにはならない。そのため，政党は大臣・長官などの役職を議員への報酬として利用できない。

第3に，中央・地方関係については，連邦制よりも単一制のほうが，国レベルの政党の指導者が国レベルでの政策や予算配分など権限をもち，それらを所属議員の統制のための報酬として利用できる。そのため，政党の一体性が高くなる。

▷ 造　　反

ここまで述べてきた通り，党の一体性は国や政党によって異なる。一体性の高い国の代表例は日本である。確かに，1993年の宮澤喜一内閣不信任案への与党自由民主党（自民党）からの賛成による不信任案可決，2005年の小泉純一郎内閣での郵政民営化関連法案への自民党議員の反対票・棄権，2012年の野田佳彦内閣での社会保障と税の一体改革関連法案への与党民主党議員の反対票・棄権など，議員が党議に反した議場投票である造反を行うことはある。しかし，それ以外の議案に対して組織的な造反はない。それに対して，日本以外の国々ではしばしば造反は行われている（Carey 2007: Depauw and Martin 2009; Sieberer 2006）。

では，党の方針に反した投票行動（造反）は議員の選挙結果に正の影響を与えるのだろうか。近年の研究は，理論的には，造反は① 有権者の間の知名度を高めること，② 有権者に政策が一致していると示すこと，③ 有権者に政党から自律していることを示すこと，などを通じて，有権者からの好意的な反応を得られるとする。他方，

実証研究は，造反が有権者の支持につながることを示す研究もあれ
ばつながらないことを示す研究もあり，混合した結果を提示してい
る（Campbell et al. 2009; Cowley and Umit 2023）。

Book guide 読書案内

・中北浩爾『自民党──「一強」の実像』中公新書，2017 年。
　　自民党の派閥，役職配分，政策形成，選挙，利益団体との関係，地方組織
　について，詳細かつわかりやすく議論している。
・岡山裕『アメリカの政党政治──建国から 250 年間の軌跡』中公新書，
　2020 年。
　　アメリカの政党について，とくに歴史的な変遷に焦点を当て，議論してい
　る。
・リチャード・カッツ＝ピータ・メア／岩崎正洋・浅井直哉訳『カルテル
　化する政党』勁草書房，2023 年。
　　政党の組織モデルの歴史的な変化について，政党政治や社会構造との関係
　などに注目しながら説明している。

Bibliography 参考文献

ダール，ロバート・A.／高畠通敏・前田脩訳 2014『ポリアーキー』岩波文
　庫。

Aldrich, John H., and David W. Rohde 2000, "The Consequences of Party Or-
　ganization in the House: The Role of the Majority and Minority Parties in
　Conditional Party Government," in Jon R. Bond and Richard Fleisher eds.,
　Polarized Politics: Congress and the President in a Partisan Era, CQ
　Press: pp. 31–72.

Benedetto, Giacomo, and Simon Hix 2007, "The Rejected, the Ejected, and
　the Dejected: Explaining Government Rebels in the 2001–2005 British
　House of Commons," *Comparative Political Studies*, 40(7), pp. 755–781.

Bowler, Shaun, David M. Farrell, and Richard S. Katz 1999, *Party Discipline
　and Parliamentary Government*, The Ohio State University Press.

Campbell, Rosie, Philip Cowley, Nick Vivyan, and Markus Wagner 2019, "Legislator dissent as a Valence Signal," *British Journal of Political Science*, 49(1), pp. 105–128.

Carey, John M. 2007, "Competing Principals, Political Institutions, and Party Unity in Legislative Voting," *American Journal of Political Science*, 51(1), pp. 92–107.

Cowley, Philip, and Resul Umit 2023, "Legislator Dissent Does Not Affect Electoral Outcomes," *British Journal of Political Science*, 53(2), pp. 789–795.

Cox, Gary W. 1997, *Making Votes Count: Strategic Coordination in the World's Electoral Systems*, Cambridge University Press.

Cox, Gary W., and Mathew D. McCubbins 2007, *Legislative Leviathan: Party Government in the House*, 2nd edition, Cambridge University Press.

Depauw, Sam, and Shane Martin 2009, "Legislative Party Discipline and Cohesion in Comparative Perspective," in Daniela Giannetti and Kenneth Benoit eds., *Intra-Party Politics and Coalition Governments*, Routledge, pp. 103–120.

Hazan, Reuven Y., and Gideon Rahat 2010, *Democracy within Parties: Candidate Selection Methods and Their Political Consequences*, Oxford University Press.

Kam, Christopher J. 2009, *Party Discipline and Parliamentary Politics*, Cambridge University Press.

Katz, Richard S., and Peter Mair 1995, "Changing Models of Party Organization and Party Democracy: The Emergence of the Caetel Party," *Party Politics*, 1(1), pp. 5–28.

Laakso, Markku, and Rein Taagepera 1979, ""Effective" Number of Parties: A Measure with Application to West Europe," *Comparative Political Studies*, 12(1), pp. 3–27.

Sieberer, Ulrich 2006, "Party Unity in Parliamentary Democracies: A Comparative Analysis," *Journal of Legislative Studies*, 12(2), pp. 150–178.

Strom, Kaare 1990, "A Behavioral Theory of Competitive Political Parties," *American Journal of Political Science*, 34(2), pp. 565–598.

執政政治

Chapter

第 6 章

Quiz クイズ

Q6.1 下記のうち大統領が存在する国はどの国でしょうか（複数回答）。

a. フランス　　b. ドイツ　　c. イタリア　　d. アメリカ

Q6.2 法案の成立率が高いのは，どちらでしょうか。

a. 大統領制　　b. 議院内閣制

Answer クイズの答え

Q6.1　a, b, c, d のすべて

4 カ国すべてに大統領が存在します。ただし，執政府の唯一の長として実質的な最高権力を有するのは，アメリカの大統領です。フランスの大統領も強い権力をもつ執政府の長ですが，同時に首相も存在し，両者の党派が異なる場合には，大統領の権限行使は制約されます。他方，ドイツとイタリアの大統領の権限は儀礼的なものが中心で，執政府の長は首相です。

Q6.2　b. 議院内閣制

大統領と首相では，大統領のほうが強い権力と影響力をもつというイメージがあるかもしれません。しかし，とくに法案，予算案，人事案などの議案の成立可能性という観点からは，議院内閣制のほうが政府は安定的に議案を成立させやすいです。議院内閣制は，政権形成時に執政府が議会で過半数の議員からの支持の確保が保証されやすい制度です。それに対し，大統領制は，議会議員や大統領が有権者から別々に選出されるため，大統領が議会で過半数の議員の賛成を得ることが制度的に保障されるわけではありません。

Chapter structure　本書の構成／Keywords

1　大統領制・半大統領制・議院内閣制
三権分立，立法・行政関係，大統領制の危機

2　政権形成と連合政権
単独政権，連立政権，少数政権

3　政官関係
本人 – 代理人関係，エージェンシー・スラック，監視

4　ガバナンス
NPM，アカウンタビリティ，市民社会

行政部門の長が執政長官（首相や大統領）として政治を執り行うことを**執政**という。執政長官は，選挙を通じて国民から直接あるいは間接的に選出され，政治的な意思決定を行う。そのため，執政は，政治家による決定を実務的に実施する行政とは区別される。執政長官をどのように選出し，立法部門である議会とどのような関係に位置づけるかを執政制度という（建林・曽我・待鳥 2008）。

　本章では第1に，執政制度について説明し，国ごとの違いや，政治的安定や政策に及ぼす影響を議論する。第2に，多くの国において複数の政党によって政権が構成される連立政権が存在するため，その形成のモデルを紹介する。第3に，執政府内のアクター（主体）である政治家と官僚の関係を考察し，最後にガバナンスという概念から政府の役割・問題・変容を考える。

1　大統領制・半大統領制・議院内閣制

執政制度の類型

　執政制度の違いは，有権者の政治の場への代表，政権の安定性，政策などに違いをもたらす。そのため，国ごとの執政制度の違いを理解することは，政治代表や政策形成を理解するうえで重要である。

　執政制度は，大きくは大統領制と議院内閣制に分かれる。よく知られているように，事実上，大統領制では執政府長である大統領は有権者から直接選出されるのに対して，議院内閣制では執政府長の首相は議員によって選出される。この大統領制か議院内閣制かという違いは，行政機関と立法機関の関係の違いという軸に基づく。民主主義国では，国の1つの機関に権力が集中し，濫用されること

を防ぐために，国の権力を立法権，行政権，司法権に分立し，立法機関，行政機関，司法機関の間で権力の抑制と均衡を図る。この**三権分立**を厳格に適応し，立法権と行政権の分立を実践しているのが大統領制である。大統領の執政府と，議会はそれぞれ別々に政策形成を行い，議員が長官などの執政府の役職に就くことは一般的ではない。他方，議院内閣制では，立法権と行政権が融合している。首相は議会議員の中から選出され，大臣の多くも議員である。内閣と与党は共同し，より一元的に政策を形成する。

　実際，大統領制と議院内閣制では，法案の提出，審議，採決の過程が異なる。行政と立法が相互に独立している大統領制の場合は，執政府と議会がそれぞれ法案を提出し，議会で審議・採決される。たとえば，アルゼンチン，ブラジル，韓国では，大統領は法案提出権をもつ一方，アメリカでは，憲法上，大統領は法案提出権をもたないため，教書を通じて法案の提出を議員に勧告する。それに対して，議院内閣制の場合は，執政府と立法府が協力して法案を提出・可決することが多い。より具体的には，内閣と与党が事実上共同して法案を作成し，議会では，与党議員は一体的となって政府提出法案に賛成票を投じ，可決をめざす。

　Political Regimes of the World Dataset（Anckar and Fredriksson 2019）によれば，2019 年時点において，対象の 120 の民主主義国のうち，64 カ国が議院内閣制，21 カ国が半大統領制，34 カ国が大統領制を採用している（リヒテンシュタインは半君主制と分類）。

▷　議院内閣制と大統領制の違い

　議院内閣制と大統領制の間には，主に 3 点の違いがある（レイプハルト 2014）。第 1 の違いは，執政府の長は立法府の信任の上に成り立つか否かという点である。議院内閣制では，内閣は議会の信任

110　第 6 章　執 政 政 治

の上に成り立ち，議会の信任を失うと政権を維持できない一方，議会の解散権をもつ。つまり，議会は内閣不信任案を可決したり，内閣信任案を否決したりすることで，内閣を解散させる権力をもつ一方，内閣は不信任に対して議会を解散するという対抗手段をもつ。議院内閣制の実際は，議会で過半数の議席を占める与党と内閣が一体となって政権運営と政策形成に当たる。通常，与党第1党の党首が首相として内閣を主宰し，与党議員が大臣を務める。内閣は議会に法案を提出し，与党は所属議員が一体となって賛成票を投じることで，法案の成立を図る。それに対して，大統領制では，立法府と執政府は分立している。大統領と議会は個々に有権者に責任を負っている。そのため，議会による大統領の弾劾に限定され，議会が大統領を罷免したり，大統領が議会を解散したりすることは，一般的ではない。

　議院内閣制と大統領制の第2の違いは，執政府の長は誰によって選ばれるかという点である。議院内閣制では，有権者は議会の議員を選挙で選び，議員が執政府の長である首相を選出する。それに対して，大統領制では，議会の議員と執政府の長である大統領は，先に述べた通り，別々に有権者から選出される。

　第3の違いは，執政府の長の意思決定権限と決定過程である。議院内閣制では，首相は政府の意思決定を内閣の他の大臣とともに集合的に行う必要がある。首相は他の大臣に対して優越的地位と権限を有するものの，大臣とともに内閣として合議的意思決定を行う。それに対して，大統領制では，大臣・長官は大統領のアドバイザーや部下のような位置づけであり，大統領は大臣・長官の反対があっても単独で意思決定を行うことができる傾向にある。

第1節　大統領制・半大統領制・議院内閣制　　111

半大統領制

有権者から選出された大統領と，議会から選出された首相の両方が存在する半大統領制という制度も存在する。1958 年以降の第五共和制のフランスは，その典型例である。有権者から選出される大統領は外交，軍事，首相の任命，下院の解散権などの強い権限をもつ一方，首相も執政府の長としての権限を有する。そのため，大統領と首相の党派が一致する際は，大統領は強い権限を行使できる一方，異なる場合には，大統領は議会を円滑に運営するために議会の多数派から首相を任命する。後者の状態は，コアビタシオンと呼ばれる。

なお，ドイツ，イタリア，インドなどにも大統領が存在する。しかし，大統領は有権者ではなく議会によって選出され，大統領の権限も概ね儀礼的なものに限定される。そのため，これらの国は議院内閣制に分類される。

大統領制か議院内閣制かの執政制度の影響

以上の大統領制か議院内閣制かという執政制度の違いは，政府の安定や政策的帰結などに影響を及ぼす。つまり，各国は大統領制と議院内閣制のいずれを採用しているかによって，民主主義の維持や政策の形成に違いが出る。

まず政府の安定について，リンスは，議院内閣制よりも大統領制において，民主主義体制は崩壊しやすいと主張した（Linz 1994）。議院内閣制では，連立政権が形成されやすく小政党の意志や利益は，相対的に政府に反映される。それに対して，大統領制は 1 人の元首を選ぶため，大統領を選ぶことのできた勢力と選ぶことのできなかった勢力を生み出すことになり，社会を勝者と敗者に分ける。また，大統領の任期が固定されているため，その間は対立を解消する

112　第 6 章　執 政 政 治

ような連立の形成や選挙を実施することは難しい。その結果，大統領制では，民主主義体制が崩壊し，非民主主義的体制に移行しやすいと主張する。

このリンスの「**大統領制の危機**」理論は，多くの研究が理論的・実証的に検証し，反証する見解も提示されている（Shugart and Carey 1992）。ただし，民主主義の崩壊を，クーデタなどの外からの崩壊と，民主的に選ばれたリーダーの独裁化という内からの崩壊とに分けた場合には，大統領制は明らかに後者をもたらしやすいという分析結果がある（Maeda 2010; Svolik 2015）。また，大統領制の制度的特徴が民主主義の崩壊をもたらすというよりは，民主化しても独裁制に戻りやすい軍事独裁制が大統領制を採用しやすいため，大統領制で民主主義が崩壊しやすいという研究も存在する（Cheibub 2007）。

次に政策形成について，有権者から直接選ばれることや，より強い権限をもつことで，大統領のほうが，首相と比較して，自らの望む政策を実施しているという印象があるかもしれない。しかし，議院内閣制では，通常，議会で過半数の議席をもつ（単独あるいは複数の）政党が内閣を形成するため，原則として首相が議会で自身を支持する過半数を確保することが制度的に保障されている。それに対して，大統領制では，先に述べた通り大統領と議会議員は引々に有権者から選出されるため，大統領と議会多数派の党派が一致することは制度的には保証されていない。そのため，大統領と議会の多数派が異なる政党で占められている場合には，行政の長である大統領は法案などの法案を可決できない困難な事態に直面する。実際，国際比較において，政府が提出した法案の議会での成立する率は，大統領制よりも議院内閣制で高いことを示す研究が存在する（Saiegh 2015）。

2 政権形成と連合政権

政権形成・政策形成に与える影響

 ここまで大統領制と議院内閣制という観点から,執政の特徴や違いをみてきた。次に,政権の形成について考えてみたい。有権者は選挙によって自身の意思を表明する一方,誰がどのように政治の場で有権者を代表させるかは,政権形成という過程において決定される。大統領制では,選挙で勝利した大統領が政権を担当するため,選挙が直接に政権担当者を決定する。それに対して,議院内閣制では,一つの政党が議会の過半数の議席を獲得した場合には,その政党が政権を担当する。他方,単独で過半数の議席を獲得した政党が存在しない場合には,複数の政党が政権を形成することになる。

 政権を維持し,法案を成立させるためには,一般に与党は議会で過半数の議席を占めることが必要である。小選挙区制は大政党に得票率以上の議席率を与えるので,過半数の議席を占める政党を生み出しやすく,その結果,**単独政権**が形成されやすい。他方,比例代表制の場合,文字通り政党の議席率は得票率に比例するので,単独で過半数の議席をもつ政党が現れにくい。そのため,複数の政党が政権をつくる**連立政権**が形成される。とくに,西ヨーロッパでは,選挙制度は比例代表制を,執政制度は議院内閣制を採用している国々が多いため,連立政権が常態化している。

 単独政権と連立政権では,形成する政策が異なりやすい。たとえば,連立政権では,各政党が自身の支持基盤の予算を拡大したり,またその削減に対する拒否権をもっていたりするため,単独政権と比較して,政府支出が大きい傾向になる (Persson et al. 2007)。さら

に連立政権においても，どの政党が政権に参加するかは，政権の存続や形成する政策に影響を与える。協調しやすい政党間で政権を形成すれば存続しやすいのに対し，対立しやすい政党間で形成すれば瓦解しやすい。また，政権の政策は参加した政党の政策的立場が反映されることになる。

▷ 連立政権の理論

これまで多くの研究が，どの政党が連立政権を形成するのかという連立政権理論を提示してきた（レイプハルト 2014：第6章）。これらの理論を理解するために，図6-1のように，政党間のイデオロギー対立は左右の一元軸上に展開され，その軸上に各政党が政策位置をとると想定しよう。このモデルでは，左派から右派の順に，A，B，C，D，Eの5政党を設定し，それぞれ 7，15，40，8，30 の議席をもつと想定する。

ライカーは，議会で過半数を得るために最小限の政党が政権を構成する**最小勝利連合理論**を提示した（Riker 1962）。連立政権の場合には，望ましい政策の実施，支持者への利益誘導など政権に参加することの便益は参加政党の間で分割される。最小限の政党で政権を形成するほうが，各政党が得る政権の利得は大きくなるというのが，最小勝利連合理論の考えである。最小勝利連合理論が予測する連立政権を構成する政党の組み合わせは ABE，ACD，BC，CE となる。これらの組み合わせは，いずれも過半数の議席を確保しており，かついずれかの政党が離脱すると過半数を割るという点で，「最小」である。

後続の研究は，この最小勝利連合モデルをさらに洗練化させた理論を提示してきた。「最小」を議席数と政党数のいずれととらえるか，政党間の政策距離をモデルにどう組み込むかなどの違いに基づ

第2節　政権形成と連合政権　**115**

図 6-1 連立政権形成のモデル

（政党とその議席）

政党	A		B	C		D	E
	左派 ←					→ 右派	
議席数	7		15	40		8	30

（連立政権のモデル）	（連立を形成する政党の予測）
最小勝利連合	ABE, ACD, BC, CE
最低規模連合	ACD, BC
最小政党数連合	BC, CE
最小距離連合	BC
隣接最小勝利連合	BC, CDE
政策追求連合	ACE, BC, CE

［出所］ レイプハルト 2014: 71（表 6-1）を修正。

いて，複数の理論が存在する。

最低規模連合理論は，政権から得られる便益を最大化するために（議員 1 人あたりの便益を最大化するために），過半数を超えて最も少ない議席で連立を構成することを主張する。この理論は，**図 6-1** であれば，過半数を超えて最も議席数が少ない 55 議席で構成されるACD と BC を予測する。**最小政党数連合理論**は，最も少ない政党数で過半数の議席を上回る連立政権を形成することが，政権形成と維持に資するということを提示した（Leiserson 1970）。同図では，2政党で過半数を上回る BC，CE の連立を予測する。**最小距離連合理論**は，連立政権は過半数を超える政党間の政策距離が最小の組み合わせで形成されると主張する。同図では，政党間政策距離が最も短い BC を予測する。

隣接最小勝利連合理論は，連立政権は過半数を超える隣り合う政党で形成されると主張する（Axerlod 1970）。その結果，必ずしもいずれかの政党が離脱すると過半数を割る最小勝利連合とはならない。図では，BC，CDE が予測され，このうち CDE は D 党が離脱して

116 第 6 章 執 政 政 治

も過半数の議席を維持できるため，過大となっている。**政策追求連合理論**は，政権参加ではなく，政策の実現を追求しており，そのためには議会の中位政党を含むことが必要であると主張する。同図ではCが中位政党であり，Cを含んで最小の議席数で構成されるACE，BC，CEを予測する。

▷ 少 数 政 権

政権を形成する政党が過半数の議席をもたない**少数政権**が形成されることもある。少数内閣には，他党からの支援を得られない政権と，他党は政権に入らないものの，政権を支持し，文書で協定を結ぶ政権の2種類がある（Bergman 1993）。後者の連立政権は，必ずしも過半数の議席を確保しているわけではない。しかし，反対も過半数でないため，政権維持や法案制定が可能であったり，閣外の政党と文書などの形で協定を結び閣外協力を得たりする。

近年の研究は，多数政権と比べて，閣外政党からの支持を得られない少数政権は，政権の存続や法案の成立数・率の点でパフォーマンスが悪い。他方，閣外の政党と文書による協定を結んだ少数内閣は，多数政権と比較しても，それらのパフォーマンスが悪いわけではないことを示している（Krauss and Thürk 2022; Thürk 2022）。

3　政 官 関 係

ここまで首相や大統領による政治の執行である執政について検討し，また政権の形成についてもみてきた。政治家の立案した政策を実施するのは官僚であるため，政治家と官僚の関係に焦点を当てる。

政治家は，有権者から選挙で選ばれ，政策形成を担当する。しか

し，政府が担当する政策は多岐の分野にわたり，また膨大であるため，政治家がすべての政策を立案し，実施することは不可能である。そこで，政治家は，法案や予算の作成の一部など，政策の立案を部分的に**官僚**に委任する。また，個別の政策判断や有権者への実際のサービスの提供など，政策実施の大部分は官僚などの公務員が担う。

先に述べた通り，現代の政府が担う役割は大きく，また専門性も高い。したがって，現代の国家は人員や組織が整えられ，官僚制を整備してきた。政治学・行政学においては，権限の行使を，**本人-代理人関係**でとらえる理論が広く用いられる。主権は有権者にあり，有権者（本人）は選挙を通して，その権限を政治家（代理人）に委譲する。有権者と政治家の間の本人-代理人関係において，有権者の政治家に対する最大の統制手段は選挙である。有権者は自分たちの望む政策を実行している，あるいは実行する可能性が高いと判断すれば，その候補者や政党に投票し，そうでないと判断すれば，投票しない。

本人-代理人関係は連鎖しており，有権者との関係では代理人であった政治家は，政策実施をめぐっては，本人となる。有権者から選挙で選ばれた政治家は政策の形成・実施の権限をもつが，その権限の一部を官僚に委譲する。つまり，政策実施に関しては，政治家と官僚の間に本人-代理人関係が成り立つ。政治家は主として政策の立案を担当し，その実施は官僚に委任する。

本人-代理人関係で問題となるのは，代理人が本人の望むような帰結を実現せず，自身にとって望ましい帰結を得ようとする**エージェンシー・スラック（エージェンシー・ロス）**である。エージェンシー・スラックは，本人と代理人との間に選好の違いと情報の非対称性が存在する際に起こる。政治家と官僚の関係でいえば，エージェンシー・スラックは，本人である政治家が望む政策を代理人である

官僚が実行しないことである。政治家と官僚の選好（実施したい政策）が一致している場合には，エージェンシー・スラックは発生しない。また，政治家と官僚の選好が一致していなくても，政治家が官僚と政策について同じ程度の情報をもっていれば，エージェンシー・スラックは発生しない。

たとえば，政治家が，他の分野の財源を捻出するためや，財政赤字を削減するために，当該分野の予算を減らそうとしているとする。官僚も削減に賛成するのであれば，政治家（本人）と官僚（代理人）の選好は一致しており，政治家は削減を実施できる。しかし，官僚は，自らの組織（省庁など）の影響力・人員・予算や所管団体の権益が削減されることを懸念して，削減に反対する場合もある。この場合，政治家と官僚の間に選好の不一致が存在することになる。

その際に，両者の間に情報の非対称性が存在するかが問題になる。官僚は予算削減に反対するために，当該予算は人件費などの経常費用にあてるため減額できない，予算を減らせば有権者への政策サービスに著しい問題が生じるなどと主張する。政治家は，官僚と同等の政策情報をもっている場合には，すなわち情報の非対称性が存在しない場合には，こうした官僚の主張の真偽を判断することができ，正しくないと判断すれば，官僚の反対を押し切って削減できる。他方，政治家は十分な政策情報をもっていない場合，すなわち情報の非対称性が存在する場合には，官僚の主張を受け入れざるをえず，予算を削減できないかもしれない。この場合は，本人である政治家の望む政策が，官僚の逸脱行為によって実施できないエージェンシー・スラックが生じる。

議員が官僚を統制する方法には，事前型の監視と事後型の**監視**の2種類がある（McCubbins and Schwartz 1994）。事前型監視は，議員が，自らの意向から官僚が逸脱することを発見・是正・阻止するた

めに，官僚の活動を調査することであり，**パトロール型監視**と呼ばれる。他方，事後型の監視は，立法府の決定を直接調査するのではなく，有権者や利益団体が執政府の決定を調査し，省庁の立法府の目的への違反を訴え，他省庁，裁判所，議会による修正を求めるもので，**火災報知器型監視**と呼ばれる。

パトロール型監視は，常時政治家が監視を行う必要があるため，時間，労力，資金などの費用が多くかかる。それに対して，火災報知器型監視は有権者や利益団体から官僚の行動について通報があった場合に事後的な統制を実施すればよいため，そうした費用を低く抑えることができ，効果的な監視方法である。言い換えると，火災報知器型監視という監視手段の存在は，政治家が官僚を監視・統制することが可能であることを示している。

4 ガバナンス

最後に，政府と民間や市民との関係について考えてみたい。国は，主に政府部門，企業などの民間部門，市民という3種類のアクターから成り立つ。元来，政府部門が国の意思決定や政策形成を担当してきた。政府が，人々や団体の行動を規定する法を作り，政策を実施してきた。しかし，こうした政府による国の公共財やサービスの提供は，1970年代ごろの先進国において，非効率な運営や財政赤字などの問題を中心に行き詰まった。こうした問題への対策として，1980年代以降，政府は公共財やサービスの提供に民間部門の手法をとりいれていった。さらに，利益を追求せずに社会活動を行う市民団体である非営利組織（NPO）が，公共サービスの決定に参加するようになった。このような社会的次元を**ガバナンス**といい，

政府による国の運営（ガバメント）と対照させ，「政府部門が民間部門・市民社会と協働して公共サービスの提供を実施する」という意味をもつ。

▷ 政府機能の拡大と NPM

政府の機能は，時代とともに変化する。近代国家の創設時には，政府は，治安維持と並んで，鉄道，郵便，通信などの膨大な投資費用を要する社会資本の整備を担ってきた。経済が発展すると，政府はより多様な機能を担うようになり，とくに人々の健康と生活を保障する医療や年金を中心とした福祉の提供が重要な役割となっていった。

政府の機能が拡大するにつれて，政府の経済活動に関する意思決定の不透明さや管理の非効率さなどの問題が顕著になってきた。とくに，国によって経営される国営企業は，赤字を出しても会社は倒産しないため，非効率な経営のもとに，大きな赤字を生み出してきた。そこで，公的部門である政府の運営に民間部門の経営手法をとりいれる **NPM**（New Public Management）が実践されるようになった（Hood 1991）。

NPM の特徴の一つは**アカウンタビリティ**であり，政府は市民に責任を負っており，その政策を市民に公開し，評価や監査の機会を設けることを求める。また，アウトソーシング（権限の外部への移管）も NPM の特徴の一つである。

その実践として，1980 年代中盤以降，国営企業の民営化が進められた。イギリスのサッチャー政権（1979-90 年）による国営のガス，電気，水道，通信，航空事業の民営化は，その典型例である。日本でも中曽根康弘政権（1982-87 年）が専売公社，日本国有鉄道（国鉄），日本電信電話公社（電電公社）をそれぞれ日本たばこ産業株

式会社（JT），JR，日本電信電話株式会社（NTT）に民営化した。

▷ 中央地方関係と市民

　ガバナンスは，中央政府と地方政府の政府間関係もとらえる。中央政府の権限を地方政府に移管する地方分権は，より市民に近い地方自治体に公的な意思決定を行わせることで，住民の意向に沿った決定を確保しようとする試みである。また，多様な意思決定と政策実施を行うためには，予算，人員などの規模が必要になり，日本でも 2000 年代に集中的に行われた市町村合併はそうした地方分権のための組織を強化する目的をもつ。

　さらに，市民との関係もガバナンスの一側面である。とくに近年，**市民社会**の重要性が指摘される。社会を機能させることやそこでの問題解決に積極的に市民の参加を促すという考え方である。とくに，個人間の信頼が社会を機能させる一因であるとされる（パットナム 2001）。政府も，NPO の組織化や活動を支援することもある。市民ホールや公園などの公共施設の建設，教育・医療補助，さらには自然災害に遭遇した地域での復興政策などの決定において，審議会に NPO などの市民団体のメンバーを加えたり，一般市民から広くパブリック・コメントを求めたりするのは，政府による政策の決定に市民の意思を反映させ，政策の実施を協働して行おうとする試みである。

Book guide 読書案内

・松本俊太『アメリカ大統領は分極化した議会で何ができるか』ミネルヴァ書房，2017 年。
　　三権分立がより明確なアメリカにおいて，とくに執政府の長である大統領の役割を研究することで，行政・立法関係を分析している。

・北村亘編『現代官僚制の解剖──意識調査から見た省庁再編 20 年後の行政』有斐閣，2022 年。

　官僚への意識調査を実施し，それに基づき官僚の認識や政官関係について議論している。

・ロバート・ペッカネン／佐々田博教訳『日本における市民社会の二重構造──政策提言なきメンバー達』木鐸社，2008 年。

　日本における市民社会の発展とその要因を分析している。

Bibliography 参考文献

建林正彦・曽我謙悟・待鳥聡史 2008『比較政治制度論』有斐閣。

パットナム，ロバート・D.／河田潤一訳 2001『哲学する民主主義──伝統と改革の市民的構造』NTT 出版。

レイプハルト，アレンド／粕谷祐子・菊池啓一訳 2014『民主主義対民主主義──多数決型とコンセンサス型の 36 カ国比較研究〔原著第 2 版〕』勁草書房。

Anckar, Carsten, and Cecilia Fredriksson 2019, "Classifying Political Regimes 1800–2016: A Typology and a New Dataset, *European Political Science*, 18(1), pp. 84–96.

Axelrod, Robert 1970, *Conflict of Interest: A Theory of Divergent Goals with Applications to Politics*, Markham.

Bergman, Torbjörn 1993, "Formation Rules and Minority Governments." *European Journal of Political Research*, 23(1), pp. 55–66.

Cheibub, José Antonio 2007, *Presidentialism, Parliamentarism, and Democracy*, Cambridge University Press.

Hood, Christopher 1991, "A Public Management for All Seasons?" *Public Administration*, 69(1), pp. 3–19.

Krauss, Svenja, and Maria Thürk 2022, "Stability of Minority Governments and the Role of Support Agreements," *West European Politics*, 45(4), pp. 767–792.

Leiserson, Michael 1970, "Coalition Government in Japan," in E.W. Kelley and Michael Leiserson eds., *The Study of Coalition Behavior: Theoretical Perspectives and Cases from Four Continents*, Rinehart and Winston, pp. 80–102.

Linz, Juan J. 1994, "Presidential or Parliamentary Democracy: Does It Make a Difference?," in Juan J. Linz and Arturo Valenzuela ed., *The Failure of Presidential Democracy, Vol. 2: The Case of Latin America*, Johns Hopkins University Press, pp. 3–88.

Maeda, Ko 2010, "Two Modes of Democratic Breakdown: A Competing Risks Analysis of Democratic Durability," *Journal of Politics*, 72(4), pp. 1129–1143.

McCubbins, Mathew D., and Thomas Schwartz 1994, "Congressional Oversight Overlooked: Police Patrols versus Fire Alarms," *American Journal of Political Science*, 28(1), pp. 165–179.

Persson, Torsten, Gerard Roland, and Guido Tabellini 2007, "Electoral Rules and Government Spending in Parliamentary Democracies," *Quarterly Journal of Political Science*, 2(2), pp. 155–188.

Riker, William H. 1962, *The Theory of Political Coalitions*, Yale University Press.

Saiegh, Sebastian M. 2015, "Executive-Legislative Relations," in Jennifer Gandhi and Rubén Ruiz-Rufino eds., *Routledge Handbook of Comparative Political Institutions*, pp. 76–194.

Shugart, Matthew Soberg, and John M. Carey 1992, *Presidents and Assemblies: Constitutional Design and Electoral Dynamics*, Cambridge University Press.

Shugart, Matthew S., and Stephan Haggard 2001, "Institutions and Public Policy in Presidential Systems," in Stephan Haggard and Mathew McCubbins eds., *Presidents, Parliaments and Policy*, Cambridge University Press.

Svolik, Milan 2015, "Which Democracies Will Last? Coups, Incumbent Takeovers, and the Dynamic of Democratic Consolidation," *British Journal of Political Science*, 45(4), pp. 715–738.

Thürk, Maria 2022, "Small in Size but Powerful in Parliament? The Legislative Performance of Minority Governments," *Legislative Studies Quarterly*, 47(1), pp. 193–224.

議 会 政 治

Chapter

第 7 章

Quiz クイズ

Q7.1 以下の国のうち，二院制を採用している国はどこでしょうか。
（複数回答）

    a. 韓国   **b.** ドイツ   **c.** ノルウェー   **d.** カナダ

Q7.2 議員は，議会で投票を行う際に，政党指導部に加えて誰から
圧力を受けるでしょうか。

    a. 裁判所   **b.** 同僚議員   **c.** 有権者

Q7.3 議員の 1 番重要な目標はどれでしょうか。

    a. 再選   **b.** 昇進   **c.** よい政策の形成

Answer クイズの答え

Q7.1　b. ドイツ，d. カナダ

　4 カ国のうち，現在二院制を採用しているのは，ドイツとカナダです。ドイツの上院は州代表型で，選挙に拠らず，各州政府が代表者を送ります。カナダの上院は元老院型で，選挙に拠らず，首相の助言に基づき総督が任命します。ノルウェーはかつて二院制を採用していましたが，2009 年に廃止しました。

Q7.2　c. 有権者

　議員は，議会で投票を行う際は，有権者と政党指導部から圧力を受けます。次の選挙で当選するためには，有権者に支持される政策を実現する必要があります。同時に，政党は党として政策を実施したり阻止したりするために，所属議員に対して党議に沿った投票を要求します。

Q7.3　a. 再選

　議員は，再選，昇進，よい政策の形成という主に 3 つの目的をもって，選挙・政策活動を行います。そのためには，まずは議員であることが条件であり，再選は，昇進，政策形成の前提であり，最も重要な目的です。

Chapter structure　本書の構成／Keywords

```
┌─────────────────────┐      ┌─────────────────────┐
│  1　議会の役割       │      │  3　立法過程         │
│ 委任と責任，議事設定権│      │ 議場投票，大臣による逸脱│
└─────────────────────┘      └─────────────────────┘
          ▼                            ▼
┌─────────────────────┐      ┌─────────────────────┐
│  2　議会の制度       │      │  4　誰が議員になるのか？│
│ 一院制と二院制，委員会│      │ ジェンダー，世襲議員  │
└─────────────────────┘      └─────────────────────┘
                                       ▼
                             ┌─────────────────────┐
                             │  5　議員行動         │
                             │ 議員の目標，home style│
                             └─────────────────────┘
```

126　第 7 章　議会政治

有権者はいったん選挙で政治家を選ぶと、通常、次の選挙まではその権力を政治家に委任することになり、政治家がさまざまな政治的決定を行う。その政治家が、法案や予算などの立案、審議、議決する場が議会である。したがって、どのように有権者の選好（政策的立場）を政治家が反映し、有権者の利益が実現しているのかを理解するためには、議会でどのように法案が作成、審議、議決され、その過程に誰が影響を及ぼしているのかを理解することが重要である。

　本章では、まず議会の役割、続いてその制度を紹介する。さらに、議会でどのように法案が審議・採決されるのかを概観し、最後に議員の行動や属性を中心に議論する。

1 議会の役割

▷ 国民の代表

　議会はどのような役割を果たしているのだろうか。議会の第1の役割は、人々の**代表**である (Strøm 2000)。人々は、選挙を通じて議員に**委任**を行い、直接投票などを除けば、多くの国や自治体の意思決定は議員によって行われる。そのため、人々の代表者である議員によって構成される議会は、人々を代表し、その利益を実現する役割を担う。また、議員は人々に対しては**責任**を果たすことが求められ、その重要な場が選挙である。第4章で述べたように、有権者は前回の選挙から今回の選挙までの期間に、権力を委任した議員の活動を評価し、次の期間における活動への期待や他の議員との比較に基づき、誰に投票するかを決める。つまり、選挙を一つのサ

イクルとして，人々と議員の間に委任と責任の関係が成り立ち，選挙のたびに，この関係が繰り返される。

▷ 立　法

　議会の第2の役割は，法律を作ること（**立法**）である。より具体的には，法案を作成，審議，議決することである。立法は，法案が作成され，議会に提出されることに始まる。法案を提出した政府や議員は，議会で法案の説明を行い，それに対して与野党の議員は質疑を行い，必要に応じて専門家に見解を求める公聴会などを開催する。議会は法案の審議を通じて，その問題点を明らかにし，必要があれば修正を行う。審議が終了すると，法案が議決される。

　法案は議会で可決されてはじめて法律になるように，議決は議会の最も重要な行為の一つである。議決は，議員が賛成，反対の票を投じることで議会の意思となる。多くの場合，法案の可決には，出席議員の過半数の賛成が必要である。そのため，議会では，議員の過半数を形成することが重要となり，政党がその多数派形成の役割を担っている（→第5章）。

　議会の法案審議・議決機能を考察するにあたって，議会が，賛否の採決以前にそもそも法案を審議に議決するか否かを決定している点は重要である。議会には，多くの法案が提出されるが，そのすべてが議決されるわけではなく，審議すらされないこともある。審議や議決されない法案は成立しない。したがって，議会は，議決に加えて，どの法案を審議，議決するかを通じて，法案の成否を決定している。

　さらに，議会は，各法案をどう審議するかも決定しており，法案の成否に影響を与える。たとえば，日本の国会のように，会期が短く会期内に議決されない法案は廃案になるところでは，どの法案か

128　第7章　議会政治

ら審議・採決するかは法案の成否に大きく影響する。会期の終盤に審議・採決される法案ほど、廃案の可能性が高くなる。どのように議会を運営し法案を審議・議決するかを決定する権力を、**アジェンダ・セッティング・パワー**（議題設定権）という。

▷ 政府の監視

　第3に、議会は**政府の監視機能**も担う。まず、議会は政府に対してその政権運営や政策形成の基本方針を説明する機会を与えている。たとえば、アメリカの議会では毎年1月に大統領が議会において、政権の政策課題の概要を示す一般教書演説を行う。日本においても、通常国会の冒頭で内閣総理大臣が政府の政策の基本方針を示す施政方針演説、続いて財務大臣による財政演説、外務大臣による外交演説、経済財政担当大臣による経済演説が行われる（政府4演説）。それに対し、各会派の代表者が政府の国政への姿勢をただし、大臣に答弁を求める代表質問を行う。こうした政府による演説は、議会が政府に対して政権運営や政策について説明を求め、それを監視する機会となっている。

　また、議会は、法案の審議、修正、否決・廃案を通じて、政府の政策や政権運営を監視する。日本の国会の予算委員会、国家基本政策委員会、決算行政監視委員会のように、直接政府の政権運営や政策を監視することもある。

▷ 内閣の形成と信任・不信任

　第4に、議院内閣制の国では、議会は首相を選出し、内閣を形成する役割を担う。議会での指名を受けて首相は内閣を形成するため、議会には内閣を誕生させる機能をもつ。また、議院内閣制のもとでは、内閣は議会の信任の上に成り立ち、議会は内閣に対して、

第1節　議会の役割　**129**

不信任決議や信任決議を行うことができる。

2 議会の制度

　議会の構造は、国や政府によって大きく異なる。とくに、議会が一院制か二院制か、本会議中心主義か委員会中心主義かという違いは、議会での法案審議過程を規定し、その結果、政策的帰結や政党・議員の行動の違いをもたらす。

▷　一院制・二院制

　国や政府ごとに異なる議会制度の第1は、議会が1つの院からなるか、2つの院からなるかである。**図7-1**に、Inter-parliamentary Union のデータベース Parline に基づき、各国の一院制・二院制の採用状況を示した。Parline によると、2024年時点では、対象とする193カ国のうち、111カ国が**一院制**、82カ国が**二院制**を採用しており、世界的には一院制のほうが多い。

　第二院には、3つのタイプがある（大山 2003）。第1は、選挙によって選ばれない議員によって構成される元老院型である。イギリスの上院が代表例であり、貴族が選挙を経ずに議員となる。第2は、連邦制国家において、地方を代表する連邦代表型である。アメリカの上院が代表例であり、下院は人口に応じて各州に議席が割り振られるのに対し、上院は州代表であるので人口に関係なく各州に2議席が割り振られている。第3が公選第二院型で、日本の参議院はこれに該当し、参議院議員は、衆議院と同じく全国民を代表し、選挙によって選出される。

　二院制の目的は、第二院が第一院の行き過ぎを抑え、慎重な審議

図 7−1 一院制と二院制

［出所］ Inter-Parliamentary Union, Parline（https://data.ipu.org/compare?field=country%3A%3Afield_structure_of_parliament#map）2024 年時点のデータ（2024 年 6 月 14 日最終アクセス）。

を促し，人々の多様な利益を代表することにある（大山 2003）。そうした視点からは，二院制の強さ（第二院が第一院の意思決定を制約する程度）は，主に①第二院の憲法上の権限の強さと，②両院の議員構成の違いという 2 つの要素によって決定され，国によって大きく異なる（レイプハルト 2014）。すなわち，法案などの議案を制定するうえで第二院の賛成が必要であるほど，第二院は第一院の決定を抑制することができる。また，選挙制度や被選挙権の点で両院の議員構成が異なるほど，第二院は第一院と異なる決定をしやすい。

▷ **本会議中心主義と委員会中心主義**

議会は**本会議**と**委員会**によって構成される。いずれが法案審議の中心を担うかで，**本会議中心主義**と**委員会中心主義**に分かれる。本会議中心主義の代表例は，読会制を採用しているイギリスである。イギリス下院では，本会議での第一読会，第二読会，ついで委員会

での過程，最後に本会議の報告過程と第三読会という順に，法案は審議・採決され，本会議が法案の実質的審議と成立に主たる役割を果たしている。

　それに対して，多くの国では，委員会が法案審議の中心的な役割を担う委員会中心主義を採用している。議会の扱う政策分野の広さと複雑性から，議会は，分野ごとに組織され，その分野を管轄する委員会をもつ。議会に提出された法案は各委員会に送られたり，委員会が法案を提出したりする。委員会は法案の審議，修正，採決を行い，通常，委員会で可決された後，法案は本会議に送られる。

　委員会の機能と役割については，アメリカ議会研究において活発に解明されてきた。そこでは，主に分配理論，党派理論，情報理論の3つの理論が競合してきた。**分配理論**は，委員会は個々の議員のために機能していると主張する（Shepsle 1978; Weingast and Marshall 1988）。各議員は自身の選挙区利益にとくに関連した委員会を自ら選択して所属し，利益を選挙区に配分することで再選可能性を高めようとする。たとえば，自身の選挙区に農家が多い議員は，農業を所管する委員会に自らの希望で所属し，農業関連の予算を選挙区に配分することで，有権者からの支持を得て，選挙での当選を図る。

　党派理論は，多数党が委員会を統制し，利用していると主張する（Cox and McCubbins 2007）。多数党は，どの法案を審議・採決するのかという委員会の議事設定権力を利用して，自党に有利な政策的帰結を実現しているとする。たとえば，各委員会には，政党の政策に近い議員が所属し，とくに政党にとって望ましくない法案の審議を進めないことを通じて，望ましくない政策の実現を阻止する。

　情報理論は，委員会は本会議のための組織であると主張する（Krehbiel 1992）。政策の実施と帰結の間には情報の不確実性が存在

するため,専門知識をもつ委員会は政策についての情報を本会議に提供する役割を担っているという。たとえば,金融政策について,どのような政策や制度を採用すれば,物価の安定や経済成長につながるのかについては高度な専門知識が要求されることがある。そのため,金融政策の専門知識をもつ議員は,金融関連の委員会に所属し,政策と帰結についての情報を本会議に与える。

アメリカで発展したこれらの委員会理論は,アメリカ以外の国でも検証され,政党の強さ,選挙制度,行政・立法関係の違いを超えて,一定程度妥当することが示されている。

3 立法過程

変換型議会とアリーナ型議会

それでは,議会内で法案はどのように審議,議決されているのだろうか。ポルスビーは,議会の機能として立法機能と争点明示機能を提示し,各国の議会を変換型とアリーナ型の二極に分類した(Polsby 1975)。変換型議会とは,社会から出される要望をまとめ,法律に変換する能力を有した議会を指す。他方,アリーナ型議会とは,議会をアリーナ(論戦の場)ととらえ,政党や議員が議論を展開し,法案の争点や各政党の立場を明らかにすることが機能の中心となっている議会を指す。

ポルスビーは,各国の議会は,両者の中間に位置づけられるという類型を提示する。大統領制の議会は変換型,議院内閣制の議会はアリーナ型という傾向がみられる。変換型の代表例はアメリカ議会であり,各議員が法案を提出し,委員会を中心に法案を審議・採決するなど,議会が法律の立案・制定の場となる。それに対して,議

院内閣制の議会では，内閣が法案を提出し，議会はその法案の審議と内閣の政策形成・政権運営の監視の場となる。実際には，法案の審議と政権監視は，議会よりは政党が議会という機関において担うことになる。政権を形成する与党が法案の成立をすすめ，野党はその監視や問題がある場合は阻止を図る。

▭ 政党内の立法過程

　法案などの議案が審議される実際の過程に目を向けてみよう。議会で法案や予算などの議案が可決されるためには，多くの場合，過半数の議員による賛成が必要である。つまり，立法過程は議案に対して過半数を形成する手続きとみなすことができる。この多数派形成に関して，現代の民主主義国家では，議会での法案の採決は政党を単位とする。そこで，まず政党内の立法過程に焦点を当てる。

　議院内閣制では，政党は過半数の議席をもち政府を形成する与党と，それ以外の野党に分かれる。成立する法案の多くは，政府によって提出された法案であり，賛否が対立する場合には，可決したい与党と否決・廃案にしたい野党に分かれる。また，大統領制では，政党は議会で過半数の議席をもつ多数党と少数党に分かれ，多数党が支持する法案が成立しやすい。すなわち，与党や多数党は通常，過半数の議席をもつため，所属議員が党の方針に沿って議会で賛成票を投じれば法案などの議案は成立する。

　先に述べた「立法過程は議案に対して過半数を形成する手続き」という主張をさらに展開すると，「立法過程は，与党あるいは多数党が所属議員に党の方針に沿って賛成票を投じさせる手続き」と指摘できる。もちろん，野党が政府・与党の提出した法案を審議，修正，廃案・否決することも立法過程の重要な一部分である。しかし，過半数の議席をもつのであれば，与党や多数党は理論上成立させた

い法案はすべて成立させることができる。

　議員の議会での投票は，**議場投票**と呼ばれる。日本でもあらかじめ議員や党派の賛否が明らかな法案については，起立や異議なしの発声などの手段で賛成を示すことがあるものの，どの国においても重要な法案は，個々の議員が賛否の態度を表明し，賛成か反対かの票を投じる。あるいは，棄権することもある。議員は議場投票の態度を決める際に，有権者と政党指導部からの圧力を受ける（Carey 2007）。両者から求められる投票態度が一致する場合は，議員は対立なく投票することができる。一方，有権者と政党指導部から求められる投票態度が異なる場合（たとえば，有権者は反対票を投じることを要求するのに対し，政党指導部は賛成票を投じることを要求する）には，議員は難しい選択を強いられることになる。

　その一例が，増税である。多くの有権者は経済的負担の大きくなる増税に反対であり，実行されると議員は選挙での票を減らし，当選可能性が低下する。他方，政府は政策の財源確保や財政赤字解消のために，増税を実施せざるをえない場合がある。議員は，有権者からの支持を得るためには増税の法案に反対票を投じたいが，党議に反して反対票を投じると，党から制裁を受ける可能性がある。

　罰則には，役職や資金を配分されないなどがあるが，最も重大なのは，選挙において公認されないことである。政党指導部の視点からは，党の方針に反した議場投票を行った議員を公認しない，あるいは比例名簿の順位を下げるなどの当選しにくい状況に置くなどの制裁を課す脅しを用いて，党議に沿った議場投票を行わせようとする。よって，**第5章**で説明したように，政党指導部の影響が大きい集権的な政党の候補者公認制度や，候補者よりも政党中心の選挙制度ほど，所属議員は政党指導部の方針に沿った投票を行うことになる（Carey 2007; Depauw and Martin 2009; Sieberer 2006）（→第5章）。

第3節　立法過程　**135**

▷ 政党間の立法過程

ヨーロッパの多くの国々や日本などでは，単独で議会の過半数の議席を占める政党が存在しないなどの理由から，連立政権が一般的である。そのため，先に述べた政党内の立法過程に加えて，政党間の立法過程も理解する必要がある。

連立政権の政党は，異なる支持者をもち，選挙の際は別々に選ばれるのに対し，政策形成は共同して行う。すなわち，政党は，互いに政策的立場が異なり，それぞれの支持者から票を得る政策を実施する必要がある一方で，共同して共通の政策を形成しなくてはいけないというジレンマに直面する。

とくにこのジレンマは，内閣での大臣の政策形成の際に顕著になる。連立政権では，政策の広さと複雑さから，各分野の政策形成はその分野を所管する大臣に委任される（Laver and Shepsle 1994）。大臣は連立に参加する複数の政党から選出される。大臣は，連立政権の政策的立場よりも，自党の政策的立場に近い政策を形成する動機がある。

この**大臣による逸脱**を防ぐために，連立政権の政党は，他党からの大臣を監視するさまざまな手段を講じる。まず，連立政権を形成する際に，政党間で政権が実施する政策についての連立合意を結び，互いに連立の政策から逸脱することを事前に防ごうとする（Müller and Strøm 2008）。また，政党は，連立相手の政党から大臣が選出されている場合に副大臣などの下級大臣を自党から選出すること（Thies 2001），議会で質問を行うこと（Martin 2011），省庁に対応する委員会（Martin and Vanberg 2011）や委員長（Carroll and Cox 2012; Kim and Loewenberg 2005）が法案を審査・修正することなどを用いて，連立相手の大臣を監視する。

4 誰が議員になるのか？

議会の中心的アクター（主体）は議員である。人々を代表する議員に誰がなるのかというのは，民主主義にとって重要な問題である。とくに，社会のさまざまな人々が議員や首長などの公選職を務めるべきであるという規範的問題と，そうしたさまざまな人々の利益が実際に実現されているかという実質的問題が存在する。中でも，重要な属性は，ジェンダーと世襲である。

ジェンダー

ジェンダーについては，女性議員や首長の少なさは，多くの国に共通する課題である。先に述べた Inter-parliamentary Union の Parline によれば，2024年12月時点で，日本は，衆議院の女性議員比率は 10.2% で，対象の 182 カ国の第一院のうち 139 位である (https://data.ipu.org/women-ranking/?date_month=12&date_year=2024。2024年12月12日最終アクセス)。

女性議員の増加を実現する最も効率的な方法の一つが，議会の議席数や政党の候補者数に一定のジェンダー（女性）の比率を割り当てるジェンダー・クオータである。ジェンダー・クオータには，次の3つの種類がある。

(1) 憲法や法律で議会の議席に一定数のジェンダーを割り当てる議席割り当て制
(2) 憲法や法律で政党の候補者に一定のジェンダーを割り当てる候補者割り当て制
(3) 政党が自発的に候補者に一定のジェンダーを割り当てる自発

的候補者割り当て制

世界的には，候補者割り当て制や自発的候補者割り当て制を採用している国は多いが，アフリカには議席割り当て制を採用している国が多い（International IDEA, Gender Quotas Database）。

ジェンダー・クオータの導入は，各国で女性議員の比率を引き上げる効果をもたらしている。また，ジェンダー・クオータの導入による女性議員の増加は，女性の選好が政治の場に反映され，男女不平等を是正するような政策が形成されることにつながっている（Weeks 2022）。こうした女性の代表に関する一定の成果の一方で，近年 LGBTQ＋などの多様な性がいっそう認識されるにつれて，多様な性の人々の代表も重要な課題の一つである。

世　襲

多くの国において，家族も議員であった（ある）**世襲議員**が一定数存在する。アメリカの G. W. ブッシュ元大統領，韓国の朴槿恵元大統領，カナダのトルドー大統領は，父も大統領である。また，日本でも，戦後の新憲法（日本国憲法）下において，1947 年任命の片山哲から 1989 年任命の海部俊樹までの 16 人の内閣総理大臣のうち，親が国会議員経験者であるのは 2 名のみである。それに対し，1991 年任命の宮澤喜一から 2021 年任命の岸田文雄までの 16 人の総理大臣のうち，10 名が国会議員経験者を親にもつ。戦後選挙が重ねられるにつれて，引退した議員の議席を家族が継承することで，世襲議員が増加していった。世襲議員のほとんどは自民党議員であり，2024 年の衆議院議員選挙で当選した自民党候補者のうち 93 人（27.2％）が世襲である（『時事通信』2024 年 10 月 15 日）。

世襲議員は，政党中心よりも候補者中心の選挙制度をもつ国で多い。候補者個人の集票力が重要な選挙では，先代から知名度，集票

組織（後援会），社会的ネットワークなどの選挙資源を引き継げる世襲候補者が有利なためである。つまり，世襲議員が多いのは，選挙に当選しやすいからであるともいえる。

世襲議員は，2つの点で民主主義における深刻な問題である。第1に，親族に政治家をもつ人のほうが当選しやすいのは，公平な政治代表に反し，民主主義の点で問題である。第2に，世襲議員は，非世襲議員と比べて，利益誘導政策を志向するなど（Muraoka 2018），政策的帰結にも歪みを与える可能性がある。

世襲以外の人が議席を得て，有権者を代表することは重要な課題である。しかし，家族に政治家をもつ人々にも職業選択の自由があるため，立候補を禁止するのは不適切である。そのため，たとえば，政党が親族と同一の選挙区から立候補することを認めないなどのルールを定めることなどが方策になりうる。

5　議員行動

議会という装置の中で，最終的な立法的決定を行うのは議員である。議会では，過半数の議員が賛成することで法案は成立する。他のアクターと比べて，議員は明確な目的をもっており，議員の行動は目的を追求するための行動としてとらえやすい。**議員の目標**は，第1に**再選**である（メイヒュー 2013）。議員の地位や影響力を保つには何よりも議員であることが前提であり，落選すると，そのすべてを失う。そのため，議員にとって最大の目標は再選であり，それ以外の目標の前提条件である。さらに，再選に加えて，**議員は議会内での影響力**（昇進）や**よい公共政策**（Fenno 1973）を追求すると想定される。

議員の活動は，議会と選挙区に分かれる（Fenno 1978）。議会では，議員は，宣伝，業績誇示，立場表明の3つの活動を行う（メイヒュー 2013）。宣伝は議員が政策に関して発言するよりも，好ましいイメージを形成することで，有権者の間に自身の名前を広めることである。業績誇示とは，政府による有権者への望ましい施策は，議員の働きかけを通じて行われたと，議員が有権者に信じさせることである。立場表明とは，有権者が関心をもつ問題についての判断を公に表明することである。議員は，議会では，これら3つの活動を通して，再選可能性の向上，さらには大臣などの高い地位への昇進や，望ましい政策の形成を実現しようとする。

選挙区での活動は，フェノが home style という概念でまとめている。home style は，資源の配分，有権者に姿をみせること，議会での活動の説明の3要素からなる（Fenno 1978）。資源の配分とは，議員の活動は首都と選挙区に分かれている中で，とくに時間などの資源をどちらに，より配分するかである。議員は，議会での立法活動は議会の置かれる首都で行い，有権者と接する選挙活動は選挙区で行う。したがって，選挙活動を行うためには選挙区に帰ることが必要で，どの程度の頻度で選挙区に帰り，どの程度の時間選挙区に滞在しているかは議員の有権者への関心を反映している。

有権者に姿をみせることとは，議員が選挙区において，有権者からの信頼を得るために，自身の能力，有権者との帰属意識，共感を伝えようとすることである。

議会での活動の説明とは，議員は，自身が選挙区にいない間に，議会でどのような活動をしているのかを説明することである。議員は，有権者に対して，議会での投票行動などが政党であると説明し，支持を求める。

140 第 7 章 議 会 政 治

Book guide　読書案内

・大石眞・大山礼子編『国会を考える』三省堂，2017 年。

　　各国の議会の制度や立法過程が紹介されている。

・中島誠『立法学——序論・立法過程論〔第 4 版〕』法律文化社，2020 年。

　　日本の政党内や国会内で法案が作成・審議・採決される過程が解説される。

Bibliography　参考文献

大山礼子 2003『国会学入門〔第 2 版〕』三省堂.

メイヒュー，デイヴィッド／岡山裕訳 2013『アメリカ連邦議会——選挙との
つながりで』勁草書房).

レイプハルト，アレンド／粕谷祐子・菊池啓一訳 2014『民主主義対民主主
義——多数決型とコンセンサス型の 36 カ国比較研究〔原著第 2 版〕』勁
草書房。

Carey, John M. 2007, "Competing Principals, Political Institutions, and Party
Unity in Legislative Voting," *American Journal of Political Science*, 51
(1), pp. 92-107.

Carroll, Royce, and Gary W. Cox 2012, "Shadowing Ministers: Monitoring
Partners in Coalition Governments," *Comparative Political Studies*, 45
(2), pp. 220–236.

Cox, Gary W., and Mathew D. McCubbins 2007, *Legislative Leviathan: Party Government in the House*, 2nd edition, Cambridge University Press.

Depauw, Sam, and Shane Martin 2009, "Legislative Party Discipline and Cohesion in Comparative Perspective," in Daniela Giannetti and Kenneth
Benoit eds, *Intra-Party Politics and Coalition Governments*, Routledge,
pp. 103-120.

Fenno, Richard F., Jr. 1973, *Congressmen in Committees*, Little, Brown.

Fenno, Richard F., Jr. 1978, *Home Style: House Members in Their Districts*,
Little, Brown.

International IDEA, Gender Quotas Database（https://www.idea.int/data-tools/data/gender-quotas. 2024 年 6 月 14 日最終アクセス）.

Inter-Parliamentary Union, Parline（https://data.ipu.org/export-country-compare?chart&field=structure_of_parliament&file_format=csv&languag

e=en&region&structure&year_to=2024. 2024 年 6 月 14 日最終アクセス).

Kim, Dong-Hun, and Gerhard Loewenberg 2005, "The Role of Parliamentary Committees in Coalition Governments: Keeping Tabs on Coalition Partners in the German Bundestag," *Comparative Political Studies*, 38(9), pp. 1104–1129.

Krehbiel, Keith 1992, *Information and Legislative Organization*, University of Michigan Press.

Laver, Michael, and Kenneth A. Shepsle eds 1994. *Cabinet Ministers and Parliamentary Government*, Cambridge University Press.

Martin, Lanny W., and Georg Vanberg 2011, *Parliaments and Coalitions: The Role of Legislative Institutions in Multiparty Governance*, Oxford University Press.

Martin, Shane 2011, "Parliamentary Questions, the Behaviour of Legislators, and the Function of Legislatures: An Introduction," *Journal of Legislative Studies*, 17(3), pp. 259–270.

Muraoka, Taishi 2018, "Political Dynasties and Particularistic Campaigns," *Political Research Quarterly*, 71(2), pp. 453–466.

Müller, Wolfgang C. and Kaare Strøm 2008, "Cabinets and Coalition Bargaining: The Democratic Life Cycle in Western Europe," in Kaare Strøm, Wolfgang C Müller, and Torbjörn Bergman eds., *Coalition Agreements and Cabinet Governance*, Oxford University Press, pp. 159–199.

Polsby, Nelson, W. 1975, "Legislatures," in Fred I. Greenstein and Nelson W. Polsby eds., *Handbook of Political Science, Vol. 5, Reading*, Addison-Wesley, pp. 257–319.

Rohde, David W. 2013, "Reflections on the Practice of Theorizing: Conditional Party Government in the Twenty-First Century," *Journal of Politics*, 75(4), pp. 849–864.

Shepsle, Kenneth A. 1978, *The Giant Jigsaw Puzzle: Democratic Committee Assignments in the Modern House*, University of Chicago Press.

Sieberer, Ulrich 2006, "Party Unity in Parliamentary Democracies: A Comparative Analysis," *Journal of Legislative Studies*, 12(2), pp. 150–178.

Strøm, Kaare 2000 "Delegation and Accountability in Parliamentary Democracies," *European Journal of Political Research*, 37(3), pp. 261–290.

Thies, Michael F. 2001, "Keeping Tabs on Partners: The Logic of Delegation in Coalition Governments," *American Journal of Political Science*, 45(3), pp. 580–598.

Weeks, Ana Catalano 2022, *Making Gender Salient: From Gender Quota Laws to Policy*, Cambridge University Press.

Weingast, Barry R., and William J. Marshall 1988, "The Industrial Organization of Congress; or, Why Legislatures, Like Firms, Are Not Organized as Markets," *Journal of Political Economy*, 96(1), pp. 132–163.

司法政治

第8章

Chapter

Quiz クイズ

現代の民主主義国では，政治から独立した司法部門は不可欠の存在です。しかし，裁判官の選出において国民や議会による選挙が実施されている国があります。その国は，以下のうちどれでしょうか。

a. スイス　　**b.** アメリカ合衆国　　**c.** イギリス　　**d.** 日本

Answer クイズの答え

a. b. d（イギリス以外の国すべて）

　イギリスでは，裁判官は閣僚である大法官（上院議長）の助言を受けた首相による推薦によって，国王が任命します。これに対し，スイスでは，連邦の裁判官は議会の選挙で，カントン（州）の裁判官は市民の選挙で選出されます。アメリカは連邦の裁判官は大統領によって任命されますが，州の一部の裁判官については選挙が実施されています。日本では，最高裁判所の裁判官は 10 年ごとに国民審査に付されます。

Chapter structure　本書の構成／Keywords

> 1　司法化する政治と政治化する司法
> 争訟モデル，分極化，保険理論

> 2　司法制度の設計と政治的背景
> 新しい立憲主義，憲法裁判所，違憲審査

> 3　司法プレイヤーの行動
> 態度モデル，法律モデル，戦略モデル

民主主義の後退が問われる現代において，司法の独立は注目を集める問題である。独立した司法が「法の支配」の番人として機能できるかは，民主主義の不可欠な条件とされている。三権分立の原則は，司法に議会や政府から独立を要求する。そのため，司沄は，議会や政府が担う「政治」には馴染まない，馴染むべきでないと広く考えられてきた。このような司法と政治の関係を反映して，ごく最近まで，司法は比較政治学の対象とはされてこなかった。政治学の教科書にも，司法の章がほぼ存在しないのは，その表れである。

　しかし，今世紀に入って，グローバル化に伴い国境を越えた規制が重要化し，宗教やジェンダーなど社会文化的な争点への関心が高まると，それらの問題に判断を下す司法への政治的関心は　急速に高まっている。比較政治学でも，司法の政治的役割，司法判断と政治の関係などをめぐる政治的分析，いわゆる司法政治論が盛んになりつつある（網谷 2023；井関 2022）。

　本章では，まず，第1節において，現代政治の中で司法判断の重要性が高まる現象（「政治の司法化」）と，司法への政治関心や圧力が増加する現象（「司法の政治化」）についてふれた後，第2節で，各国の司法制度設計の特徴とその政治的条件を考える。最後に，第3節で，政治プレイヤーとされてこなかった裁判官や検察官など司法官の任命，キャリア形成，判断は，議会や選挙のように，政治学的に説明できることを示す。

1 司法化する政治と政治化する司法

司法の重要化の背景

　第二次世界大戦後の先進民主主義国の政治において，司法は初めから中心的な役割を担ってきたわけではない。政策決定の主役は，政党や政府，議会や行政機関，利益団体など，もっぱら政治的なプレイヤーであった。公共事業や福祉などの経済的分配・再分配が中心的な争点であった時代の利害調整は，政府と労使（労働者や使用者）の交渉など，政治的な問題として解決されてきた。司法の政治的な役割は，政策によって侵害された利益の救済など副次的なものにとどまっていた。

　20世紀末以降，新自由主義的改革と経済のグローバル化が進むと，金融問題や企業競争問題，環境問題など新しい争点の解決が求められ，企業や非政府組織（NGO）などが新しいプレイヤーも政策形成にかかわるようになる。現代では，複雑化する争点に対応することが求められる。そのためには，規制・ルール作りと判断が課題となり，それに対応するには法律に加え，時に経済や科学を横断する高い専門性が必要となる。他方で，経済成長の停滞から，政府の関与や政党を通じた分配など，政治にできることは限られるようになっていた。

　代わって重要な役割を果たすようになってきたのが，司法である。立法・執政・司法の三権の中で，政治方針を決めてそれを政策として執行する政府，立法や行政監督などの機能を担う議会と比べると，競争的な選挙で選ばれない司法の政治的意義はみえにくい。しかし，規制などの経済的争点，宗教やジェンダーなどの社会文化的争点の

ように，現代の人々が強い関心を寄せる問題について判断を下す司法は，事実上，政府が担ってきた政策決定の役割を担うようになっている。さらに，議会の立法を超えた，より高次の法として憲法が存在するという考えが強まると，司法は，実質的に議会の立法機能に介入することを迫られる。これまで政府や議会に委ねられてきた紛争解決の少なくない部分が，司法に委ねられるようになった一方（「政治の司法化」），現代では司法のあり方そのものが政治争点となるに及んでいる（「司法の政治化」）（Ferejohn 2002）。

▷ 政治の司法化

まず，政治の司法化とは，政策争点をめぐる紛争解決や新しい政策形成の重心が，政治から司法へと移ることを指す（Tate & Vallinder 1995）。

中央・地方関係の分野をみよう。中央集権国家の場合，中央政府と地方自治体の間に，課税や財政負担などをめぐり，紛争が生じることがある。この場合，従来ならば，中央と地方の行政機関同士の協議や，政治家の仲介で解決が図られてきた。しかし，分権化が進む現代では，地方税，教育，公共事業負担など多様な争点をめぐり，中央政府と地方政府，地方政府同士の争いが増加している。政府や自治体の間の政治的調整では対応しきれなくなる状況を受けて，各国では，裁判所の決定が重要な解決手段とみなされるようになっている。

たとえば，スペイン・カタルーニャ自治州による独立住民投票に対する 2015 年の違憲判決は象徴的である。歴史的に自治拡大を中央政府に求めてきたカタルーニャ自治州側は，中央政府との交渉が行き詰まると，独立を問う住民投票の実施という直接行動で打開しようとした。和解不可能な程度まで対立が深まり，中央政府側は裁

判所の判決で決着を図る。この紛争はその後もさらに悪化し，違憲判決の下でも独立に関する住民投票を実施した州首相らの逮捕とそれに対する激しい抗議運動に発展した。そのことをみれば，裁判所の決定が安定した解決をもたらせるとは限らないこともわかるだろう。

　その他にも，選挙制度に関する定数是正問題，選挙結果の有効性をめぐる紛争，企業への課税の妥当性や企業間競争の公平性，男女の賃金格差など，以前ならば議会や政府行政の議論に委ねられてきた問題や，環境や知的財産権など従来の政治では十分取り扱われなかった新しい問題が，司法の場に持ち込まれることが増えている。

　政治の司法化は，狭い意味での司法を超える隣接分野も巻き込み進んでいる。司法化の担い手は，狭義の裁判所だけではない。日本では消費者トラブルなどに関して用いられる**裁判外紛争手続**（ADR）は，広く知られている。また，薬品規制や食品安全規制，環境政策や競争政策の分野などで，政治から高い自律性をもつように設計された裁判所類似の組織が，**独立規制機関**として存在感を増している。これらの独立規制機関では，裁判所類似の審査過程を経て，裁定が下る仕組みが活用されている。

　司法や関連の制度を用いた新しい紛争解決が重要になっているという変化は，従来のような政治的調整や行政的**事前統制**（日本のいわゆる「**行政指導**」も含まれる）から，政策実施後に裁判類似のシステムに任せる**事後統制**の**争訟モデル**へとの移行として注目されている（Stone Sweet 1999）。

▷　司法の政治化

　司法が担う役割が拡大すると，以前は司法に特段目を向けなかった人々が，司法の決定やそのあり方に関心を強め，司法の決定や役

150　第 8 章　司 法 政 治

割が政治的争いの対象になる「司法の政治化」は避けられない。もはや司法は，少なからぬ人々にとって，政府や議会と異なる非政治的な機関とはいえない状況にある（Ferejohn 2002）。

　裁判官の指名・任命は，近年，政治化が著しい争点の代表である。アメリカでは，以前から連邦最高裁判所などの裁判官任命が政治対立の対象となってきた。最近では，ヨーロッパでも，もともと可能な限り党派対立を抑える方法で行われてきた憲法裁判所（後述）の裁判官任命が，今日，党派対立の的となっている。日本でも，以前は国民の関心も薄く，投票率も低かった最高裁裁判所裁判官の**国民審査**について，特定の反対投票を促す新聞の意見広告が全面広告の形で展開されるなど，耳目を集めている。

　裁判所による司法判断も，政治的議論の対象や亀裂の原因になっている。裁判中の問題についてメディアなどで激しい論争が展開されたり，賛成・反対双方の陣営が大規模な集会を開いたり，判決後に反対勢力が抗議デモを展開したりするのもめずらしくない。たとえば，アイルランドでは，1996 年に離婚に関する最高裁判所の決定で，政府による離婚法支持についての周知活動への公金支出を制限したことが，重要な政治的争点に介入するものと判断されたとして話題を呼んだ。2017 年には，イタリアでは裁判所が選挙法に部分的違憲判決を下し，15 年に議会多数の支持で制定された下院のみの選挙法を覆して賛否が分かれた。2020 年のアメリカ大統領選挙では，選挙不正の提訴と司法での審議が注目を集めて，民主主義の危機か不正な選挙干渉かで大きな関心を呼んだ（→表 8-1）。

　人種間の大学優先入学をめぐるアファーマティブ・アクション（積極的格差是正措置）や，学校でのヘジャブの着用など，民族や人種，宗教にかかわる亀裂に関する争点は，多くの人の関心を呼び，保守とリベラルの間で価値や規範をめぐる激しい対立を招く。政府

第 1 節　司法化する政治と政治化する司法　**151**

表 8-1 裁判所の判断が論争を招いた主な事例

年	事　項
1996	アイルランド，離婚に関する最高裁決定
2004	ウクライナ大統領選挙　オレンジ革命の再選挙結果について，最高裁が提訴棄却
2017	イタリア，裁判所，選挙法への部分的違憲判決
2020	アメリカ大統領選挙，選挙不正の提訴と司法での解決
2023	アメリカ，アファーマティブ・アクション関係の違憲判決

[出所]　筆者作成。

や行政にとって，社会の中で分断を生む争点について明確な選択を示すのは，リスクが大きく，判断を避けようとしがちである。政策を変えようとするマイノリティの団体や社会運動の側は，従来のマジョリティを基盤とした政府や行政にマイノリティのための政策への支持を期待できず，司法に政策革新の機会を求める。司法の政治化が進む背景には，政策手段としての司法に対する注目が上昇している状況がある。

　司法の政治化は，公然とした政治的対立に限られない。司法を政治的に重要と考えた勢力は，中長期的な視野から，司法において影響力を埋め込もうと模索している。たとえば，アメリカの競争政策（独占など市場競争の適切さを扱う政策）では，司法の果たす重要性を認識したビジネス界に近い保守勢力が，自らに有利な理念を広めるために，ロースクールに対して規制の経済的効果の分析などに関する教育や研究支援を行ってきた。このような取り組みを通じて，競争政策をめぐる裁判の行方に影響を及ぼそうとしてきたとされる。司法に関して，教育やマスメディアなどを通じて働きかけることも，近年顕著になった政治化の表れといえよう。アメリカの連邦最高裁

判所の裁判官の指名や，スペインの独立に関する住民投票を主導した政治家をめぐる裁判でも，それぞれの陣営がメディアを利用して議論に影響を与えようと運動していた。

▷ 司法化と政治化をめぐる政治学的議論

　政治の司法化・司法の政治化は，なぜ，どのように生じたのだろうか。比較政治学の立場からの理論的な説明は，まだ多くない。司法化が進行した要因としては，まず政治的対立軸の変化に関する研究がある。従来は分配をめぐる政治的妥協が可能な**経済的左右軸**が主であったのに対して，近年は和解が困難な価値をめぐる**社会文化的争点**が重要になっている。このような争点で，**分極化**（左右対立などの極端な進行）が生じると，政党間の調整では合意が困難になるので，司法による解決を要請せざるをえない（Ferejohn 2002; Hönnige 2011）。

　また，権利や利害保障のための政治的保険としての独立機関の側面に注目する議論も存在する。政治勢力の流動化と左右の分極化が同時に進む状況下では，一時的な特定の多数派に基づく政府が，後戻りできないような政治的決定を行い，少数派の利害を決定的に侵害してしまうことへの警戒が高まる。同時に，その時点の多数派でさえ，将来的な少数派として重大な利害の侵害を恐れざるをえない。たとえば民主化で政治制度が大きく変わったり，選挙権の拡大や大幅な選挙制度改革が行われたりする場合には，その時の多数派は改革後，長期的に少数派の地位に押し込められるリスクが上昇する。このように不透明さが増す状況では，多くの勢力が，独立性を有する司法か類似機関の役割を強め，決定を委ねることによって，各勢力にとって重要な最低限の利害を確保する保険とする（いわゆる「**保険理論**」）。とくに職業裁判官で構成される裁判所の裁判官は，大

第 1 節　司法化する政治と政治化する司法　**153**

きな政治改革導入時までの政治エリートと似た社会階層の出身者である可能性が高い。そのため，改革後もそれ以前のエリートの利害を長く反映した判断をしてもらえると期待できる。第二次世界大戦後の日本やイタリアで，終戦後かなりの間，司法は保守系与党と近く，左翼や労働運動に厳しい判断をしてきたとされる背景には，このような裁判所の特徴が関係していた。

さらに，政治としての正統性・政治的信頼の確保からの研究も存在する。政党組織が衰退し，政治家と国民のつながりが弱体化した現代では，従来のように，選挙や団体活動への参加を重視した入力による正統性（インプット・レジティマシー）は確保しがたい。代わって，景気安定や治安確保など政策的帰結の妥当性に基づいた，結果による正統性（アウトプット・レジティマシー）が，民主制でも政治体制への信頼を保障する手段になっているとされる（Majone 2002）。司法は，環境訴訟への判断など，政策の結果を判断するアクター（主体）として，政治の正統性を支えることが期待されている。

政治争点にかかわる政策知識の変化も注目されている。規制や金融，医薬品や食品安全規制など司法化が進む分野の政策判断には，高い専門性を求められるものが少なくない。そのような分野は，政治的圧力から隔離して，司法あるいは司法類似の非政治的解決が望ましいという議論がなされている。加えて，グローバル化など国外要因の影響も指摘される。ヨーロッパでは，欧州連合（EU）加盟の条件として EU の司法的解決の尊重や国内の司法制度の改革，EU 法体系の受容が条件づけられた。この効果は，EU 加盟国に限られず，そこで活動する企業や輸出したい政府も含めた域外にも波及している。

もちろん，司法化の進み方は一様ではなく，各国の制度的・政治経済的状況や元々の司法制度設計の相違など制度要因への着目も不

154 第 8 章 司 法 政 治

可欠である。執政制度が議院内閣制よりも大統領制の場合ほど，地方制度が中央集権よりも分権的な場合ほど，分離した執政権・立法権間，あるいは中央・地方間の紛争が予想される。そのため，紛争調停者としての司法の関与は深くなる。大統領制・連邦制・権力分立が揃ったアメリカで，司法の紛争解決の役割が大きいのは象徴的である。

▷ 司法の政治化が進む要因

司法の政治化については，司法化と対応した説明が可能である。司法化が進めば進むほど，司法判断は強い政治的利害関心の的とならざるをえない。社会文化的対立軸の浮上は，以前は注目されていなかった分野の政治化を促す。各国の政治化の程度は，EU など国際要因の相違や政治制度の設計の相違によって，異なるものになりうるだろう。同じ司法化現象に直面しても，国ごとに専門家への信頼のあり方や専門性の社会的位置は異なるので，政治化の程度や表れ方は違うものになる。

政治化が最も進んだアメリカについてみよう。建国の際の制度的工夫として，大統領制における執政・立法の分離と連邦制の分権的システムの調整役として，司法は重視され，その独立性は強化された。連邦最高裁判所の裁判官は，大統領による任命という政治的・民主的要素を加味する。同時に，終身制の採用によって，長期的には政権交代や社会の変化を加味した，多様な選出母体の利害が反映されるので，結果としては超党派的な存在として機能することが期待できる。しかし，時代が下り，現代のように左右の党派で分極化が進むと，終身制はかえって世論の**アカウンタビリティ**の確保を難しくして，分極化を進めてしまうとされる（アカウンタビリティについては，**第3章**を参照）。大統領や議員の地位は選挙の影響を受け，

第1節　司法化する政治と政治化する司法　**155**

変動するが，連邦最高裁判所の構成は簡単には変わらない。そのため世論との距離は開き，連邦最高裁判所の判決を支持する立場としない立場の溝は広がり，さらに司法への政治的利害関心が高まる結果となっている。

2 司法制度の設計と政治的背景

権力配分規定としての憲法と司法

　司法の役割や制度設計は，国によって異なる。各国の司法制度は，どのような特徴をもち，それはいかなる原因から説明できるのだろうか。

　政治制度の基本を定めるのは，「憲法あるいは国制」である。憲法制定の歴史において先行したのは，人権規定よりも政治権力の配分にかかわる規定である。著名な憲法政治の研究者ファイナーは，憲法の役割を，「さまざまな政府の機関・部局の間で，機能・権力・義務の配分を規制する」役割と定義している (Finer et al. 1995)。

　司法もまた，政治権力の配分にかかわる諸規定としての憲法の中で位置づけを与えられる存在である。各国の司法制度の特徴は，広く政治権力の配分のあり方との関係からみる必要がある。司法制度の位置づけは，政治制度の設計など中長期的に持続的なものだけでなく，選挙や経済危機など短期的な政治状況の変化から影響を受けざるをえない。以下では，司法の政治制度としての設計から，近年の司法の政治化の影響まで，司法制度の位置づけと変化をみていこう。

表 8-2　2つの憲法制度設計と司法・政治関係

	立法府優位の憲法体制	高次法としての憲法体制
憲法判断	議会	司法
違憲立法審査権	なし	あり
（司法）	司法消極主義	司法積極主義
最高裁判所	通常裁判所・議会	通常裁判所・憲法裁判所
執政制度・中央地方関係	議院内閣制　単一国家	大統領制（＋議院内閣制）　連邦制
事例	イギリス，オランダ（制度改革あり）	アメリカ，ドイツ（他国へ拡大）

［出所］　筆者作成。

司法制度の国制上の位置

　まず，憲法上の司法制度の定め方をみよう。司法制度が憲法上で占める位置については，大別して2つの考え方がある。まず「**立法府優位の憲法（国制）**」である。この考え方では，有権者の選挙を通じて選ばれた議会（の多数派）が，憲法の制定や修正を行う正統性を有している（Stone Sweet 2000）。人権などを定めた権利章典は，議会の立法で定められる法律事項となる。歴史的にこのような設計を採用した国としては，イギリス（最高法院は上院付属）とオランダ（憲法で違憲審査禁止）が代表的である。

　もう一つの位置づけは，「**高次法としての憲法（国制）**」として，憲法を他の法律を超える，より高い次元に位置する法とみなす考え方である。基本的人権は法律より上の憲法事項になるので，権利章典は憲法で定められる。立法府の優越は認められず，司法による違憲審査が可能とされる。違憲立法審査は，第三者の審査として，通常は一般裁判所と切り離した形で行われる。これに対して，一般裁判所裁判官が行う場合もあり，これを司法審査と呼ぶ（Volcansek

第2節　司法制度の設計と政治的背景　**157**

2019)。

　憲法における司法制度の位置づけの相違は，執政制度や中央地方制度など政治制度の相違と関係している。アメリカなどのように執政府と立法府が分離した大統領制や，連邦政府と州政府が分離した連邦制などでは，分離した制度の間で調整が必要で，紛争も生じやすい。司法は，独立した存在として紛争処理を期待されている。これに対して，イギリスや日本のように議院内閣制を採用する中央集権の単一国家では，政権を担う多数派の政党と政府が中心となって，議会と政府をつなぎ，中央地方間などで生じた紛争の処理で大きな役割を担う。

　さらに，近年の民主化研究では，司法の独立を強化する政治制度の採用は，重要な紛争解決の制度を多数決原理の枠外に置くことで，民主化後に少数派に陥る旧体制エリートの利益保障を狙っているという議論もある。特定の多数派が政治権力を独占しない状況を保障することによって，分断した民族や勢力間で民主化への合意が促される。司法の独立性の強化は，民主主義を守るための政治的な保険となりうる。たとえば，日本では，選挙における定数配分と1票の価値の平等が頻繁に訴訟になっている。このような訴訟は定数配分に異論があることを示す一方，訴訟を提起する機会を保障することによって，民主主義制度そのものを守ることにつながる。

　このような司法の制度設計の相違は，すでに指摘したように，グローバル化を背景に高次法としての憲法の考え方が強まる現代には，徐々に薄まりつつある。イギリスなどでも最高裁判所が設置された。フランスなど政治への介入的判断に慎重な司法消極主義に近かった国々でも，EUの条件に必要な憲法裁判所を設置したり，司法積極主義的な司法判断が増加したりしている。

158　第8章　司法政治

▶ 新しい立憲主義と現代における司法の役割

　政治の司法化が進む現代民主主義国では，政治制度への制約として，より高次の法秩序としての憲法を重視する考え方が優勢となっている。これが，いわゆる「**新しい立憲主義**」，あるいは「**司法（重視）への転換**」という考え方・現象である。立憲主義は，もともと近代の民主主義が採用される過程で，国王などの権力濫用を抑えるために憲法を制定するという考え方である。これに対して，新しい立憲主義の下では，政治制度における司法制度をさらに強化して，政府に対してだけでなく，立法を行う議会に対しても，憲法による保障を担う裁判所が，違憲審査制などを通じて大きな役割を果たす（Shapiro and Stone Sweet 1994）。

　司法の役割の強化について注目されるのは，通常の裁判所とは別に憲法判断を行う特別の**憲法裁判所**の設置である（曽我部・田近編 2016）。憲法裁判所の設置の直接の起点となったのは，第一次世界大戦後のオーストリア第一共和制における独立した憲法裁判所の創設である。創設の背後には，同国の憲法学者ケルゼンの構想があったとされる。政府などの政治・政策や議会の立法を憲法に照らして裁くことで，憲法を頂点とする法秩序を積極的に実現するという構想は，政治の司法化の先例であった。このような構想に対しては，憲法裁判所の設置と違憲立法審査の拡大は，司法問題や司法制度のあり方を直接の政治的対立の標的としてしまい，かえって司法の政治化を招きかねないとする批判も寄せられた。

　ファシズムの独裁と第二次世界大戦を経験した国々の中では，憲法の保障をさらに堅固にしようと，憲法裁判所の導入に進む国が増える傾向にある。その筆頭が，ドイツ連邦共和国である。ドイツの連邦憲法裁判所は，憲法である基本法の擁護者として，政府の政治行為や憲法改正の合憲性などを判断する強大な権限を与えられ，実

第 2 節　司法制度の設計と政治的背景　**159**

際にも積極的に合憲性の判断を行っていく。独立した憲法裁判所という制度設計は，同じく独裁を経験したイタリアなど他のヨーロッパ諸国にも広がった。さらに 1970 年代以降に進んだ新興国の民主化において，スペインなどヨーロッパ内だけでなく，韓国などその外へも拡がっていった。政治対立が行き詰まったり，多数決では保護されにくい少数派の利害が侵害されたりした場合に，超党派的な憲法裁判所が判断に乗り出すことが期待された。民主主義が，政治対立や停滞から危機に陥らないためには，積極的な判断を行う独立した憲法裁判所が必要とされたのである（Landfried 2019）。

　憲法裁判所は，議会や政府の圧力から護られるための身分保障の強化と特定の党派の利害に偏りすぎないための超党派的なバランスを確保する任命方法が必要不可欠である。具体的な対策としては，アメリカの連邦最高裁判所の裁判官のように，終身制の採用や特別厳格な解任規定によって，裁判官を政治圧力から保護している。任命方法の工夫としては，職業裁判官だけでも政治的任用だけでもない形で，任命主体や選出基盤の多様性を確保して，特定の政治勢力の圧力や歪みから距離を置けるようにする国もある。たとえば，イタリアでは，大統領，議会，司法の 3 部門がそれぞれ 3 分の 1 ずつ任命できるようになっているので，専門性や党派の観点からバランスがとりやすくなっている。

▷　司法審査の重要化

　新しい立憲主義の下では，政府の行政や政治行為，および議会の立法などについて合法性・合憲性を審査し，違反の場合は無効とする**司法審査**の重要性が増している。そのうち憲法に関しては，**違憲審査**のあり方が争点となっている（Volkansek 2019）。

　違憲審査は，いくつかのタイプに分けられる。そもそも，日本や

160　第 8 章　司 法 政 治

アメリカなど違憲審査が可能な国とイギリスやオランダのように不可能な国に分かれる。可能な場合でもその範囲について，ドイツなどのように**抽象的違憲審査**（法律そのものが対象）まで可能か，アメリカや日本のように**具体的（あるいは付随的）違憲審査**（具体的な権利侵害の発生が不可欠）にとどまるかで大別される。別の区分としては，違憲審査の主体の観点から，ドイツやイタリアのような憲法裁判所が設置されている国の**集権的違憲審査**（最終審・憲法裁判所に権限が限定されている場合）か，日本のように**分権的違憲審査**（下級裁判所も含めた審査の各段階で違憲審査が可能）か，という分け方もある。

違憲審査をめぐる多様な特徴をもつ制度設計については，**アメリカ・モデル**と**ヨーロッパ・モデル**という２つのモデルにまとめられている。アメリカ・モデルは，通常裁判所（司法裁判所）が違憲審査を担当し，中央（連邦など）・地方（州・県など）など各レベルで憲法判断が可能な分権的審査が特徴である。日本もこちらに該当する。これに対して，ヨーロッパ・モデルは，通常の裁判所と別に憲法裁判所を設置して，そこで集権的審査を行うようになっている。ドイツや韓国など憲法裁判所を導入している国が，このモデルに当てはまる。

２つのモデルの相違については，しばしば，連邦制の採用を分権的審査の要因とする議論がみられる。しかし，ヨーロッパ・モデルの典型例とされるドイツも連邦制である以上，それだけを理由とすることはできないだろう。

▷ 司法の政治化に対する改革の潮流

憲法裁判所の設置や司法審査の強化など政治の司法化は，司法の政治化をもたらしている。司法の政治化は政治対立を悪化させる負の現象とみなされがちであるが，それは適切とはいえない。司法の

第 2 節　司法制度の設計と政治的背景　**161**

政治化に直面した国民は，司法の活動に，より高い関心をもつように
なる。そのため，司法側も世論への応答性を考慮するようになり，
司法の民主化をもたらすことが期待できる。ただし，過剰な政治圧
力が司法の信頼性を低下させるのは望ましくない。近年，その問題
を回避するための改革が，各国で試みられている。

　注目される試みとしては，過熱する裁判官任命過程の非政治化に
向けた改革がある。アメリカでは，従来のような政治任命に代わっ
て，**メリット・システム**（選抜試験と専門能力評価に基づく昇任）の導
入が部分的に進められている。これは，日本やヨーロッパの通常裁
判所のように，司法試験と職業裁判官としての採用を介して人事や
任命において政治圧力から保護することを意図した改革である。他
方，ヨーロッパでは，任命の党派化を防ぐために，超党派的なメカ
ニズムとしてフランス・イタリアで導入された**司法評議会モデル**の
採用が広がっている（Castillo-Ortiz 2019）。先に述べたイタリアの例
のように，選出の母体を，司法官，大統領，議会など多様な主体を
含んだ司法評議会とする。そのような超党派的で多様な母体の司法
評議会を通じた任命は，党派や地域などの利害を超えた超党派的背
景のおかげで，短期に一方的な政治的な偏りが発生してしまう問題
を避けようとしている。

▷ 司法の独立性と社会的効果

　司法制度の自律性など制度設計は，直接には，党派対立からの保
護や独立した決定としての信頼確保などを目的として行われる。司
法政治研究では，このような直接の目的を超えて，司法の独立が政
治や社会経済に及ぼす影響についても注目している。具体的には，
民主主義の信頼や公共政策の性質，経済成長への寄与などの問題で
ある。

司法の独立が注目されるのは，まず経済発展をもたらす統治との関係である（Volcansek 2019）。司法の独立は，政治圧力による不当な侵害のおそれを減らすことなどによって，経済成長を促す効果を有するとされる。財産権が適切に保護されることによって，人々や金融機関は，安心して投資を行うことができるからである。歴史的には，裁判制度の改革が進んだイギリスが，いち早く産業化を遂げたことが特筆できる。現代でも，EU や世界銀行などは，独立して効率的な司法が，市場の透明性を高めて経済成長に貢献することを，新規加盟国や途上国に訴えている。

　司法の独立は，民主主義への信頼とも密接に関係する。独立した司法が存在することで，人権や社会政策，税制などの諸政策が政府によって恣意的に変更されるリスクは抑えられ，変更された場合に補償を受けられる可能性を高める。裁判官による第三者的紛争解決について適切な独立性が担保されている場合に，中立性・信頼性が醸成されるという。この信頼性は，裁判所に違反を懲罰する自律性を与えれば与えるほど上昇するといわれる（Ferejohn 2002）。政府の権力行使が民主主義的な原則を尊重するというコミットメントの信頼性は，司法の独立を強化することを通じて高まる。その結果として，民主主義そのものの正統性も向上する。

　政府や議会は，自らの手足を縛りかねない独立性を，司法に認めるのはなぜだろうか。国民にとっても，選挙を通じた民主主義的なコントロールを掘り崩しかねないような司法の独立は望ましくないかもしれない。それでも，国民の多くが司法の独立を支持するのは，なぜだろう。

　独立を付与する理由についてはすでにふれた通り，国内政治上の理由が重要である。司法は対立を抱える諸勢力にとって，決定的に不利にならないための政治的保険である。ドイツや民主化後のスペ

第 2 節　司法制度の設計と政治的背景　**163**

インで憲法裁判所が設置されたのは，民族などの少数派を保護し，特定の政治勢力が有利になりすぎないようにするためであった。経済のグローバル化やEU統合に対応するために司法の独立性強化が求められたり，世論で司法への支持が高まったりする結果として，独立性が高まる場合もあるだろう。イギリスがEUに加盟していた時代に独立した最高裁判所を創設したのは，典型的な例である。

　他方で，いったん確立した裁判所が削減されたり，維持されたりする理由については，十分な研究が進んでいない。独立性の後退の背景には，司法の政治化によって司法のあり方が政治争点として浮上する状況があるだろう。ポーランドでは，近年，共産主義時代の負の遺産の一掃を理由として，最高裁判所の裁判官の定年年齢の引き下げなど司法改革が行われた。表向きとしては，独裁体制から続いて在籍していた裁判官を交替させる必要が唱えられた。ただし，実際には，提案した保守政権が，自らに有利な裁判官を任命するための司法介入であるともされる。

3 司法プレイヤーの行動

裁判官の行動と政治学

　司法が政府や議会からどの程度独立しているかという問題は，司法に関する制度設計の問題であるとともに，裁判官など司法のプレイヤーがどのような行動をとるのかという問題でもある。司法制度の中にいる裁判官など司法のプレイヤーについては，司法制度の設計と比べて研究は進んでこなかった。裁判官の行動は，政治家や有権者，官僚と同じような政治学的分析の対象にはなってこなかったのである。

しかし，裁判官も個別のプレイヤー，あるいは組織的なグループである以上，法律やキャリア，社会問題への関心などさまざまな要因を考慮して判断し，行動せざるをえない。先に述べたように，裁判官の任命過程が政治争点化する中で，裁判官の支持政党やイデオロギーが，いかに司法の判断に影響するのかについて，実務上も研究上も関心が強まっている。アメリカなど連邦最高裁判所の裁判官が共和党・民主党のいずれの党と近いかは頻繁にメディアの話題になる。日本の夫婦別姓訴訟でも，最高裁判所の裁判官ごとの違い，とくに判決における裁判官の個別意見の存在や内容が注目を集めている。

近年，比較政治研究では，このような観点から，裁判官や検察官など司法に属するプレイヤーの行動を分析する**司法行動論**が注目され始めている（井関 2022）。

▷ 司法行動論の 3 つのモデル

裁判官など司法の行動は，どのように説明できるのだろうか。司法行動論における説明のモデルとしては，**態度モデル**，**法律モデル（役割理論）**，**戦略モデル**が重要である。3 つのモデルの概要は，**表8-3** にまとめている（Garoupa and Ginsburg 2017; Howard and Randazzo 2017）。

まず態度モデルは，裁判官のイデオロギーに注目し，とくにリベラルと保守の態度の違いによる影響が大きい点を強調する。アメリカの人種別優先入学枠や人工妊娠中絶問題をめぐる判例変更が，連邦最高裁判所における保守系裁判官の増加によって生じたとするのは，このモデルから説明できるだろう。

法律モデルは，司法のプレイヤー自身の選択や属性・態度ではなく，まず法律の基準への適応を重視する議論である。関連して，司

表8-3 司法行動論の3つのモデル

	要因	特徴	問題点
態度モデル	裁判官のイデオロギー	リベラル vs. 保守	先有態度の効力の限界
法律モデル（役割理論）	先例としての法律・裁判官の役割	積極的 vs. 抑制的	社会的帰結重視 vs. 合法性維持重視
戦略モデル	他のアクターに対する期待	戦略的環境・合理的選択	決定への影響の理解

［出所］　筆者作成。

法の職業倫理や司法官の中での評判など役割規範を重視する議論もあり，役割理論と呼ばれる。左右対立が激しく党派的陣営に分かれたようにみえる裁判官が，超党派的で判例に沿った判断をする場合は，法体系を尊重し，司法の世界での評価を気にしているからと考えられるだろう。さらに，このモデルでは，裁判官のタイプを，先例に忠実な抑制的裁判官，判例変更と社会改革に熱心な活動家裁判官に分ける場合もある。法律を重視するといっても，現状を維持することを重視する裁判官と，法律の趣旨を踏まえて社会の現実に積極的に対応していこうとする裁判官は異なる。2005年に制定されたイタリアの多数派プレミアム付き比例代表制の選挙制度についての違憲判決（2014年）は，この時期，多数派を握る大政党に有利で小規模な政党が淘汰されてしまう状況について，1票の価値を犠牲にしているという懸念が強まり，改革が求められたからであったとされる。

　戦略モデルは，他のアクターとの戦略的相互作用の下での合理的選択として裁判官の行動を説明する。定年間際の裁判官が上級審で覆ることを加味しながら下級審で違憲判決を出したり，当該法律を

推進してきた政権が交代した後に違憲判決を出したりするのは，戦略モデルと適合している。日本の1票の格差をめぐる訴訟などにおいて，下級審ほど違憲判断が出やすいとされるのは，このモデルから説明できるだろう。

3つのモデルはあくまでモデルであって単独で司法のプレイヤーの行動を説明できるわけではなく，それぞれを実証することも課題が多い。アメリカなど裁判官任命に関して公聴会や報道など情報が豊富な場合は，裁判官のイデオロギーを推定することも可能である。他方，日本のように，採用試験後に任用されて昇任していく閉鎖的なキャリアの裁判官の場合は，その政策位置を知るのは困難である。

実際の説明は，モデルを横断した複合的なものにならざるをえないだろう。東欧における司法の独立性の後退に対する裁判官の反対を分析したポーランド，ハンガリー，ルーマニアの比較研究では，法の支配を損なう政権側の改革のタイミングが急で程度が大きかったり，政府側とのイデオロギーの距離が大きかったりする場合に，反対は強まるとしている。また共産主義時代の裁判官の役割に対する考え方も影響するとした（Puleo and Coman 2024）。

▷ 裁判官の任命とキャリア・選出基盤

裁判官も，政治家や官僚と同じように，自らのキャリアを重視する存在である。裁判官のキャリアを左右し，その行動に影響を与える要因として重要なのは，その選出方法である。各国では多様な制度・慣行が存在しており，これは歴史的な司法と政治との関係の産物である（Howard and Randazzo 2017）。とくに重要な影響を与えるのが，裁判官の選出が，選挙か任命か，メリット・システムが機能しているかどうかである。

選挙の有無に基づく選出方法を基にした裁判官のタイプ分けとし

第3節　司法プレイヤーの行動　**167**

て，アメリカの州の一部やスイスの連邦のような**選出裁判官**と，ヨーロッパや日本のような**任命裁判官**がある。選出裁判官のほうが，選挙で選出されるために顕著な注目を集めようと先例を越えた政策革新を志向する傾向がある一方，任命裁判官のほうがキャリア内部での評価を重視して法秩序の安定性を尊重した行動をとる傾向があるとされる。ただし，選挙によって選出される場合も，選出母体である司法の世界の支持は重要である。そのため，それらの意見の重心から乖離（かいり）した行動にはならないともされる。他方で，日本のように任命裁判官の場合でも，最高裁判所裁判官の国民審査が近年注目されるようになると，以前よりも世論の動向を気にするようになっているという指摘もある（須網 2023）。

　この他，終身か定年まで継続して従事する**キャリア裁判官**と政治・行政から認められて就任する**認定裁判官**の区別もある。身分保障の相違や定年が近いなどの理由が，違憲判断や合法性の判断の公表に影響を与える要因として指摘されている。キャリア裁判官よりも認定裁判官のほうが，政治動向の影響を受けやすいとされる。たとえばイタリアの場合には，任期9年で再任のない憲法裁判所裁判官のほうが，定年制の通常裁判所裁判官よりも，政治動向の変化を踏まえた判断をしやすいといわれる。ただし，キャリア裁判官であっても，日本のように中長期にわたって政権が継続する場合は，政権の党派的影響を受けやすくなるという指摘もある。

　裁判官のタイプが，行動パターンの相違につながるとするならば，アメリカの一部の州のように，異なるタイプの裁判官が共存する混合モデルでは，裁判官のタイプによって役割分担が生まれる。任命裁判官やキャリア裁判官が支配的なシステムでは，定型的な行政問題はキャリアの裁判官，政治問題は政治任命の裁判官が担当するようになる。

Book guide　読書案内

・井関竜也「政治学における司法部門研究の現状と課題」（一）（二）『法学論叢』191 巻 2 号，4 号：50–75 頁，99–121 頁，2022 年。

　　最新動向も踏まえた，日本語で読める最も体系的な司法政治研究のレビュー論文。ヨーロッパについては参考文献の（網谷 2023）も参照すべき。

・M. L. Volcansek, *Comparative Judicial Politics*, Rowman & Littlefield Publishers, 2019.

　　司法政治研究についての体系的テキスト。著者は憲法裁判所の政治学的研究でも著名である。

・曽我部真裕・田近肇編『憲法裁判所の比較研究──フランス・イタリア・スペイン・ベルギーの憲法裁判』信山社，2016 年。

　　優れた憲法学研究者の執筆陣による憲法裁判所に関する体系的研究。制度的概要や実務運営について知る場合にも有用。

Bibliography　参考文献

網谷龍介 2023「『政治と司法』から『司法の政治』へ──ヨーロッパ司法政治研究の動向と展望」「マルチ・レヴェルの司法政治の生成──EU における裁判官対話発展の一帰結」伊藤洋一編『裁判官対話──国際化する司法の協働と攻防』日本評論社。

井関竜也 2022「政治学における司法部門研究の現状と課題」（一）（二）『法学論叢』191 巻 2 号，4 号：50–75 頁，99–121 頁。

須網隆夫編 2022『平成司法改革の研究──理論なき改革はいかに挫折したのか』岩波書店。

曽我部真裕・田近肇編 2016『憲法裁判所の比較研究──フランス・イタリア・スペイン・ベルギーの憲法裁判』信山社。

Castillo-Ortiz, Pablo 2019, "The Politics of Implementation of the Judicial Council Model in Europe," *European Political Science Review*, 11(4), pp. 503–520.

Ferejohn, John 2002, "Judicializing Politics, Politicizing Law," *Law and Contemporary Problems*, 65(3), pp. 41–68.

Finer, Samuel E., Vernon Bogdanor, and Bernard Rudden 1995, *Comparing Constitutions*, Clarendon Press.

Garoupa, Nuno and Tom Ginsburg 2017, *Judicial Reputation: A Comparative Theory*, The University of Chicago Press.

Hönnige, Christoph 2011, "Beyond Judicialization: Why We Need More Comparative Research About Constitutional Courts," *European Political Science*, 10, 346–358.

Howard, Robert M. and Kirk A. Randazzo eds. 2017, *Routledge Handbook of Judicial Behavior*, Taylor & Francis.

Landfried, Christine ed. 2019, *Judicial Power: How Constitutional Courts Affect Political Transformations*, Cambridge University Press.

Majone, Giandomenico 1996, *Regulating Europe*, Taylor & Francis.

Puleo, Leonardo, and Ramona Coman 2023, "Explaining Judges' Opposition When Judicial Independence is Undermined: Insights from Poland, Romania, and Hungary," *Democratization*, 31(1), pp. 47–69.

Shapiro, Martin, and Alec Stone Sweet 1994, "The New Constitutional Politics of Europe," *Comparative Political Studies*, 26, pp. 397–420.

Stone Sweet, Alec 1999, "Judicialization and the Construction of Governance," *Comparative Political Studies*, 31(2), pp. 147–184.

Stone Sweet, Alec 2000, *Governing with Judges: Constitutional Politics in Europe*, Oxford University Press.

Tate, C. Neal and Torbjorn Vallinder eds. 1995, *The Global Expansion of Judicial Power*, New York University Press.

Volcansek, Mary L. 2019, *Comparative Judicial Politics*, Rowman & Littlefield Publishers.

地方政治

第 **9** 章 *Chapter*

Quiz クイズ

Q9.1 日本において，警察の実務を担うのは，どこでしょうか。

a. 国　　b. 都道府県　　c. 市町村

Q9.2 以下の国で，連邦制国家はどれでしょう（複数回答）。

a. アメリカ　　b. イギリス　　c. スイス
d. オーストラリア

Answer クイズの答え

Q9.1　b. 都道府県

　警察法36条により，都道府県警察が置かれています。実際には各都道府県警察は，国の機関である警察庁からの指揮監督を受ける一方で，警視以下の階級の警察官は都道府県公務員であるなど，警察の実務は都道府県によって担われます。

Q9.2　a. アメリカ，c. スイス，d. オーストラリア

　アメリカ，スイス，オーストラリアが連邦制を採用しています。この3カ国では，地方政府と中央政府の担当する政策領域が憲法上明確に分かれて規定されています。中央政府は憲法上定められた政策領域にしか権力を行使できません。

Chapter structure　本書の構成／Keywords

```
　　　　　　1　連邦国家と単一国家
中央・地方関係，民族連邦制，連邦制のパラドックス
```

```
　　　　　　2　地方分権と自治体
地方の選挙・執政制度，足による投票，MIMBY
```

```
　　　　　　3　マルチレベル
制度不均一，中央と地方の相互作用，政党システム・組織
```

172　第9章　地方政治

1国内には複数の政府が存在する。日本の場合には，国，県，市・町・村という3つのレベルの政府が存在する。また，アメリカの場合は，国，州，郡，市・町・村という4つのレベルの政府が存在する（政府が存在しない郡もある）。私たちは，そうした複数のレベルの政府から公共サービスを提供されている。たとえば外交，防衛は国が担う。防衛の実務を担当するのは，日本であれば自衛隊であり，隊員は国家公務員である。それに対して，治安の実務は都道府県が担っている。都道府県ごとに警察が設置され，都道府県警察がその都道府県の警察の責務を果たす。警視正より下の階級の警察官は都道府県の地方公務員である。

このような中央政府と地方政府の役割や権限の分配は，質的にも量的にも，国によってさまざまな形がある。本章は地方政治について考察する。まず，中央政府と地方政府の関係を大きく決定する連邦制と単一国家制を検証する。次に，地方政治を概観し，その質的・量的な多様性を検討したのち，最後にマルチレベルの政党政治を解説する。

1 連邦国家と単一国家

中央・地方の政府間関係

一国の政治権力や役割は，中央政府と地方政府（地方自治体）の間で分割される。異なる国の間の比較や，同じ国の異なる時期の間の比較において，中央政府がより重要な権力や役割をもつ場合を**中央集権**，地方政府がもつ場合を**地方分権**という。各国の中央政府と地方政府の関係は，この中央集権―地方分権という軸に位置づけら

れる。

　中央・地方の政府間関係を根本的に規定する制度は，**単一制**か**連邦制**かである。たとえば，単一制国家である日本では税制や刑罰をはじめとした制度が国内で同一であるのに対して，連邦制国家であるアメリカ合衆国では州によって異なる。日本では，どの都道府県，市町村に住んでも，所得税，消費税は同額である。また，住む地域によってある行為が違法になるか，どの程度の刑罰が科せられるかが異なることもない。他方，アメリカ合衆国では，州によって税率が異なる。データが最新の 2023 年時点では，50 州のうち，アラスカ，フロリダ，ネヴァダ，サウスダコタ，テネシー，テキサス，ワシントン，ワイオミングの 8 州では州の所得税がなく，アラスカ，デラウェア，モンタナ，ニューハンプシャー，オレゴンの 5 州では州の消費税がない（Federation of Tax Administrators 2023）。また，死刑制度の存置も州によって異なり，データが最新の 2024 年時点で，22 州が維持，23 州が廃止，5 州で知事が執行を猶予している（Death Penalty Information Center 2024）。

　連邦制は，「中央政府と地方政府のあいだの権限の分割が保障されている」（レイプハルト 2014: 149-150），あるいは「権限分配が憲法によって定められ，特定事柄について各レベルの政府が主権を有する」（キムリッカ 2012: 137）という特徴をもつ。連邦を構成する州（国によっては，連邦を構成する自治体が準州，自治国，区などの場合がある）は，独自の憲法をもち，外交や防衛を除いては単一制の国と同等の権限をもつことも多い。連邦制を採用する経緯は，国によって異なるが，アメリカ，ドイツ，カナダなどは，もともと独立性の強かった州が合同して建国し，建国時から連邦制を採用している。他方，地域間の対立によって，単一国家から連邦国家に移行する例もあり，ベルギーはオランダ語圏住民とフランス語圏住民の対立を契

174　第 9 章　地方政治

機として，1993年に単一制から連邦制に移行した。

中央と地方の権限の分割

　ここで重要なことは，連邦制か単一制かの違いは，地方政府の権限が大きいか小さいかといった量的要素だけで定義されるのではなく，その権限のあり方という質的な違いによっても定義される点である。たとえば日本は，後で述べるように，地方公共団体のもっている裁量や予算権限は国際比較からみてかなり大きく，地方分権の程度はかなり強い。しかし，あらゆる政策領域について中央政府が最終的な決定権を行使することができる（だからこそ税率なども一律であるといえよう）。たとえば教育や福祉の諸決定について，地方公共団体は相当の裁量をもって自由に決定できる一方，その権限はあくまで中央政府から移譲されたものである。したがって，教育や福祉のあり方について日本の中央政府が方針を変えた場合には，地方公共団体はその変更に抵抗できない。

　それに対して，連邦制の場合には，中央政府といえどもあらゆる政策領域に介入できるわけではない。たとえばドイツ基本法30条では，中央政府は個別に連邦法で定めた政策領域にしか決定権がなく，それ以外は連邦構成主体である州が排他的な政策決定権をもつ。少なくとも，憲法を改正しない限りこの権限関係は不変であって，中央政府は，個別の法律や政策の変更で州が権限をもつ政策領域を変更することはできないし，反対に州政府が中央政府の仕事を肩代わりすることもできない。たとえば2020年以降の新型コロナウィルス感染症の世界的流行（パンデミック）に対しては多くの国々が中央政府を通じてそれぞれの公衆衛生対策をとったが，アメリカでは公衆衛生の権限は州政府にあり，それぞれの州がそれぞれの対策を主導した。当時，アメリカ連邦政府にできたのは，憲法上許容さ

第1節　連邦国家と単一国家　　**175**

れた補助金管理を通じた側面支援や，出入国管理，州をまたぐワクチン流通の融通などに限られていた（梅川 2021）。

このような権限分配の関係が，憲法レベルの国家体制の決まりとして，分割されていることが連邦制の基礎である。もちろん，地方政府の権限を中央政府から切り離すことを憲法が規定する以上，結果論として連邦制国家では地方政府の権限が大きくなりがちだが，その大小関係そのものは本質的には重要ではない。理論的には，地方公共団体の裁量が小さな連邦制もあれば（たとえばロシアやメキシコ），地方公共団体の権限や裁量が大きな単一制（たとえば日本やデンマーク）もありうる。

▷ 連邦制のバリエーション

先進民主主義国における連邦制について，もう少し詳細に検討してみよう。先の項で事例として挙げたアメリカやドイツ以外にも，ベルギー，カナダ，スイス，オーストリア，オーストラリアなどが連邦制を採用している（Roeder 2009）。これらの国々の連邦制のあり方は，必ずしも一様ではなく，いくつかの違いがある。

連邦制の中には，その構成主体を分ける際に，単に地理的な区分に基づく仕組みもあれば，特定の民族や文化集団の居住地域に合わせて連邦構成主体を作っていく仕組みもある。後者のような連邦制を，**民族連邦制**と呼ぶ。たとえば，先に述べた通りアメリカやドイツは，もともとそれぞれの州が一つの植民地や王国だったというルーツに由来しており，どこかの州が特定の民族や言語集団のものというわけではない。

他方で，インドやベルギーの連邦構成主体は言語や文化集団ごとによって分かれている。旧ユーゴスラヴィア連邦も，それを構成する共和国は言語・民族集団の区分によって概ね区切られていた。国

内に多様な民族を抱える中で，その民族集団ごとに，下位国家を束ねている形をとっている。

また，連邦構成主体が，一様に分布しているか，特定の下位政府だけに限られているのかについても違いがある。たとえばスペインでは，カタルーニャ地方やバスク地方に対しては，憲法上定められた特別な権限がある一方，それ以外の地方自治体はあくまでスペイン中央政府の下位政府でしかない。そのため，スペインは憲法上の自称では単一国家である一方，多くの研究者や OECD は連邦制に準ずる制度だとみなしてきた（OECD 2019）。

ロシア連邦も，その名が示す通り連邦制国家である。ロシアの伝統的支配地域の下に置かれている「州」は，事実上も権限上も中央政府の統制下にある一方で，シベリアの少数民族やコーカサスの民族集団が居住している地域に置かれている「共和国」については，独自の公用語や憲法を定める権限がロシア憲法上定められている。

こういった連邦制のことを「非対称連邦制」と呼ぶことがある。また，このスペインやロシアの例が示す通り，非対称連邦制は，同時に民族連邦制であることが多い。

こういった民族連邦制や非対称連邦制は，文化的多様性に対する解決策として導入されることもあるが，その効果については議論がある。たとえば，多文化社会の紛争予防のために導入した連邦制が，かえって紛争を加速させてしまうという「**連邦制のパラドックス**」（Erk and Anderson 2009）はよく知られている。

これについては，（アメリカやドイツ型の）領域的な連邦制が多文化社会の民主主義に悪影響をもたらさない一方，民族連邦制の導入が紛争確率を高めているという見解が実証的に優勢である（Roeder 2007, 2009）。また，すでに国家制度や法の支配が確立している国家において，連邦制を採用した場合は多文化社会でありながら共通の

帰属意識を涵養し，ひいては民主主義の維持にプラスの効果がある。他方，国家制度や法の支配の確立前に，あるいは紛争が起きた後に，連邦制を採用してしまうと，むしろそのような権限分割の仕組みによって多文化社会の分裂や内紛が加速し，翻って民主制の崩壊につながるという指摘がある (Linz 1997; Cederman et al. 2015)。

もちろんこういった研究は，統計的な傾向に基づく推論であるので，民族連邦制を導入すると，常に民主主義が機能しなくなったり，社会的混乱の後に連邦制を導入すると，必ず手遅れになったりするわけではない。たとえば先に述べた通り，ベルギーが連邦制を1993年に公式に導入したのは，1960–70年代に激しい言語紛争を経験した後のことであった。そのベルギーは，その後もさまざまな困難を経験しつつ，その民主主義を維持し続けている。

単に連邦制を地方分権の究極の形とみることは間違っているし，民主主義との兼ね合いで常によい結果をもたらす理想の政治制度というわけでもないことは，理解しておく必要がある。

地方政治は，単に権限を分割して与えれば自動的にうまくいくわけではないし，地方政治固有の問題もある。また国政とも全く無関係なままでいられるわけではない。以下では，地方政治固有の問題などについてより探っていこう。

2　地方分権と自治体

地方政治の制度

各国の地方政府は，複数のレベルから構成される。多くの国は州・県などの広域自治体と，市・町・村などの基礎自治体から成る二層構造を採用している。地方政治も，基本的には**第7章**で議論し

た国政と同じような政治制度のもとで政治過程が展開される。

　ただし，政治制度は，国ごと，あるいは同じ国であっても自治体ごとに異なる。たとえば，首長（行政府の長）を直接住民が選ぶことができるかは，国あるいは自治体で異なる。

　アメリカを例にとると，国レベルでは，執政制度としては有権者が大統領と議会議員をそれぞれ選挙で選出する二元代表制を採用しており，選挙制度は各選挙区から1人のみが選出される小選挙区制度を採用している。しかし，地方レベルに目を向けると，より多様な執政制度，選挙制度が機能している。たとえばアメリカ・マサチューセッツ州では，州は国と同じ二元代表制を採用しており，州民は小選挙区制度によって州知事，州下院議員，州上院議員を選出する。

　しかし，基礎自治体レベルでは，市町村によって異なる選挙制度や執政制度が採用されている。ボストン市は，市民が市長と市議会議員をそれぞれ選出する市長・議会政府制度を採用している。13人の市議会議員のうち，9人が小選挙区から，4人が市を1つの選挙区とする大選挙区から選出される。他方，チャールズ川対岸のケンブリッジ市は，議会・マネージャー政府制度を採用している。9人の市議会議員は全員市を1つの選挙区とする大選挙区から選出され，市長は市議会議員から互選で選ばれる。市の行政の代表者は市長ではなく，市議会によって任命されるシティ・マネージャーである。

　自治体による選挙制度（とくに選挙区の定数）の違いは，日本の地方自治体においてもよくみられるものである。

▷　地方政治の特徴

　地方政治と国政とは質的に違う側面がある。第1に，地方政治

が関与しない政策分野が存在する。たとえば，外交や防衛は国が担当する政策分野であり，地方政府は直接には関与しない。ただし，地方政府は，外国の軍隊や国内の防衛組織の基地の受け入れの可否などを通して，間接的に外交や防衛に影響を与えることはある。第2に，地方政府は，その地域特有の住民の生活に根ざした問題の解決を担当する。第3に，とくに基礎自治体においては，他の自治体の政策を参照することが多い。

また自治体は，住民の移住などをめぐって，互いに競争関係になる場合もある。その一因は，国家間での移民と違って，同一国内の自治体間での移住のコストはさほど大きくないことである。人々は，自治体が提供する公共サービスに応じて，住む自治体を選ぶことがある。これをティボーは「**足による投票**」として理論化した（Tiebout 1956）。たとえば，アメリカでは，テキサス州は，個人所得税や法人税を課していない。こうした低い税率を求めて，とくにカリフォルニア州などから，近年多くの個人や企業がテキサス州に移住・移転している。なお，「足による投票」は自治体の政策に応じて住人が居住地を選択することであり，自然環境や利便性などに応じて選択することではない。

足による投票理論は，地方政府が行う政策について示唆を与えている。ピーターソンは，地方政府が福祉政策を行えば，税金をあまり納めず政府からの便益を受給する低所得者を引き付けることになる（福祉マグネット）と主張する（Peterson 1981）。他方，開発政策を行えば，多くの税金を納め，政府からの便益はあまり受給しない富裕層が転入してくることになる。その結果，理論上は，地方自治体は福祉政策よりも開発政策を実施する動機をもち，自治体では十分な水準の福祉を提供できないことになる。

NIMBY

地方政治には，必要性は認めるが住環境を悪化させるので，自宅の近くには設置してほしくないという NIMBY 問題が存在する。NIMBY とは，"Not In My Backyard" の各単語の先頭語に由来する言葉である。該当する施設は，一般に発電所，ごみ処理場，墓地，軍事基地，空港などが含まれる。いずれも，人々の生活や安全のためには必要ではあるが，騒音，健康・安全への懸念，地域イメージや地価の低下などを招く。こうした施設は，どこかには設置しなくてはならず，設置された近隣の住民はここに挙げたような負の効果を被ることになる。

他方，自宅から離れた地域に設置されれば，住人はこうした負の効果を負担することなく，正の効果にただ乗り（フリー・ライド）することができる。個人が自己利益を追求する結果，集団としての利益が達成されない典型的な集合行為問題となる。NIMBY 問題は，しばしば地域の大きな問題になることがあり，選挙での最大の争点になったり，住民間の対立をもたらしたりすることがある。

地方政府の量的な差

本章冒頭でも述べた通り，地方分権の程度は国によって異なる。それは地方政府が独自に政策を立案・実行できる裁量の差であり，具体的には予算執行上の裁量の多寡としても現れる。全政府部門の税収のうち，地方政府が独自に徴収している税収が多い国では地方政府が独自の政策を実施する裁量を多く有する。また，全政府部門の支出のうち，地方政府による支出割合が多い国もまた，実際に地方政府が裁量をもって政策を実施していることを表している。この比率を表したものが，**図 9-1** である。

ここには多様性がある。たとえばアメリカでは全政府部門の支

第 2 節　地方分権と自治体　**181**

図 9-1 地方分権度

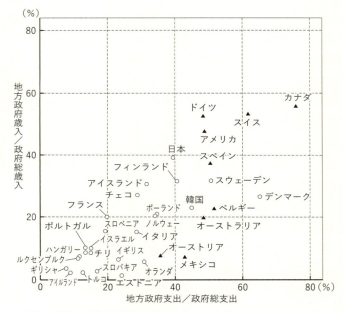

［注］　○単一国家　▲連邦制国家
［出所］　OECD（2019）を基に筆者作成。

出・歳入のうち，およそ 45％ 程度が州政府以下の地方政府によるものである。ドイツ，スイス，カナダといった国々も地方政府の役割が大きい。対して，たとえばギリシャやアイルランドでは，その数値は 10％ にも満たず，政府部門収支のほとんどすべてが中央政府によって担われており，地方政府の出番はほとんど存在しない。

一般的に連邦制のほうが地方分権度も高い傾向があるが，必ずしも明確にわかれるわけではない。たとえばオーストリアやメキシコは連邦制国家だが，実際には地方政府がもつ裁量は小さい（とくに独自財源に乏しい状況にある）。逆に，日本やフィンランドなどの北欧

諸国は単一国家であるが，高度な地方分権国家であり，とくに地方政府の歳入という面では単一国家の中では極端に大きな財政的裁量を地方政府が有している。日本では，これまで「3割（4割）自治」などという言葉が，地方分権の少なさを揶揄する言葉として知られてきていたが，実のところ3〜4割の財政的自律というのは国際比較の観点からみればきわめて大きなものである。

　なお，地方政府が自身のもつ財政的制約を解決する方法として，隣接する地方政府と一体化したり広域連携を有したりすることで，予算の効率的運用を図ろうとすることがある。これにも国による差異がみられる。具体的には，現状の基礎自治体制度の変更が容易で，複数の基礎自治体を合併させて新しい自治体を作ることができる国と，現状の基礎自治体制度がきわめて硬直的に規定されており，合併が事実上，不可能な国がある。後者では，現状の自治体を維持したまま，広域圏や大都市制のようなものを新たに形成・発達させることで，事実上の自治体横断的な政策実施を実現する。前者の例としては日本やオランダがあり，後者の例としてはイタリアやフランスの例を挙げることができる。

3　マルチレベル

　これまでみてきたように，国，広域自治体（州や県），基礎自治体（市，町，村）は，それぞれの政治制度のもとに，独立して選挙や政策形成を行う（欧州連合〈EU〉加盟国の場合には，さらにEUという超国家レベルの政府が存在する）。しかし，同一の政党が，国，広域自治体，基礎自治体という複数のレベルに存在することが一般的である。日本を例にすると，自由民主党（自民党）は，国，都道府県，市町

第3節　マルチレベル　**183**

村のそれぞれに組織が存在し，選挙，議会での立法活動を行っている。

国，広域自治体，基礎自治体のレベル間で，**政党システムや政党組織**が異なることがある（Deschouwer 2003, 2006; Detterbeck 2012）。たとえば，政党システム・政党競争については，政党の勢力（議席率）は，各レベルで異なることがある。また，国の議会では与党と野党に分かれて選挙や立法をめぐって激しく対立する政党が，地方レベルでは選挙協力を行うこともある。政党組織については，国では政党は議会での党議拘束や候補者公認について集権的な意思決定を実施するのに対し，地方では政党指導部が各議員の行動を十分に統制できない分権的な意思決定を行うこともある。

デスハウアーは，こうしたレベル間の政党システム・組織の違いの大きさは，連邦制か単一国家かという地方制度，参政権，選挙制度，選挙サイクルの違いによって決定されると主張する（Deschouwer 2003）。連邦制のほうが，地方が影響力をもち，地方間の差も多様であるために，レベル間での差が大きくなりやすい。また，レベル間で選挙に参加できる人，選挙制度，選挙時期が異なるほど，レベル間での差が大きくなる。

マルチレベルの政治で重要なのは，各レベル間の政党システム・組織が相互に影響を与えることである（建林 2013, 2017）。マルチレベルの政党システム・組織は，理論はヨーロッパを事例として発展してきた一方，実証研究は日本を対象にして優れた知見が提供されている。

日本のマルチレベルの政治の重要な特徴は，国レベル（衆議院）では，小選挙区中心の選挙制度である小選挙区比例代表並立制が採用されているのに対し，都道府県・市町村レベルでは中選挙区制が採用されていることである。国では，小選挙区制の効果によって，

184 第9章 地方政治

政党システムは、理論的には二大政党制が形成されやすい（Duverger 1963）。また、政党組織は、政党指導部は議員の公認や再選を統制しやすく、集権的な政党となりやすい（→第7章）。さらに、小選挙区制は各選挙区から1人しか選出されないため、候補者間の競争よりは政党間の競争が展開される。したがって、議員は有権者に個別利益を誘導するよりは、政党の看板のもとに国レベルの政策を唱える誘因をもつ（→第4章）。

他方、都道府県、市町村では中選挙区制の効果により、小政党であっても一定の議席を獲得することができるので、野党が1つの党に結集されにくい。さらに、大政党の議員は同一選挙区で同一政党間の競争を勝ち抜いて議席を得るために、政党指導部に従いにくく、加えて、議員個人の評判を高めるために個別利益を有権者に分配する誘因をもつ。

また、国会議員と地方議員は選挙や政策実施に関して利益を交換する関係にある。国会議員の選挙の際は、地方議員は自身の支持者を動員するなど、集票を支援している。その代わり、国会議員は、地方議員が求める利益を国から獲得し、地方に誘導しようとする。この結果、地方議員と国会議員の間で、一方の政策選好や行動が他方のそれに影響を与えることがある。政党システムについては、県議会議員選挙の有効候補者数が増えるほど、衆議院議員選挙の有効候補者が増えることを示し、都道府県議会が中選挙区制を採用していることが、国レベルで二大政党制が確立されない一因であるとされる（堀内・名取 2007）。

さらに、都道府県議会において旧民主党は政党のラベルで当選が可能な1人区には積極的に候補者を擁立する一方、候補者個人のラベルが当選に必要な定数の大きい選挙区での候補者・当選者は伸長しなかった点から、中選挙区制が地方での旧民主党の拡大をとど

めていたことも指摘される（砂原 2017）。その結果，旧民主党の国会議員は地域での集票ネットワークを十分に発展させることができず，いったん党への期待が低くなると，選挙で当選できない議員が増えた。

政党組織については，国会議員の選挙公報の分析から，都道府県議会議員に集票を依存する衆議院議員選挙候補者ほど，地方議員の選好に沿った政策を唱えていることが明らかになっている（上神 2013）。

Book guide　読書案内

・曽我謙悟『日本の地方政府——1700 自治体の実態と課題』中公新書，2020 年。

　　日本の地方政治と，中央と地方の政府間関係を議論している。

・ジョージ・アンダーソン／新川敏光監訳，城戸秀樹・辻由希・岡田健太郎訳『連邦制入門』関西学院大学出版会，2010 年。

　　連邦制国家の理論と事例について幅広い事例を扱っており，日本についても分権の観点から若干の言及がある。

・砂原庸介『分裂と統合の日本政治——統治機構改革と政党システムの変容』千倉書房，2017 年。

　　地方政治・行政の実態や，とくに中央と地方の制度的不一致がもたらす諸相について，事例やデータから明らかにしている。

Bibliography　参考文献

上神貴佳 2013『政党政治と不均一な選挙制度——国政・地方政治・党首選出過程』東京大学出版会。

梅川葉菜 2021「アメリカの連邦制と新型コロナウィルス」『研究レポート（「米国」研究会）』第 3 号，1-4 頁。

キムリッカ，ウィル／岡崎晴樹・施光恒・竹島博之監訳 2012『土着語の政治——ナショナリズム・多文化主義・シチズンシップ』法政大学出版局。

砂原庸介 2017『分裂と統合の日本政治——統治機構改革と政党システムの変容』千倉書房。

建林正彦 2013「マルチレベルの政治システムにおける政党組織」建林正彦編『政党組織の政治学』東洋経済新報社。

建林正彦 2017『政党政治の制度分析——マルチレベルの政治競争における政党組織』千倉書房。

堀内勇作・名取良太 2007「二大政党制の実現を阻害する地方レベルの選挙制度」『社会科学研究』58 巻 5-6 号，21-32 頁。

レイプハルト，アレンド／粕谷祐子・菊池啓一訳 2014『民主主義対民主主義——多数決型とコンセンサス型の 36 カ国比較研究〔原著第 2 版〕』勁草書房。

Beramendi, Pablo 2007, "Federalism," in Carles Boix and Susan Stokes eds., *The Oxford Handbook of Comparative Politics*, Oxford University Press, pp. 752–781.

Cederman, Lars-Erik, Simon Hug, Andreas Schädel, and Julian Wucherpfennig 2015, "Territorial Autonomy in the Shadow of Conflict: Too Little, Too late?" *American Political Science Review*, 109(2), pp. 354–370.

Detterbeck, Klaus 2012, *Multi-Level Party Politics in Western Europe*, Palgrave Macmillan.

Deschouwer, Kris 2003, "Political Parties in Multi-Layered Systems," *European Urban and Regional Studies*, 10(3), pp. 213–226.

Deschouwer, Kris 2006, Political Parties as Multi-Level Organizations," in William J. Crotty and Richard S. Katz eds., *Handbook of Party Politics*, Sage, pp. 291–300.

Death Penalty Information Center 2023,（https://deathpenaltyinfo.org/state-and-federal-info/state-by-state 2024 年 6 月 14 日最終アクセス）

Duverger, Maurice 1963, *Political Parties: Their Organization and Activity in the Modern State*, Wiley.

Erk, Jan, and Lawrence Anderson 2009, "The Paradox of Federalism: Does Self-Rule Accommodate or Exacerbate Ethnic Divisions?," *Regional and Federal Studies*, 19(2), pp. 191–202.

Federation of Tax Administors 2023, Tax Rates Surveys（https://taxadmin.memberclicks.net/tax-rates 2024 年 12 月 11 日最終アクセス）.

Linz, Juan 1997, "Democracy, Multinationalism and Federalism," Working

Paper, 103, Madris Juan March Institute.

OECD 2019, *Making Decentralisation Work: A Handbook for Policy-Makers*, OECD.

Peterson, Paul E. 1981, *City Limits*, University of Chicago Press.

Roeder, Philip G. 2007, *Where Nation-States Come From: Institutional Change in the Age of Nationalism*, Princeton University Press.

Roeder, Philip G. 2009, "Ethnofederalism and the Mismanagement of Conflicting Nationalisms," *Regional & Federal Studies*, 19(2), pp. 203–219.

Tiebout, Charles M. 1956, "A Pure Theory of Local Expenditures," *Journal of Political Economy*, 64(5), pp. 416–424.

文化と政治

第 **10** 章 Chapter

Quiz クイズ

　以下の 3 国のうち伝統的／保守的な文化を尊重する人が最も多い傾向にある国はどこでしょうか（世界価値観調査〈2017-22 年〉調べ）。

a. 日本　　**b.** アメリカ　　**c.** ドイツ

Answer クイズの答え

b. アメリカ

　世界価値観調査が有する「伝統 vs. 世俗」という対立軸でみると，アメリカの世論が最も伝統的という結果が出ています。得心する人もいれば，意外に思う方もいるでしょう。文化を測るとはどういうことなのでしょうか，あるいはそれがもつ難しさを，どう考えればいいのでしょうか。

Chapter structure　本書の構成／Keywords

> 1　政治文化論の危険性と可能性
> 「文化の違い」，世論調査，静かなる革命

> 2　政治文化の比較研究
> 価値観，政治意識，ソーシャル・キャピタル（社会関係資本）

> 3　政治的対立軸としての文化
> 保守・リベラル，社会文化的対立，ナショナリズム

文化と政治の関係は，容易に語られやすい。だが，容易に語られる政治と文化の議論ほど，実証的根拠がないものもないだろう。文化は，福祉制度や司法制度のように，法と制度によって明確に定義できる輪郭(りんかく)がない。政党や政治家のように，はっきりとしたアクターをもたない。それはいわば一般の普通の人々の中に曖昧(あいまい)に分布している霧のようなものだ。それが現実の政治現象にどの程度の影響を与えているのかは，判然としないところもある。

　他方で，その霧が政治の決定に全く影響していないと考えることも難しいだろう。なぜなら，「ある社会の中で意識するにしろ無意識にしろ，ルール化も明文化もされていないのに，人間の行動をある一定の方向に定めるもの」（浜中 2022: 76）が，文化だからである。とくに民主主義国家であれば，政治的決定は世論の影響と無関係ではいられないし，その世論を形作る一人一人の人々の意識に，明に暗に影響を与えているものとして，文化の存在を否定することはできない。

　文化と政治を語ることは，安直な議論に流れやすい危険性がある一方，適切な問題意識をもって，その文化の曖昧さを拾い上げようとしたうえで，科学的な手続きを経ることで政治と文化の関係性は徐々にわかってくることが増えてきている。以下では，その可能性を検討し，実際の国際比較データについて確認したのち，文化自体が政治的争点となる側面を述べる。

1　政治文化論の危険性と可能性

▷　安直な文化論を避ける

　北欧のスウェーデンは福祉が充実している一方で，アメリカは福

祉が低調なのはなぜだろうか。こういった政治現象の謎に疑問を抱いたときに、私たちに最も安直かつお手軽な説明を用意してくれるのが、「それは文化の違いだ」という類いの説明である。

たとえば、北欧は伝統的に寒冷地で相互扶助の文化がある一方で、アメリカは開拓民の自己努力の精神を文化としてもっているので、それが福祉政策の違いにつながっているのだなどと説明されれば、なるほどそうかもしれない、と思う人もいるだろう。その際、たとえばスウェーデンには集落に役立たなくなった老人を崖から捨てるアッテストゥパの神話があったとされることや、アメリカ建国の母体となった清教徒たちが高度に助け合って生きていたことなどは忘れ去られる。

このように、政治現象を「文化の違い」で説明しようとする説明は、後付けでいくらでもそれらしい習慣、伝説、言説をもってくることができてしまう。そもそも、Aという政治現象にはXという文化の存在を指摘し、Bという政治現象にはYという文化の存在を指摘する説明は、それぞれの現象にその場しのぎの原因を指摘しているだけに過ぎず、そもそも体系的な説明ではない。先に述べた例に則していえば、「福祉に積極的なのは福祉に積極的な文化があり、福祉に消極的なのは福祉に消極的な原因があるから」といっているようなもので、それは何もいっていないし、単なるトートロジー（同義反復）に過ぎない（久米 2013）。

ただしこれは、文化で政治を説明してはいけない、という単純な話ではない。文化というものは摑みづらいながらも現実に存在しており、私たちの社会に影響を与えている。その政治との関係についてどのように考えればよいだろうか。文化と政治の関係については、安直な説明がはびこる一方、きちんと実証的にその重要性をとらえようとする動きも存在してきた。

古典的な研究として，アーモンドとヴァーバは，なぜ世界には民主的な国とそうではない国があるのかという疑問に対し，やはりそこには各国の国民の文化的差異の影響があるのではないかということを真剣に検討した（Almond and Verba 1968）。彼らが誠実であったのは，その際に自らに都合のよい歴史，伝統，文化をもってこなかった点にある。彼らは，複数の国をまたいで（たった5カ国ではあるが），共通の**世論調査**を比較するという手続きをとり，確かに民主主義国では，民主的な規範に対して肯定的な態度をもつ人々が多く，他方で独裁的な国家ではその傾向が弱いことを明らかにした。

　この研究には，そもそも，意識が各国の政治体制を規定しているのではなく，政治体制の下でそれに適合的な規範や文化を人々が形成してきたのではないかという，根源的な問題もあり，今日の研究水準からしてみれば，荒いところも多い。それでも，共通の基準で，世論調査を通じて，実際に人々がもっている意識の共通性や差異を計ろうとすることを通じて，政治と文化の関係を検討したという点で，優れた第一歩であった。

　そもそも文化とは何か。100人いれば100通りの答えが返ってくるだろう。しかし，仮にそれを普通の人々を含めた社会や地域の規範や価値観の体系だとすると，普通の人々を分析対象として，共通の枠組みを用いた比較分析なしに，真に文化の違いや共通性を知ることはできないし，当然，その政治とのかかわりを知ることはできない。要するに，体系的な世論調査が重要なのである。

▷　世論調査による政治文化への接近

　世論調査の実施には手間と一定規模の資金が必要となる。今日では，インターネットの普及によって調査自体は簡便かつ相対的に安価にできるようになったが，きちんとした国際比較調査は依然とし

て簡単ではなく，その数は限られる。最も大規模で国際的な調査の一つとして，世界価値観調査を挙げることができるだろう。これは1980年代ごろから始まり，現在も定期的に調査が行われているプロジェクトで，2017-22年に行われた第7波調査では（兄弟プロジェクトの欧州価値観調査と合わせて）世界88カ国が対象となった。この研究プロジェクトの中心人物イングルハートは，第二次世界大戦後の政治変動の理由の一つとして，人々が生存に必要な経済的利益よりも，自己実現などの非物質的争点を重視するようになってきているからではないか，それは「**静かなる革命**」と呼ぶべき大きな変化なのではないか，という議論を展開していた（イングルハート1978）。その議論自体はさまざまな論争を経ているが，世界の価値観を，生存か自己実現か，伝統的か世俗的（非伝統的）かという二次元上に図示した，ウェルツェル＝イングルハート文化地図は今でも有名である。

　図10-1は，第6-7波データを使って，本来のすべての国を配置した図から，本書が主に対象とする民主主義諸国を中心に抜き出して図示したものである。プロテスタントの西欧諸国が右上の非伝統的・自己実現象限に位置し，日本や韓国・台湾・香港の東アジア諸国が世俗的で，エストニアやスロベニアの東欧諸国とも価値観が近い。カトリックの南欧・中南米諸国は比較的に伝統的で生存志向である傾向があり，アメリカもやや伝統志向で保守的な傾向が表れている。

　もともとは特定の研究関心から始まったプロジェクトだった世界価値観調査は，世界各地の研究者との協力を得ながら，その体系性やカバーする範囲の広さから分析対象を広め，また多くの政治意識と関係する研究でも用いられている。

　こういったことは何も世界価値観調査だけの成果ではなく，今日

194　第10章　文化と政治

図 10-1 ウェルツェル＝イングルハート文化地図（民主主義諸国版）

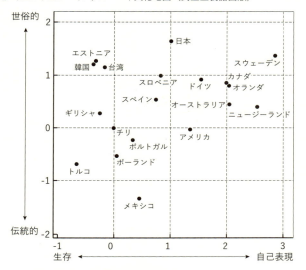

［出所］　世界価値観調査を基に筆者作成。

の比較政治学では，国際社会調査プログラム（ISSP），欧州社会調査（ESS），比較選挙制度調査（CSES），アジア・バロメーター，アフロ・バロメーターなどのさまざまな体系的な国際比較世論調査プロジェクトが存在し，それに基づく研究が日々生み出されている。これらはいずれも，まさに国／地域／時代／世代ごとの，文化と政治のかかわりについて，（その場しのぎのトートロジーではなく）実証的に検討を進めてきた研究の例である。

　もちろん，世論調査をすれば，必ず政治文化がわかるわけではない。たとえば設問がきちんと同じ意味で各国において理解されているとは限らない。ある政治概念が（たとえば「民主主義」という言葉一つをとっても），普通の人々にとってどのように理解されているか

第 1 節　政治文化論の危険性と可能性　　**195**

という検討は、質的な調査やインタビューからみえてくることもある。あるいは、この状況を逆手にとって、同じ言葉であっても国や地域ごとに違って受容されているということ自体を明らかにしようとする研究もある。調査設問をどのように設計すれば、より妥当な知見を得られるか、という研究等もまた行われている（たとえば Ariely and Davidov 2011）。

2 政治文化の比較研究

政治的価値観の国際比較

この節では、政治と文化のかかわりの一環として、先に述べた世界価値観調査（と欧州価値観調査の合同データ 2022 年版）を用いて、先進諸国の政治意識についていくつか国際比較をしてみよう。

手始めに、政治への関心の程度をみてみよう（**図 10-2**）。これは「あなたはどの程度政治に関心があるか」という問いに対して、回答者は 4 段階の選択肢から回答できる。

最も関心率の高い回答者がいるのはドイツで 8 割近くの回答者が多かれ少なかれ政治に関心があると回答している。それにノルウェー、ニュージーランド、デンマークと続く。反対に、ペルー、チリ、プエルトリコ、ルーマニアといった国々は、政治に関心があるとする回答者が少なく、2 割から 3 割程度となっている。日本は 6 割程度が政治に関心があると回答して、先進国平均よりは高い位置にある。同じ東アジアの韓国で 4 割強、台湾と香港が 3 割強なのとは幾分違った状況にある。

もちろん、中には本当は関心がないにもかかわらず、あるふりをする回答者もいることだろう。社会的望ましさバイアスと呼ばれる

図 10-2 政治関心度の国際比較

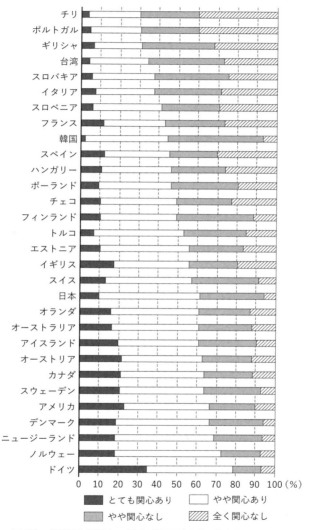

[出所] 世界価値観調査・欧州価値観調査を基に筆者作成。

第 2 節 政治文化の比較研究　197

ものである。だが，そういう規範が強い国もあれば弱い国もあるだろうから，それもまた各国の政治文化を反映しているとみれば，興味深い要素であるともいえる（→第4章）。

次に，市場経済重視か再分配重視かといった，さまざまな政策選好の背景にあるとも考えられる，小さな政府と大きな政府のどちらを望むかという点もみてみよう（**図10-3**）。これは，個々人がより責任を負うべきか，政府がより責任を負うべきかという，11段階のどこに各人の意見があるかを聴取したものである。これについても国際比較をすれば随分と違った文化が国ごとにあることがわかる。たとえば，ポルトガル，スイス，スウェーデン，デンマークといった国々では，個人の責任を重視する傾向がある。反対に，チリ，ギリシャ，日本は，政府により大きな責任を負わせるべきだという意見が強い。

スウェーデンやデンマークといった，政府が経済や福祉において大きな役割を果たしている国々で，人々がむしろ政府の役割を重視していないと考えられることは，文化と政治の関係を考えるうえでも示唆的だろう。たとえば，そういった人々の文化は，福祉政策には影響していないという可能性を考えることもできれば，あるいは福祉が充実しているからこそ人々はむしろ個人の責任を重視する傾向があるという可能性も考えることができるだろう。いずれにしても，人々が政府の役割を重視しているから実際に政府の役割が大きくなっている，といった安直な関係では説明しきれない要素があることがわかる。

経済ではなく，社会的な**価値観**についてはどうだろうか。たとえば（後で述べる文化的対立軸がそうであるように），ジェンダーをめぐる政治の争点は，どこの国でも一つの**政治意識**をなしている。この際，「男性のほうが政治家として優れているか」という政治におけ

198　第10章　文化と政治

図 10-3 大きな政府志向度の国際比較

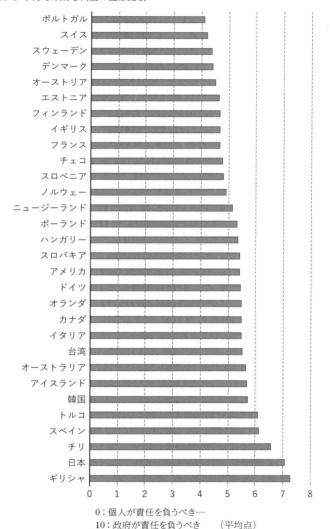

0：個人が責任を負うべき―
10：政府が責任を負うべき　（平均点）
［出所］　世界価値観調査・欧州価値観調査を基に筆者作成。

る性差別を肯定する人々が，どの程度いるかは国によって異なる
（**図10-4**）。基本的に，多くの国々でそういった差別的な態度に同意
しない意見のほうが多いものの，そこには一定の濃淡があることも
わかる。たとえば，スウェーデンやノルウェーのような北欧諸国で
はこういった態度に同意する人はきわめて少ない（皆無ではない）。
他方，トルコや韓国では半数近くの人々がそういったジェンダー別
の役割分担意識に同意する態度を示している。日本は，（この調査を
行った際には）わからないと答える人が突出して多い特徴がある。

政治文化と政治的パフォーマンス

　政治文化の違いは，単に人々の意識が国や時代によって違う，と
いうことを指し示す面白さのみでとどまることはない。政治文化や
意識の違いは，実際の政治パフォーマンスにも一定の影響を示すこ
とがある。

　代表的な研究が，パットナムによる研究である（パットナム 2001）。
彼が着目したのは，同じイタリアの国内でも行政能力が高い地域
（北部）とそうではない地域（南部）があるという違いである。この
地域ごとの違いは，国レベルの制度の要素では説明できない。彼が
着目したのは，イタリア北部と南部で違う，政治文化のあり方で，
相互信頼や互酬性，平等を重視する態度や，地元の社会活動への貢
献態度などであった。パットナムは，さまざまな代替指標でこれら
を測り，人々の政治に対するかかわり方が北部と南部では大きく異
なることを示した。すなわち，相互信頼や協力的態度という水平的
ネットワークの強い北部では行政機構が適切に機能する一方，水平
的ネットワークの弱い南部では課題を抱えることを明らかにしたの
である。そういった信頼・規範・ネットワークの集積体を，パット
ナムは**ソーシャル・キャピタル**（社会関係資本）と名づけ，今では

200　第10章　文化と政治

図 10-4 「男性のほうが政治家として優れているか」設問回答の国際比較

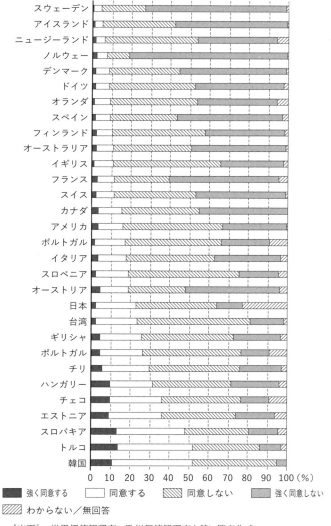

[出所] 世界価値観調査・欧州価値観調査を基に筆者作成。

第 2 節 政治文化の比較研究

さまざまな社会科学分野での検討対象となっている。

では、そもそもなぜソーシャル・キャピタルの程度がイタリア北部と南部では異なるのだろうか。パットナム自身は、その遠因を中世の都市国家や封建体制のあり方に求めている。共和制国家で水平的関係が強かった北部と、封建体制下で垂直的関係が強かった南部とではそこに生きる人々にとって生活を維持し、社会的上昇を図るための戦略も異なっていた。つまりどちらがよいとか上とかという意味ではなく、どちらも置かれた社会状況における人々の合理的対応の帰結なのである。そこで習得された文化や社会的関係は世代を超えても継承されがちであり、それが現代まで影響しているとするのがパットナムの主張である。もちろん、この主張については議論もある。

いずれにせよ、社会関係資本という曖昧だが確かにそこにある人々の規範意識やそのネットワークを明確に言語化し、種々の指標で測り、政治へのインパクトを検討した点で、パットナムの研究は意義深いものとなっている。

3 政治的対立軸としての文化

▷ 非経済争点としての文化争点

文化は、規範や価値観の体系の総体となるだけではなく、それ自体が政治の争点になることがある。政治における決定の対象は、財をどのように使うかという点のみにとどまるのではなく、いかなる生活習慣や価値観を政治の力の中で反映させたり規制したりするか、という点まで含まれるからである。かつて作家の遠藤周作は「目先に役にたつことを追いかけるのは文明であって文化ではない」と喝

破したが（遠藤 1994: 76），まさに政治においても，人々の目先の生活を支える金銭，経済，物質，福祉にとどまりきらない政策領域がある。

たとえば昨今のアメリカでの党派間の対立は，経済をめぐるものよりはむしろ「文化戦争」とすら呼ばれており，**保守**的な価値観と**リベラル**な価値観をめぐる妥協不可能で激しいものとなっている。ポーランドやハンガリーではジェンダーや性をめぐる論点が，路上での大規模な政治活動へとつながっている（背景には，キリスト教の影響もあるが，宗教と政治の観点については**第 11 章**も参照のこと）。フランスで，移民をめぐる政治的対立が生まれるとき，そこには中東圏にルーツがある文化的表象に対して，どのように対応するのかという論点が含まれている。

そういった論点は，現実の政治的対立の分析にも導入されてきた。この点で広く知られているのが，政治的対立の 2 次元空間モデルであろう。横軸に，経済的な対立軸（市場か再分配か）を置き，縦軸に社会的文化的対立軸を置く。そこで想定されていた対立は（権威と自由というシンプルな軸もあったが），かつてのヨーロッパ政治の対立の経験的蓄積から，片方に環境運動（Green）や新しい政治参加（Alternative）やリバタリアニズム（Libertarianism）を重視する極があり，もう片方に伝統（Tradition）と権威（Authoritarian）と**ナショナリズム**（Nationalism）を重視する極が置かれた（Bakker et al. 2015）。それぞれの政治的主張の頭文字をとって，GAL-TAN 軸などと呼ばれることもある。以下では，もう少し直感的にわかりやすく，文化的リベラルと文化的保守と呼ぼう（**図 10–5**）。

先進民主主義国の政治においては，概して，この社会文化争点での重要度が年々増してきている。それは政治エリートの側も一般大衆の側も同様である。政党のマニフェストにおいて割かれる政策領

第 3 節　政治的対立軸としての文化　**203**

図 10-5 政治的対立の 2 次元空間モデル

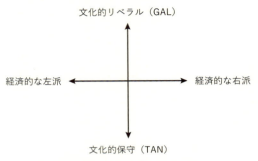

[出所] Hooghe et al. 2002 を基に筆者作成。

域の分量を分析すると，1980 年代にはすでに経済的テーマよりも，それ以外のテーマついて割く分量のほうが多くなっている (Inglehart & Norris 2017)。一般有権者レベルでは，まだ経済争点を重視する比率のほうが多い傾向にあるが，それでもその重要度は年々下がってきている。そのため，たとえば高学歴で高所得の有権者が，かつてであれば，その自己の経済的便益に有利となる，至上主義を掲げる右派政党に投票していたところ，むしろそういった争点を重視しなくなり，一般的に高学歴層が好む文化的にリベラルな政策を掲げる左翼政党に投票するということが自然に発生するようになる。

キッチェルトらの議論が着目しているのも，この点である。彼らは，非経済的な／脱物質的な争点がより重視されていく中で，それに政党が対応し始め，結果的に対立軸が旋回していくさまを論じた (Kitschelt and McGann 1995)。経済的左派を代表していた社会民主主義政党が，徐々に文化次元でリベラルな側に移行し，経済的右派を代表していた諸政党が，徐々に文化次元で保守の側に移行していく傾向はさまざまな指標でも確かめられている。この際，経済的に左

派志向だが文化次元では保守の層が，社会民主主義政党よりは既存・新興の保守系政党に支持を鞍替えしてしまうことが，近年の社会民主主義政党の退潮にもつながっている（網谷 2021）。

もちろん，この議論はすべての民主主義諸国に適用できるかといえば必ずしもそうではない。たとえば，同じヨーロッパでも東欧の民主主義諸国では，その政治的背景の違いから，経済的左派政党が文化的に保守的であり，経済的右派政党が同時に文化的にリベラル側の主張を展開する傾向がある（Marks et al. 2006）。また，伝統的に経済的次元での政治的対立の重要性が低く，非経済的争点の重要性がかねてより高い（たとえば1960年代以降，外交・安全保障争点が最も政党間対立を規定していた）日本というような事例もある（Huber and Inglehart 1995）。

その旋回の方向や，強度についての議論はいろいろとあるだろうが，何にせよ重要なのは，政治的対立次元を規定するものとしての文化の大きさである。先進国での反移民政党やポピュリスト政党の台頭が，これまでの各国政府で掲げられてきた文化争点に対する反発に起因する「文化的バックラッシュ」と論じられたり，アメリカにおける政治的対立について「文化戦争」と表現されたりすることは，偶然ではないのだろう。

▷ 文化争点のねじれ

文化的な政治対立軸は，まさに各国の文化争点とかかわるがゆえに，複雑な組み合わせをみせることがある。その国固有の文脈などが介在することよって，直感的な理解とは必ずしも重ならないこともしばしばある。ここでは，性をめぐる争点と排外主義，環境主義とナショナリズム，そしてナショナリズムとデモクラシーの関係に着目しよう。

一般に，性自認や性志向の多様性を受容し，各人によって異なるそれらの間に序列関係を作らない自由を認めることは，文化次元においてはリベラルな政策志向であると理解されることが多い。ところが，このような自由を認めるという志向をもつがゆえに，それを認めない文化的背景をもつ移民を受け入れたくないとする議論が西欧諸国の一部ではみられている。たとえば，フランスやスウェーデンにおける反移民政党の支持者は，かつては男女同権やLGBTの権利を認めない保守的な価値観の持ち主が中心であったが，近年では男女同権やLGBT等の権利を肯定する者たちの比率が最大グループになっているという調査結果もある（Lancaster 2020）。そういった支持者たちは，多様な性自認や性志向を認めることが自国の掲げる自由という国家理念の一部だという理解を示す一方で，ムスリム移民とその子弟がこれらジェンダー問題や性自認・性志向において差別的であると非難する。そして，彼らを自由や平等という価値を共有できない存在とみなして移民排斥を理論化する。類似の論点は，ヨーロッパ全体でもみられている。

　急いで付け足しておくと，これはヨーロッパにおいて女性やLGBT当事者たちがより反移民であるということではない。反移民の論理（あるいは正当化）として，そういった言説が用いられるということである。また，同様の論理が各国で普遍的であるということも意味しない。ハンガリーやポーランドでは，反LGBTを掲げるフィデス党や法と正義党が，権威主義的手法も用いて支持を強めている。重要なことは，文化をめぐる争点はそれ自体が，各国の政治的・社会的文脈の中で作り上げられるということであり，そこに決まったパターンを見出すことが中々できないという意味でもある。

　似たものは，環境運動とナショナリズムの関係にも見出される。先に述べた研究整理では，環境運動は代替的で新しい政策争点の主

張として，文化的にリベラルで左派的な政治的態度に，ナショナリズムは文化次元で右派的・保守的な政治的態度として整理されていた。当然，この対立がきれいに表れている国や地域も多い一方，国によっては環境主義運動とナショナリズムの結節がみられるようなこともある。実のところ，環境争点でいかなる態度をとるかと，ナショナリズムの争点でいかなる立場をとるかは，論理的に関係がない（また実際それをデータ的に主張するものもある〈Kenny and Langsaether 2023〉）。

自国の環境や自然を保護し，守ろうという運動は，容易にナショナルな感情とも結び付けることが可能である。たとえば，世界で初めて緑の党が政府首班となったのは1995年のラトヴィアをみてみよう。ラトヴィアで，それが可能となったのは同国の緑の党が（ソ連による開発計画から）祖国ラトヴィアの自然を守ろうという理路によって，強烈なナショナリズム運動と独立回復運動の担い手になったからであった。日本で2022年に議席を獲得した参政党も，自然保護とナショナリズムを重ね合わせる主張を有しており，その一例だったといえる。

▷ 文化と政治の一致──ナショナリズム

前節でナショナリズムについても言及したが，政治と文化の話題として，ナショナリズムの位置づけについてふれないわけにもいかないだろう。**ナショナリズム**とは何かという問題について，ゲルナーは「文化的境界と政治的境界を一致させようとする運動」と端的に要約した（ゲルナー 2000）。文化を共有すると主観的に想起された人々が，政治的な自治・自立を介して，その維持・再生産を企図することがナショナリズムである。つまり，文化と政治をめぐる論点として，その二者をまさに結び付けんとすることこそが，ナショ

ナリズムなのである。

　歴史的にいえば，ナショナリズムは，抑圧や保守の論理となることもあれば，時にそれは解放と革新の論理となることもあった。そもそもが，見ず知らずの人々の間に，同じネーションとしての同胞意識を抱かせるという前提なしに，自分たちのことは自分たちで決めるという理屈のデモクラシーは成立しえない。論者によっては，納税と再分配という相互扶助のシステムもまた，同じ国民意識なくしては，人々の納得を得られず機能しないとする（いわゆるリベラル・ナショナリズム論）。それらは，人々がお互いにもつ「同じ文化を共有する」という共同体意識があるからこそ可能となったのであるとされる。

　このテーマについて実証研究が語る状況は多種多様である。一般的にいわれていることとしては，自らのすまう国に対する帰属意識（ナショナル・アイデンティティ）の強さは，民主的な政治への参加を強める傾向にある（Huddy and Khatib 2007）。先に述べた世界価値観調査を用いて，重層的な政治意識のあり方を分析したノリスらも，民主主義の信頼や制度の信頼を論じるための前提として，ナショナリズムを置いている（Norris 2010）。他方，ナショナリズムにつきまとう対外的な優越／排外感情が，投票やそれ以外の政治参加形態を弱めるという指摘もある（伊藤 2019）。

　結局のところ，文化と政治の一致をめざす意識が政治参加に与える影響は一意ではない。ナショナリズムとデモクラシーの関係は，それがどのようなナショナリズムかということによって異なってくるのだろう。ナショナリズムにはよいナショナリズムと悪いナショナリズムがあるという安直な話ではなく，ナショナルな政治の重要性が語られる際に，どのような言説戦略がとられているかという，政治の作為性に高度にかかわる問題なのである。

208　第 10 章　文化と政治

⁄⁄⁄ *Book guide*　読書案内 ⁄⁄⁄

・池田謙一『日本人の考え方 世界の人の考え方──世界価値観調査から見
　えるもの』勁草書房，2016 年。

　　副題にあるように，世界価値観調査のデータから適宜抜き出してさまざま
　な社会や政治に対する態度を紹介するもの。II も刊行されている（2022 年）。

・ジョナサン・ハイト『社会はなぜ左と右にわかれるのか──対立を超え
　るための道徳心理学』紀伊国屋書店，2014 年。

　　政治学ではなく，またアメリカ中心主義的ではあるが，政治の対立がいか
　に経済をめぐる左右だけに収まりきらないかを私たちに教えてくれる。

・遠藤晶久，ウィリー・ジョウ『イデオロギーと日本政治──世代で異な
　る「保守」と「革新」』新泉社，2019 年。

　　政治的イデオロギーについて，日本の有権者はどのような政策争点に基づ
　いて位置づけているのだろうか。それは争点によっても違うし，世代によっ
　ても違う。

⁄⁄⁄ *Bibliography*　参考文献 ⁄⁄⁄

　網谷龍介 2021「『左翼政党は"エリートのための党"になった』は本当
　　か？ その問題を考えるための『様々な前提』」『現代ビジネス』2021 年 9
　　月 4 日。

　伊藤理史 2019「政治参加──ナショナリズムはどのように影響するのか」
　　田辺俊介編『日本人は右傾化したのか──データ分析で実像を読み解く』
　　勁草書房。

　イングルハート，R. ／三宅一郎・金丸輝男・富沢克訳 1978『静かなる革命
　　──政治意識と行動様式の変化』東洋経済新報社。

　遠藤周作 1994『生き上手 死に上手』文春文庫。

　久米郁男 2013『原因を推論する──政治分析方法論のすすめ』有斐閣。

　ゲルナー，アーネスト／加藤節監訳 2000『民族とナショナリズム』岩波書店。

　パットナム，ロバート／河田潤一訳 2001『哲学する民主主義──伝統と改
　　革の市民的構造』NTT 出版。

　浜中新吾 2022「第 8 章　政治文化」岩崎正洋・松尾秀哉・岩坂将充編『よ
　　くわかる比較政治学』ミネルヴァ書房。

　Almond, Gabriel A., and Sidney Verba 1963, *The Civic Culture: Political At-*

titudes and Democracy in Five Nations, Princeton University Press.

Ariely, Gal, and Eldad Davidov 2011, "Can we Rate Public Support for Democracy in a Comparable Way? Cross-National Equivalence of Democratic Attitudes in the World Value Survey," *Social Indicators Research*, 104, pp. 271–286.

Bakker, Ryan, Catherine de Vries, Erica Edwards, Liesbet Hooghe, Seth Jolly, Gary Marks, Jonathan Polk, Jan Rovny, Marco Steenbergen, and Milada Anna Vachudova 2015, "Measuring Party Positions in Europe: The Chapel Hill Expert Survey Trend File, 1999–2010," *Party Politics*, 21(1), pp. 143–152.

Hooghe, Liesbet, Gary Marks, and Carole J. wilson 2002 "Does Left/Right Structure Party Positions on European Integration?" *Componative Political Studies*, 35(8), pp. 965–989.

Huber, John, and Inglehart, Ronald 1995, "Expert Interpretations of Party Space and Party Locations in 42 Societies," *Party Politics*, 1(1), pp. 73–111.

Huddy, Leonie, and Nadia Khatib 2007, "American Patriotism, National Identity, and Political Involvement," *American Journal of Political Science*, 51(1), pp. 63–77.

Inglehart, Ronald, and Pippa Norris 2017, "Trump and the Populist Authoritarian Parties: The Silent Revolution in Reverse," *Perspectives on Politics*, 15(2), pp. 443–454.

Kenny, John, and Peter Egge Langsaether 2023, "Environmentalism as an Independent Dimension of Political Preferences," *European Journal of Political Research*, 62(4), pp. 1031–1053.

Kitschelt, Herbert, and Anthony J. McGann 1995, *The Radical Right in Western Europe: A Comparative Analysis*, University Michigan Press.

Lancaster, Caroline M. 2020, "Not So Radical After All: Ideological Diversity Among Radical Right Supporters and Its Implications," *Political Studies*, 68(3), pp. 600–616.

Marks, Gary, Liesbet Hooghe, Moira Nelson, and Erica Edwards, 2006, "Party Competition and European Integration in the East and West: Different Structure, Same Causality," *Comparative Political Studies*, 39(2), pp. 155–175.

Norris, Pippa 2010, *Democratic Deficit: Critical Citizens Revisited*, Cambridge University Press.

宗教と政治

Chapter
第 11 章

Quiz クイズ

日本国憲法に照らして明らかに違憲である選択肢はどれでしょうか。

a. 特定の宗教の信者を支持母体にもつ政党が国会の議席を得る。
b. 特定の宗教の信者であることを理由に選挙権を停止する。
c. 宗教団体が運営母体となっている学校に国庫から補助金を出す。

Answer クイズの答え

b. 特定の宗教の信者であることを理由に選挙権を停止する。

　明らかに憲法違反になる選択肢は，b. 特定の宗教の信者であることを理由に選挙権を停止する，です。特定の宗教の信者の選挙権を停止することは，参政権の観点からも，また信教の自由の観点からも認めることができません。したがって，a. は誤り（合憲）の選択肢です。

　政教分離原則の基本的な考え方は，それぞれの宗教（あるいは無宗教）に対して国家が平等に扱うことにあります。憲法 20 条 1 項後段にある「政治上の権力を行使してはならない」は，国や地方公共団体の行う統治に宗教団体がかかわらないことと解釈されており，政治参加の問題とは異なります。この点で，宗派立私立学校への助成（c）は政教分離の問題になりえます。もっとも，憲法学上の解釈は分かれており，「明らかに」違憲とはいえないので，誤りの選択肢です。

　なお，政教分離と一口にいっても，その解釈は国によって異なります。たとえば憲法で宗教的中立性を規定しつつも，特定の教会に属することを理由に国家を通じた教会税の徴収が認められているドイツのような国もあります。日本でこのようなことをすれば，政教分離原則に反することになり，違憲となるでしょう。

Chapter structure　本書の構成／Keywords

1　民主主義と宗教
政教分離原則，宗教思想の政治イデオロギー化，
カトリック政党，サブカルチャー，補完性原理

2　現在の宗教と政治
欧州統合，世俗化，福音派，日蓮主義

3　政治対立の道具としての政教分離
ライシテ

212　第 11 章　宗教と政治

本章では，他の章で解説している内容について「宗教」を軸にしながらヨーロッパにおけるキリスト教政党の歴史を中心に，宗教と政治のかかわりについて検討する。第1節で，第二次世界大戦までのキリスト教政党がそれぞれの国の議会制民主主義に貢献し，またそれを掘り崩すという両義的な役割をもったことを説明する。第2節で戦後にヨーロッパ，アメリカ，日本について宗教が議会制民主主義の中でどのような役割を果たしているのかを，それぞれプロテスタント諸教会と創価学会を例に簡単に示しながら解説する。最後に第3節では現代のヨーロッパにおいて「政教分離」がイスラーム移民に対する排除の論理として使われていることを示そう。

1 民主主義と宗教
ヨーロッパのキリスト教と政治

▷ 自由民主主義体制における宗教と政治参加

　政治と宗教との関係にはどのような事例があるだろうか。たとえば民主化においては，しばしば宗教の運動が権威主義体制の崩壊と民主主義体制の構築の原動力になることがある。民主化の「第三の波」の時期をみれば（→第2章2）1970年代末から80年代までのラテンアメリカ諸国の民主化においては，ニカラグアのサンディニスタ革命をはじめとしてカトリック教会がその後押しをした。また，冷戦末期のポーランドにおいては，カトリック信仰とナショナリズムが結び付き，教会の支援のもとで民主化が達成された。あるいは，権威主義体制を倒し，新たな権威主義体制が形成されることもある。1979年のイラン革命においてパフレヴィー朝が倒され，ホメイニーによるイスラーム原理主義勢力の政権が成立したことは，その代

表例である。

民主主義体制下の政治参加に関してみるとどうだろうか。自分からみて極端だと思われるような教えの宗教を信仰している人が，熱心に政治活動をしていると不安に思うことがあるかもしれない。しかし，ある特定の宗教団体の信徒であること，あるいはある特定の信仰をもつことを理由に，政治参加が制限されることがあってはならない。少なくともそれは，皆等しく政治に参加する権利をもつ民主主義の原則に反するからである。

実際に，自由民主主義の国々で信仰を理由に政治活動が制限されることはない。利益団体として宗教勢力は積極的にロビイングを行っている。また，多くの国には特定の宗教を支持母体とする政党や，党として宗教の名前を掲げる政党が存在する。アメリカでは，キリスト教福音派の人々が主に共和党に対して政策を実現してもらおうと働きかけている。ヨーロッパにはキリスト教民主同盟（ドイツ），キリスト教民主アピール（オランダ）をはじめとして多くのキリスト教政党が存在する。また，日本には創価学会という宗教法人の信徒を主たる支持母体とする公明党が存在する。これらを裁判所が憲法違反と判断することはない。

もっとも，だからといって宗教勢力が——あるいは宗教に限らずすべての党派にいえることだが——常に自由民主主義的であるわけではない。また，現存する宗派政党が自由民主主義的に振る舞っているからといって，それを支持母体とする勢力が一貫して自由民主主義の理念を共有してきたわけではない。そのことを確認するために，まずは第二次世界大戦前のヨーロッパについて検討していこう。

▷ 近代における政治と宗教

ヨーロッパのキリスト教政党はいかなる経緯で作られ，どのよう

214　第 11 章　宗教と政治

な支持層をもち，何を主張してきたのだろうか。

　歴史的にみれば，宗教と政治とが密接に結び付いているのは，当然のことであった。しかし近代に入って，その関係は主に2つの点で変化する。1つ目は，教会財産の没収および**政教分離原則**の導入である。それによって，これまで教会が王権のもとで社団として担ってきたさまざまな行政上の役割が，国家に移っていった。教会は財源がなくなり，行政を担うリソースを失うと同時に，政教分離の名のもとに行政は国家が担うものとなったのである。代表的なものは戸籍をはじめとする住人の管理業務である。かつては生まれたとき（洗礼），結婚したとき（婚姻），死ぬ間際（終油）など人生の節目になされる教会の儀礼，すなわち秘蹟の際に記録された教区簿冊がその役割を担っていたが，近代に入ると国家によって世俗的に管理されるようになった。社団としての教会は，多かれ少なかれ役割を失い，行政は国家に吸収され，信仰は社会の領域に位置づけられることになったのである（→第1章）。

　キリスト教勢力が政治化する際に中心となった争点は，教育行政である。教区の信徒の教育は教会にとって重要な役割の一つであったが，国家が教育行政を担うようになると，学校制度が法律で規定され，カリキュラムも多かれ少なかれ国で決められた内容にしばられるようになった。教会にとって教育は信徒を教化するのに必要な手段であった。また，19世紀のヨーロッパで支配的だった（地上における）個人の平等を説く自由主義的な政治イデオロギーは，権威を強調し，社会秩序においてそれぞれの人間がもつ役割の違いを所与とする教会の教えとしばしば衝突した。したがって，議会を通じた立法に教会もかかわる必要があると考えられるようになったのである。それはのちに**カトリック政党**の形成につながっていった。

　近代における政治と宗教との関係に関する2つ目の変化は，1点

第1節　民主主義と宗教　　**215**

目とも関係するが，**宗教思想の政治イデオロギー化**である（村上 1989；末近 2018）。ヨーロッパに限らず，政教分離原則の導入とともに信仰は私的領域のものとなる。しかし言論の自由によって，宗教思想に基づく秩序構想を含むあらゆる主張が社会に表れ，活発に議論されるようになった。再び公的領域に表れた宗教思想に基づく秩序言説であるが，近世以前との違いは，それが他のさまざまな言説と同じ立場で議論されるようになったことである。近代以降の自由主義国家においては，政治と結び付いて特権的な立場から公式の見解を発表するのではなく，他の言説と同等の立場で自らの正しさを主張しなければならなくなった。またその言説の担い手も，教会や神学者に限らず，近代社会の諸問題に直面した多くの人々へと広がっていったのである。

このような議論はしばしば現状の体制を批判し，そのオルタナティブとして異なる秩序像を提示する。自由主義が優勢であった 19 世紀ヨーロッパのローマ・カトリック教会においては，教皇の出す文書である回勅『クワンタ・クーラ』およびそれに付随する「謬説表」が 1864 年に出され，自由主義や政教分離，国家による教育の独占などを批判するとともに，これに対抗して新トマス主義に基づく政治イデオロギーが構築されていく。19 世紀半ばのカトリック教会は，自由主義的な国家に対して批判的かつ反体制的な主張を繰り返していた。

現在，キリスト教の政治勢力については，**キリスト教民主主義**という言葉が用いられることが多い。この用語は第二次世界大戦後にキリスト教政党が議会制民主主義を名実ともに受容して以来，政治イデオロギーの名称として使われるようになった。戦前については，必ずしも現在の自由民主主義的価値観を共有していなかったため，**政治的カトリシズム**と呼ぶのがよいだろう。「カトリシズム」と呼

ぶ理由はオランダなどの例外を除いて，このキリスト教政党はカトリック信徒を主たる支持母体としていたためである。

▷ キリスト教政党の形成

　反体制的な主張をしていたカトリック教会だが，次第にカトリック勢力は選挙に参加し，議会を通じた変革をめざすようになる。19世紀末ごろにはその傾向が顕著になる。政治イデオロギーを基礎に，ヨーロッパでは政党が形成され，議会を通じた政策の実現がめざされるようになったのである。もっともその担い手は教会ではなく，平信徒であった。

　カトリック平信徒が組織化を進め，政治活動をしていったことは，教会にとっては必ずしも望ましいことではなかった。教会は近代に入って教皇を頂点とする組織化を進めたが，それはあくまでも集権的で教会の上意下達の指導を貫徹させる限りにおいてであった。カトリックの名に基づく平信徒の活動は教会の勢力を広げる効果はあるかもしれないが，平信徒の教会からの自律も促進しかねなかったのである。

　平信徒の自律を避けたいならば，教会が直接に政党を作ればよいのではないか。しかし政党を作ることは，本来自由主義的な国家を否定していた教会がそれを受け入れることを意味する。また，政党を作ると，カトリックの政治的な主張を議会に伝えることができる半面，複数ある政治勢力の一つにすぎない存在にもなってしまう。近代に入って政治イデオロギー化したとしても，カトリックは「普遍」を意味し，部分であることを表立って認めるのは，はばかられたのである。さらに，政権に就き，政治的に失敗すれば教会の失敗ということになる。それゆえ，政党は教会とは少なくとも表向きには無関係に作られることになった（Kalyvas 1996）。

第1節　民主主義と宗教　**217**

単に表面上，党と教会の関係が切り離されていただけでなく，実際にも党は教会から自律的に行動した。議会制民主主義のもとで自党の目標を実現しようとすれば，他の政党との関係を無視することはできない。たとえば，選挙制度によっては他党と選挙協力が必要な局面がある。その際，カトリック信徒にキリスト教政党ではない政党に投票を求めることもありうる。これを教会が嫌ったとしても，全体としてカトリック政党の議席が増えるのであれば，党としては実施することになる。また，政策を実現しようと思えば，他党との合意が必要になる。教会としては，本意でない妥協がなされても，それで政策上の見返りがあるのであれば，党は前向きになる。教会が介入しようとしてきても，党の側が既成事実と実績を積み上げていくことで，教会が追認せざるをえない状況になっていくのである。

　カトリック有権者がどの程度，カトリック政党に投票していたかは国によって異なるが，とくに信仰の篤いカトリック信徒はカトリック政党に投票する傾向にあった。ただし，投票理由を信仰のみに帰することはできない。カトリック信徒は学校から労働組合，余暇団体などさまざまなグループを作り，そこで多様なサービスを提供していた。その組織の網の目（**サブカルチャー**という）に組み込まれた人々は精神的な救済だけでなく，各種の教育・福祉サービスの恩恵にあずかっていたのであり，イデオロギーへの帰属意識と物質的な利益，さらにいえば人間関係とが彼らの政治行動を規定していた。

▷　キリスト教政党の政策

　キリスト教政党の成立・発展の重要なきっかけは，自由主義政権による公教育の世俗化である。**教育政策**は，キリスト教政党にとって，その後重要な争点となっていく。

　近世までの学校の多くは，教会が運営していた。これに対して，

近代に入って国家が教育システムを整備するようになると，カトリックの人々はこれに対抗動員するようになる。たとえばベルギーでは公立学校におけるカトリック教育の是非をめぐって，またオランダでは宗教教育を行う私立学校への国庫支出をめぐって自由主義政権とキリスト教政党との間に対立が生じた。このことが，キリスト教政党が選挙運動に力をいれる一つのきっかけとなった。

　キリスト教政党の政策のもう一つの特徴は，**福祉政策**である（→第13章）。これは，自由主義の価値観に基づく個人の権利として規定されるのではなく，カトリックの社会観から引き出されるものである。それによれば，社会はさまざまな団体から成り立っており，その基礎に当たるのが家族である。労働者の家庭であれば大黒柱となる父親が賃金を稼ぎ，母親がもっぱら家事・育児を担い，多くの子どもを育てることができなければならない。そのためには，それに足るだけの稼ぎがなくてはならないのである。1891年に教皇が発出した回勅『レールム・ノヴァールム』は，そのために国家が介入することを認めており，カトリック政党にとっては政府による福祉支出の根拠となった。

　同じ福祉政策といっても，カトリックの福祉政策は社会民主主義のそれとは異なる。後者は家族ではなく個人に対する福祉を重視し，また国家による福祉の提供を念頭に置いている。これに対してカトリックをはじめとするキリスト教の福祉政策は，家族が単位となり，その提供主体は国家ではなく社会にある諸団体である。ベルギーやオーストリアなどでは，カトリック政党が政権に就くと，政府の予算がサブカルチャーに流されるようになった（中山 2002）。

▷　民主主義体制への功罪

　第一次世界大戦後のヨーロッパでは，議会制民主主義に対する批

判が高まった。労働者と資本家の階級間対立が深刻になっていたが，これを議会は解決できないと評価されたのである。とくに1929年に始まる世界恐慌でヨーロッパ全体の経済状況が悪化すると，議会制批判はより厳しくなった。この中で，キリスト教政党はどのような役割を果たしたのだろうか。

　キリスト教政党は，民主主義体制を守る役割を果たした側面がある。階級間対立が激しくなる中で，労働者と資本家を支持者に抱えるキリスト教政党は，常に階級横断的な解を求めなければならなかった。それゆえキリスト教政党はしばしば経済的な対立軸における中道政党となったが，ヨーロッパ大陸諸国の多くが当時，多党制の連立政権を常態としていたため，中位政党として連合形成の中心となり（→第6章2），議会多数派の合意形成に力を尽くすことになったのである。

　たとえば，1920年代のドイツのカトリック政党である中央党のマルクスは対立する左右の政党の間で合意を形成し，議会で多数派を形成するのに貢献した。また，信仰が投票行動を規定していることから，左右の穏健な政党が次第に反体制的な政党に票を奪われていくのに比して，安定した得票を得ることができた。

　他方で，キリスト教政党の政治家たちは議会制民主主義を崩壊させるケースもあった。その一つの根拠とされたのは，1931年に出された回勅『クワドラジェジモ・アンノ』である。ここで**補完性原理**が定式化された。これは，社会の諸団体について下位の団体の自治は尊重されるべきであり，上位の団体は団体相互の関係をとりもったり下位の団体にできないことを引き受けたりすることに，その役割を限定すべきとする原則である。

　そこでは，社会主義が明確に否定されている。社会主義は生産手段を国有化し，投資など経済を国家によって計画化することを主張

する。しかしそれは，下位の団体の自治を抑圧することになるので誤りであるとする。

このように補完性原理は国家への権限の集中を否定したものの，民主主義体制の是非を明示するものではなかった。しかし，議会制民主主義が階級間対立を解決できないことを批判し，これに代わる職能代表制（国家コーポラティズム）を正当化する言説としても用いられた。すなわち議会制民主主義は個人の代表――これは自由主義の発想であり，個ではなく家族や労働組合などにおける社会の有機的なつながりを重視するカトリック思想になじまないともいえる――であって自然なものではない。そのかわりに，労働者や経営者，農民といった職能別の団体を組織し，政治的に代表させようというのである。典型的にはオーストリアのキリスト教社会党で首相をしていたドルフスが議会制を停止し，権威主義体制化をもたらしたことが挙げられる（村松 2006）。

これまでみてきたように，第二次世界大戦前のヨーロッパのカトリック勢力と民主主義との関係は複雑である。当初，反体制的であったカトリック勢力は政党を形成し，議会を通じた政策形成に転じて体制内化した。安定した得票によって連立の中心になり，他党以上に議会制を支える役割を果たすほどであった。しかし，1930年代の議会制の危機の時代になると独自の秩序像を掲げて民主政の崩壊を主導することもあったのである。

2 現在の宗教と政治
ヨーロッパ，アメリカ，日本

▷ 第二次世界大戦後のヨーロッパ

第二次世界大戦後になると，西ヨーロッパにおける政治的カトリ

シズムは自由民主主義体制を積極的に支持するようになる。もはや西ヨーロッパのキリスト教政党は民主主義的な統治形態を否定することはなくなった。こうして議会制を受容した「キリスト教民主主義」政党が、ここに現れる。そしてカトリック教会も、その後に第2バチカン公会議（1962-65年）で民主主義を受容した。

カトリック政党が戦後に民主主義化した理由の一つはむろん、第二次世界大戦に対する反省である。社会における諸団体もさることながら、人間一人一人の尊重が唱えられるようになった。その根拠は当然、カトリック神学の解釈に見出されるが、その実態は人権といった自由主義の理念と接近していくことになる。

もっとも、それだけではなく、キリスト教政党の民主化は、終戦後次第に深刻化した東西対立も大きく影響した。とりわけ、その教説において、共産主義はかねてよりファシズム以上に受容できないイデオロギーであった。そのため、世界が自由民主主義陣営と共産主義陣営に二分されると、共産主義を否定する意味もあって自由民主主義を掲げるようになったのである。戦前に反議会主義に与した保守派の人々は、戦後キリスト教政党に軒を借りることになるが、彼らが党内で多数派となることはなかった。

キリスト教民主主義は、戦後西ヨーロッパにおいて、主に2つの点で政治システムの根幹となった。第1は、**欧州統合の推進者**としての役割である。とりわけ戦後初期はカトリック政党が政権に就いていたこともあり、欧州統合の進展に大きな貢献をした。具体的には戦間期に起源をもつカトリック政党間の協力、とりわけ1947年に始まる新国際エキップや、ジュネーヴ・サークルというカトリック政治家の指導層の秘密会合が戦後の統合に結び付いた。ドイツ・キリスト教民主同盟のアデナウアー、フランス人民共和運動のシューマン、イタリア・キリスト教民主党のデ・ガスペリらは

222　第11章　宗教と政治

戦後の初代首相として統合を促進していくのである（板橋 2016）。

　第2に，キリスト教民主主義政党が政権の中核を担ったことである。政党システムにおいて，キリスト教民主主義政党は階級横断的な社会観もあって，経済的左右軸の中道政党に位置づけられた。西ドイツ，オーストリア，イタリア，ベルギー，オランダといった国々で長期にわたって政権に就いたのである。

　もっとも，社会では次第に**世俗化**が進んでいた。教会に定期的に通う人々や信徒の数そのものが減少していったのである。1960 年代から 70 年代にかけての文化変容を経て，厳格な性道徳や性別役割分業を守ること，教会や父親の権威に従うことといった価値観は次第に受け入れられなくなっていった（→**第10章**）。地域で選挙運動や政治活動を支える党員の数も減り，またサブカルチャーのイデオロギー的な動員力も減少していった。その結果，キリスト教民主主義政党は得票を減らしていくことになったのである。

　世俗化に加えて，経済状況の変化もキリスト教民主主義政党に不利に働いた。1970 年代に経済成長が停滞し，その後 93 年に発効した EU 設立条約であるマーストリヒト条約によってユーロ導入に先駆けて財政赤字が厳しくチェックされるようになったことから，ヨーロッパ諸国は財政支出を減らさなければならなくなった。そのため，キリスト教民主主義を特徴づける福祉国家が，縮減を余儀なくされたことも（→**第13章3**）支持をつなぎ留められない一つの要因となった（水島 2002）。

　他方で，文化変容によって次第に人々の価値観が変化し，また政策も変化してくると，それに反発する対抗動員がなされた。その中でキリスト教勢力は重要な役割を果たしている。それは，これまでキリスト教政党の存在しなかった北欧で，新たにキリスト教民主主義政党ができるといった動きにもつながっていった。

なお，信徒や実践者は減少しているものの，現在においても教会の所属や信仰心は投票行動の重要な指標となっている（→第4章）。信徒はそうでない人に比べてキリスト教民主主義政党に投票するのである（van der Brug et al. 2009）。

　補論となるが，世俗化を受けて教会に属さない，あるいは特定の宗派に属さない人々が増えた。その中には何らかの超自然的なものに対する信仰をもっている人々が数多くいる。ヨーロッパでは1960年代以降に教会から離れていった人々は，必ずしもすべてが信仰心を失ったわけではなく，教会を媒介せずに個々人が直接に霊的なものに神秘的なつながりをもとうとする人が増えていったのである。現在は西ヨーロッパに暮らす人のうち，だいたい1割程度がそのような感覚をもっているようである。このような人々に対する政治的動員は組織的に行われているわけではない。しかし，彼らは投票行動において他の宗教を信仰する人々に比べて緑の党などの環境政党を支持する傾向にある（Siegers et al. 2016）。

▷ 現代アメリカにおける宗教と政治

　アメリカではヨーロッパと違って，特定の教会を基盤とする政党は生まれず，さまざまな宗派がそれぞれロビイングという形で政治活動を行ってきた。

　アメリカの主要な宗教はプロテスタントである。他にもさまざまな宗教・宗派が政治活動を行っているが，ここではプロテスタントに絞って検討しよう。

　同じプロテスタントでも政治的志向は多様であった。もっとも，その違いは宗派別に現れたわけではなかった。1920年代から30年代の間に，近代との向き合い方によって3つのグループに分かれた。その3つとは，それぞれの宗派の中で近代を否定して政治と

224　第11章　宗教と政治

のかかわりを拒否する，ごく少数の原理主義派（それゆえ政治参加の観点ではほとんど可視化されない）と，近代に反発して保守的な価値観を守ろうとする**福音派**と，近代を受容し，リベラルな価値観をもつ**主流派**である。

　このうち主流派教会は全米キリスト教会協議会（NCC）に，福音派教会の多くは全米福音派教会（NAE）に参加した。なお，これらの団体は教会の緩やかな連合体であり，主体的に政治活動を行うものではない。アメリカでは教会が分散しており，教会間のつながりも緩やかであった。そのため，アメリカにおける宗教勢力の政治動員は大陸ヨーロッパのようなサブカルチャーを通じたものとは異なる手法となった。

　1920年代に近代主義をめぐって論争が繰り広げられたが，そこでは教義についての問題のみならず，進化論を学校で教えるべきかといった点にまで及んだ。最も有名なものは1925年の「**スコープス裁判**」であろう。南部のテネシー州においては，公立学校で進化論を教えてはならないという州法が成立していた。しかし理科の教員であったスコープスは，学校で進化論を教えたのである。彼は逮捕されて刑事裁判にかけられた。この裁判の影響は，近代主義をめぐる検察と被告人側の弁護人とのやりとりがラジオを通じて全国に中継されたことで広がった。結論として，スコープスは一審では州法違反で有罪となるのだが，検察側が弁護人にやりこめられるのをきいた人々は，近代主義の否定を時代遅れと考えるようになり，福音派は打撃を受け政治活動をいったん抑制するようになったのである。もっとも，それは福音派の数が減少したということを意味しない。信仰と政治とが切り離され，信仰に基づく党派活動や投票行動を行わなくなったということである。他方，近代主義を受け入れた主流派は，政界や経済界などのエリートとして社会を牽引していっ

第2節　現在の宗教と政治　**225**

た。

　福音派が政治活動を再開するのは 1970 年代の後半になってから
である。1960 年代は先進国において文化変容が起きた時代であっ
た。戦後それまで争点の中心にあった経済に対して，文化が重要な
争点として立ち現れてきたのである（→第 10 章）。アメリカもその
例にもれず，黒人への人種差別に反対する公民権運動や，女性解放
運動，性的マイノリティの解放運動などが勢いを増し，実際に成果
を上げたのである。福音派の政治活動は，これに対する反動といえ
よう。黒人差別が根強く残る南部では，白人の福音派教会である南
部バプチスト連盟が公民権運動の成果である人種隔離政策の廃止に
対して反発をした。また，文化変容によって司法の政治化が進む中
で（→第 8 章），1973 年には連邦最高裁判所が「ロー対ウェイド」
裁判において人工妊娠中絶を合法とする判断を下したが，これは福
音派にとっては承服しがたいものであった。福音派は人工妊娠中絶
の禁止をはじめ，同性婚法整備への反対，学校教育における宗教教
育の実施といった主張をし，積極的にロビー活動を行うようになっ
ていった（→第 14 章）。

　もともと福音派は政治的に組織されていなかった。しかし，
1970 年代末からテレビに出て説教をする有名な牧師であったファ
ルウェルらがモラル・マジョリティという政治団体を組織し，伝統
的な価値観が衰退していくことへの危機感を訴えて多くの賛同者を
集めた。1980 年の大統領選挙の際には共和党のレーガンへの投票
を呼び掛けるとともに，有権者登録をしていない福音派の信徒に登
録を促したのである。結果に対してどの程度の効果があったかは不
明だが，この選挙ではレーガンが当選した。

　モラル・マジョリティは政策の実現に失敗し勢いを失うが，
1990 年代半ばには再びキリスト教連合という福音派の有力な政治

226　　第 11 章　宗教と政治

団体が勢力を伸ばした。キリスト教連合は単に福音派に投票を呼び掛けるというだけでなく，活動家の育成にも努め，実際にその中から地方議会選挙や教育委員会選挙で議員が誕生した。

　その後も，福音派は選挙において共和党の支持基盤として組織的な活動を行っていくことになる。もっとも，それには波がある。共和党を支持しても，大統領や議員が期待に応えるような成果を出すわけではないことがわかり，運動が退潮するためである。共和党の内部は多様で，必ずしも福音派の主張が通るわけではない。また，強硬な主張をすれば，世論の反発を受けて逆効果になることもある（飯山 2008）。

▷ 現代日本における宗教と政治

　現代日本における宗教と政治の関係を考えるうえで，公明党とその主要な支持母体である創価学会は，とくに重要である。

　創価学会は，近代日本の政治イデオロギーとしての**日蓮主義**の流れをくむ。日蓮主義とは，それまでの日蓮宗が明治期に入って政治イデオロギーとなり，あるべき政治秩序から経済・社会をいかに指導していくか，そして人々の行動に至るまでを規定する原理となったものである。そのイデオロギーを支えたのが，13 世紀に日蓮が著した『立正安国論』であった。日蓮主義の人々は，明治時代になって文書を近代的に再解釈した。その思想は，広く知識人や軍人に広まっていった。有名な日蓮主義者としては宮沢賢治や高山樗牛，石原莞爾らがいる。

　日蓮主義は，1930 年代に入って政府による思想統制が厳しくなると弾圧を受けるようになる。もともと日蓮主義においては，日蓮の教えに基づいて天皇が日本を，さらには世界を道義的に統一すると主張されており，天皇制を重視してはいた。しかし，天皇制イデ

オロギーが強化されていく中で，日蓮の教えに天皇を従属させる日蓮主義の論理構造が批判され，弾圧の対象となったのである。

太平洋戦争直後，その政教一致のイデオロギーもあって日蓮主義系の政党が成立したが，成功はしなかった。これに対して1950年代半ばから政界に参入した創価学会は現在に至るまで一定の勢力を維持している。

創価学会は1930年に設立された（当初の名前は創価教育学会）。それまでの日蓮主義の流れとの違いは，天皇が日蓮正宗に帰依することではなく，多くの民衆を入信・改宗させることを重視したことである。日蓮主義は国立戒壇の設立，すなわち本尊を安置する施設を国の許可をもって作ることを志向していた。しかし，創価学会はその実現を天皇が主導するのではなく，とくに戦後には日蓮正宗に帰依した人々が民主主義的に達成するものと想定していた（大谷2019）。

創価学会は，このような経緯から折伏と呼ばれる改宗運動に加えて政治活動に力を入れ，1950年代半ばから地方議会を皮切りに議員を当選させてきた。そして独自の政党である**公明党**を1964年に結党した。当初，旧来の主張である国立戒壇の設立を訴えた結果，政教分離原則を犯そうとするのではないかと受け止められることになる。その後，1969年末に創価学会を批判した書籍の出版を，公明党が圧力をかけてやめさせようとしたのではないかというスキャンダルが起こった。いわゆる「言論出版妨害事件」である。この事件を機に穏健化し，国立戒壇の設立を主張するのをやめ，創価学会と距離をとるようになった。選挙運動は，今日に至るまで支持母体である創価学会が重要な役割を担っているものの，その政治行動については一定の自律性がある。

創価学会と距離が開いたのは，単にスキャンダルがあったからだ

けではない。政党システムの中で他の党との関係を構築し，党としての目標を実現するためには一定の距離を保ち，自由に動けなければならないためである。たとえば1974年に創価学会会長であった池田大作と共産党委員長の宮本顕治が会談し，相互の関係改善を謳った「創共協定」を結んだ際，公明党はこれに反発し，事実上空文化した。公明党からすれば，共産党との協力は党の活動家の離反を招き，選挙結果に重大な影響をきたしかねなかったのである。

戦後日本のイデオロギー対立は，憲法と安全保障が軸になっている。これは，経済問題が党派対立の中心にあったヨーロッパと異なる。公明党は戦後日本において憲法と安全保障の問題で比較的柔軟な立場をとれたため，自由民主党（自民党）と野党のいずれとも協力を試みることができた。また，それゆえに日中国交正常化の際には，野党でありながら訪中して中国側の意向を確認し，国交正常化のきっかけをもたらすといった成果を上げることもあった。

現在，公明党は自民党と1999年以来，長期にわたって協力関係にある。1993年の選挙制度改革後に，小選挙区制度が導入された結果，確実に票を獲得できる公明党の協力は，自民党にとって小選挙区で勝利するうえで決定的に重要になったのである。選挙制度改革直後は非自民連合と協力していた公明党であったが，自民党からの攻撃と非自民連合からの裏切りとで協力を解消し，現在では安定した自公の連立となっている（薬師寺 2016）。

アメリカのように，日本においても積極的なロビー活動をしている宗教勢力がある。いくつかの団体は政党を作って候補者を立てているものの，あわせて数万票程度では，当選者を出すのに十分な数にならないため，成功していない。むしろ少ない票であっても，当落線上にある自分たちにとって望ましい候補にそれを集中させたり，そのほかにも献金や（往々にして熱心な）選挙運動員の供給をしたり

して政治家を支援することで、政策形成に影響を与えているのである。とりわけ個人を中心に行われる日本の選挙システムでは、その効果は大きい（→第5章）。

とくに目立つのは神道や（新）新宗教である。太平洋戦争直後から、日本国憲法の制定をはじめとする戦後改革を批判する人々が活動を行っていた。彼らは自ら候補者を立てるのではなく、国政、地方を問わず既存の政党の政治家に票を集めて当選させると同時に、政治家に対して伝統的な家族観や天皇を元首とすることをはじめとする憲法の改正、男系男子による皇位継承の維持などをロビイングしてきた。このような活動は、元号法の制定（1979年）や国旗国歌法の制定（1999年）など、一定の成果を上げてきた。さまざまな潮流があったが、1997年に日本会議へと合同し、現在まで活動が続けられている（塚田 2015）。

3 政治対立の道具としての政教分離

ライシテ

政治参加は政教分離原則上の問題とならない。政教分離原則が実際に問題となるのは立法や政策の執行の側面においてである。政教分離原則にはさまざまな類型があるが、概して特定の宗教が優遇されたり弾圧されたり、あるいは信仰の有無によって何らかの差別的扱いを受けたりすることがあってはならない、というのが基本的な考え方といえる。特定の信仰を理由に政治参加を制限することは、参政権の観点からも、信教の自由の観点からも憲法に反する。

他方で、政教分離原則は争点を顕在化させる際に引き合いに出されることがある。とりわけ現在のヨーロッパにおいては、政教分離

原則を自国文化に有利な言説として利用したり，イスラーム移民に対する排除の論理の根拠にしたりされることがしばしばある。本節ではまずフランスの「ライシテ」の現在を検討し，そのうえで西ヨーロッパの右翼ポピュリスト政党について議論を広げよう。

　近代フランスの政教関係は**ライシテ**と呼ばれる。国家が諸宗教の間で中立的な立場をとる，という点では日本のそれと同様である。しかし，日本との差異もある。もっとも有名な例は公立学校での生徒のヴェール着用であろう。イスラーム教の教えではしばしば女性はヴェールを被ることが求められる。日本の公立学校でムスリムの女子生徒がヴェールを被ることが政教分離原則に違反すると判断されることはおそらくないだろう。しかしフランスでは，2004年に公立学校で生徒がヴェールを被ることが禁じられた。

　ライシテには，家族をはじめとする周囲の宗教上の強制から個人を解放することに一つの眼目がある。公立学校におけるヴェール禁止の背景にもこの見方がある。

　もっとも，同じライシテといっても，フランスの多数派の宗教であるカトリック的な表象をしばしば「宗教」ではなく「文化」と理解し政教分離違反の範疇からはずす傾向がみられる（たとえばクリスマスに馬小屋のイエスの置物を置くことは宗教的だろうか，それとも文化の一部だろうか）。これをカト＝ライシテと呼ぶ。このカト＝ライシテは，本来宗教として同じライシテの論理で扱うべきカトリックとイスラームを多数派であるカトリックに有利に理解することにつながりうる（伊達 2018）。

▷　**右翼ポピュリスト政党**

　宗教学者の伊達はさらに，カト＝ライシテ以上に問題のある政教分離の用い方として，フランスがイスラームと共存不可能であると

第3節　政治対立の道具としての政教分離　**231**

いう論理構造を挙げる（伊達 2018）。

　近年の西ヨーロッパの右翼ポピュリスト政党は，しばしば反イスラーム移民の主張をする。これらの政党はその根拠として，イスラーム教は政教一致を主張するためにヨーロッパの自由民主主義的な考え方と相いれないということを挙げる（水島 2019）。かつての右翼はしばしば人種主義をとり，自民族の優越を主張していたが，近年はそれで支持を拡大することが困難になり，自由で民主主義的なヨーロッパにその価値を共有しないイスラームを対置するという論理をとることで支持を広げようとしている。

　カト＝ライシテのように自国の宗教を文化とみなす「政教分離」の位置づけ方は，少なくともイスラームを本質的に共存不可能とは考えない。これに対して，右翼ポピュリスト政党の主張では，「政教分離」がイスラーム移民に対する排除の論理として引き合いに出されるのである。

　政治と宗教の関係は政教分離原則のある現在，争点にならないと思われるかもしれない。しかし，いまなお先進民主主義国においても政治争点として繰り返し立ち現れているのである。

◢◢◢ *Book guide* 読書案内 ◢◢◢

・水島治郎「西欧キリスト教民主主義──その栄光と没落」日本比較政治
　学会編『現代の宗教と政党──比較のなかのイスラーム』（日本比較政
　治学会年報　4 号）早稲田大学出版部，2002 年，31–63 頁。
　　　西ヨーロッパのキリスト教民主主義の歴史と現在を知るにはまず読むべき
　　論文である（J-STAGE よりオンライン上で入手可能）。しばしば保守主義の
　　一変種として反動的とも思われていたキリスト教民主主義であったが，西ヨ
　　ーロッパ民主主義における重要な意味をもつものとして位置づけ直している。
　　なお本論文が再掲されている，田口・土倉（2008）にはヨーロッパのキリ
　　スト教民主主義について各国のさまざまな事例が示されている。

232　　第 11 章　宗教と政治

・谷川稔『十字架と三色旗——近代フランスにおける政教分離』岩波書店,
2015 年。

　　18 世紀末のフランス革命を機にドラスティックな政教分離が試みられた
フランスにおいて，国家は民衆が内面化し，身体化しているカトリック的な
習俗をフランス革命的なものに置き換えようと努力した。そこで生じる変化
と混乱とが人々の息遣いとともに浮かび上がってくる著作。

Bibliography　参考文献

飯山雅史 2008『アメリカの宗教右派』中公新書ラクレ。

板橋拓己 2016『黒いヨーロッパ——ドイツにおけるキリスト教保守派の
　　「西洋（アーベントラント）」主義』吉田書店。

大谷栄一 2019『日蓮主義とはなんだったのか——近代日本の思想水脈』講
　　談社。

オーベール，ロジェほか／上智大学中世思想研究所編訳・監修 1982『自由
　　主義とキリスト教』（キリスト教史 9）平凡社。

末近浩太 2018『イスラーム主義——もう一つの近代を構想する』岩波新書。

田口晃・土倉莞爾編 2008『キリスト教民主主義と西ヨーロッパ政治』木鐸
　　社。

伊達聖伸 2018『ライシテから読む現代フランス——政治と宗教のいま』岩
　　波新書。

塚田穂高 2015『宗教と政治の転轍点——保守合同と政教一致の宗教社会
　　学』花伝社。

中山洋平 2002「例外としてのフランス：なぜキリスト教民主主義政党は根
　　付かなかったのか——世紀末の組織化の挫折と媒介構造の形成」『年報政
　　治学 2001』岩波書店，33–51 頁。

水島治郎 2002「西欧キリスト教民主主義——その栄光と没落」日本比較政
　　治学会編『現代の宗教と政党——比較のなかのイスラーム』（日本比較政
　　治学会年報　4 号）早稲田大学出版部，31–63 頁。

水島治郎 2019『反転する福祉国家——オランダモデルの光と影』岩波現代
　　文庫。

村上信一郎 1989『権威と服従——カトリック政党とファシズム』名古屋大
　　学出版会。

村松恵二 2006『カトリック政治思想とファシズム』創文社。

薬師寺克行 2016『公明党——創価学会と 50 年の軌跡』中公新書。

Kalyvas, Stathis N. 1996, *The Rise of Christian Democracy in Europe*, Cornell University Press.

Siegers, Pascal, Simon Franzmann, and Mira Hassan 2016, "The Religious and Spiritual Underpinnings of Party Choice in christian Europe," *Electoral Studies*, 44, pp. 203–213.

van der Brug, Wouter, Sara B. Hobolt, and Claes H. de Vreese 2009, "Religion and Party Choice in Europe," *West European Politics*, 32 (6), pp. 1266–1283.

政治経済

第 **12** 章

Chapter

Quiz クイズ

経済のグローバル化が進むと，政策担当者は，次の 3 つの目標を同時に両立させることはできず，少なくとも 1 つは諦めないといけないといわれています（グローバル化のトリレンマ）。そのうち最も適切なものを a～d から選んでください。

- **a.** グローバル・国家主権・安全保障
- **b.** グローバル化・国家主権・民主主義
- **c.** グローバル化・経済成長・民主主義
- **d.** グローバル化・経済成長・安全保障

Answer クイズの答え

b. グローバル化・国家主権・民主主義

経済学者のロドリックは，グローバル化が高度に進む世界で，国家主権を維持しようとすれば民主主義を犠牲にせざるをえず，民主主義を維持しようとすれば国家主権は制約を受けると主張しました（詳しくは本章第2節を参照のこと）。

Chapter structure 本書の構成／Keywords

1 戦後政治経済体制の形成と経済国際化への対応
ネオ・コーポラティズム，ブレトンウッズ体制，新自由主義，資本主義の多様性

2 グローバル化の政治経済学
収斂・非収斂，トリレンマ，インサイダー・アウトサイダー

3 財政政策と金融政策の政治
外的拘束，クレディブル・コミットメント，エージェンシー・スラック

21世紀に入り，経済のグローバル化は当たり前となり，政治と経済のつながりはますます深まっている。どのような政治が行われるかで，景気や経済成長など経済のあり方は変わるだろう。政権が左派か右派か，単独政権か連立政権か，産業界や労働組合の組織化は高いか低いかは，経済政策の選択を左右する。近年話題のポピュリスト政党は，他の政党とは違う経済政策を行うかどうかについても関心を呼んでいる。

他方で，経済状況や経済政策の内容は，政治のあり方を左右しうる。経済危機は，政権が違っても限られた政策を選択させるかもしれないし，経済格差の拡大が政治対立の拡大（分極化）やポピュリスト政党の躍進を招くかもしれない。

比較政治経済学は，このような政治から経済への影響や，経済による政治への影響について，経済分野に関する政治制度（政治経済体制）とその下での政治行動，経済政策の特徴などについて考える研究分野である。

本章では，第1節で，現代の政治経済の前提となる第二次世界大戦後の政治経済体制の形成・発展と1970年代以降の国際化による変化，およびその理論的なとらえ方を考える。そのうえで，第2節では現代の経済グローバル化の影響と理論を検討し，第3節では主要な経済政策分野として財政・再分配・金融・コーポレート・ガバナンスを取り上げ，比較政治経済学の理論とそれを用いた分析について紹介する。

1 戦後政治経済体制の形成と経済の国際化への対応

戦後政治経済体制の形成

　第二次世界大戦が終結した後,米ソ冷戦の東西対立の中,アメリカの軍事的・経済的覇権の下に入った日本や西欧など西側資本主義国は,戦災からの復興を何よりの課題としていた。ただし,復興は単なる経済的な回復では不足であると考えられた。

　第1の目標は,2度の世界大戦の背景となった左派と右派の亀裂と世界恐慌の災禍を繰り返さないことである。そのため,政府が経済運営に責任をもち,公共事業や福祉政策を通じて経済成長を促し,完全雇用を実現して労使(労働者と使用者)関係の安定化を図った。

　第2の目標は,戦前の独裁政治の経済統制への反省に加えて,ソ連率いる東側の共産主義諸国との競争から,市場経済を軸とした資本主義を発展させることである。その方法として,ケインズのように政府支出による公的な需要刺激策の重要性を主張する側から,ハイエクやフリードマンなど公的介入を批判し経済自由主義を唱える側まで,多様な道が提示された。実際の戦後政治経済体制では,失業克服や経済復興の必要性から,戦時体制をある程度引き継いだ公的介入と市場経済の回復を両立させようとする**混合経済**が模索された(ショーンフィールド 1968)。

　第3の目標は,アメリカを頂点とする多角的な自由貿易体制を含む国際経済秩序への安定的な参加である。戦前の金本位制を軸とした国際的自由貿易体制が世界恐慌と保護主義で挫折した反省を活かすならば,戦後はまずアメリカが軍事・経済でも圧倒的に優勢な覇権国として傘下の国々に国際援助や輸出の受け入れなど,さまざ

まな支援を行うことが求められた。そして，次第にヨーロッパや日本など他の国々が経済発展によって自立し，自由貿易体制に参加し続けられるようになることが必要であった。

新しい国際経済体制への適応という共通の課題に直面した各国は，貿易や金融などの領域において，それぞれの政治的・経済的制度を活かしながら，特徴的なパターンをとって対応したことが知られている。各国の政治経済体制についての研究は，主導するアクター（主体）に応じて，市場主導・国家主導・（労使）協調という3つの類型に区分していた。ヨーロッパやアジアでは，自由市場を前提としながら，失業や不況などのリスクに備え，国家が経済計画や公営企業，財政金融政策を通じて経済に介入する混合経済が成立した点では共通していた。ただし，国家の介入の程度は，国によって大きく違っている。たとえば，イギリスやアメリカは，国家の介入の程度は少なく，市場の役割が大きい。他方，官僚主導の計画を軸とした**ディリジズム（国家統制主義）**をとるフランスや行政主導の調整が重要な日本は，国家の介入の程度は大きい。さらに，ドイツや北欧などでは組織化が進んだ労使による協調的な政策形成を重視する**ネオ・コーポラティズム**も機能していた（シュミッター＝レームブルッフ 1997）。

西側の資本主義国は，アメリカを頂点とする多角的な自由貿易秩序への参加を求められた。しかし，戦災で経済はなお脆弱で，戦後復興は程遠く，国際市場での決済に必要なドルの不足や，戦争を経験した相互不信から国際貿易・金融への復帰は簡単ではなかった。アメリカはマーシャル・プランなど大規模な国際援助を提供して，経済再建を助けた。また，国際通貨基金（IMF）・関税及び貿易に関する一般協定（GATT）など，いわゆる**ブレトンウッズ体制**による国際的な通貨・貿易に関する枠組み（国際レジーム）を提供して，

第1節　戦後政治経済体制の形成と経済の国際化への対応　　**239**

各国が安心して参加できるようにコストを下げた。さらに，アメリカは，ヨーロッパやアジアの国々に，状況に応じて福祉国家の整備や貿易自由化の制限などの「補償」を認めることによって，国際的自由主義の枠組みの中に安定して埋め込もうとしたのである（いわゆる「埋め込まれた自由主義」）（久米 2023）。

▷ 経済の国際化と新自由主義

1960 年代後半までに，先進国では経済成長の停滞が明らかになっていた。あわせて政治や社会の閉塞感が広がり，反発した労働者や学生，女性運動など，さまざまな抗議運動が相次ぐ。労使協調の空気は後退し，1960 年代末にかけて労働争議は急激に増大していく。さらに 1970 年代になると，2 度の石油危機が世界を見舞った。先進国は，インフレーションと不況が同時に進行する**スタグフレーション**に陥った。労働組合など団体の抗議運動に加えて，左右の急進的運動によるテロなど不安が高まる中で，政治や社会の安定を取り戻すために，経済危機を克服するための政治的対応に注目が集まる。とくに過度のインフレを防ぐために賃上げ抑制と雇用維持をセットにした所得政策とそれを支える政府の社会政策（失業手当や職業訓練）が注目された。

ただし，1960 年代から 70 年代の時期は，多国籍企業の活動が活発化し，貿易や金融取引の拡大によって，経済の国際化が本格化する時期であった。そのため，各国単位の対応には限界があるという認識が拡がり，国際経済による国内政治経済への影響にますます関心が集まった。

次いで 1980 年代には，経済の国際化が一段と進む中で，各国は自国産業の競争力を維持したり向上させたりするために，先端的な成長産業の支援と同時に国際競争力が劣る衰退産業の構造転換を行

う課題を負った。その中で，経済発展や衰退産業救済のための国家主導の産業政策が再評価された。日本やフランス，アジアの新興国（韓国や台湾など）において，政府主導で成長産業の育成や衰退部門の生産調整を効率的に行ってきた経験がモデルとされた。イギリスやイタリアなど日米との競争に苦しむ諸国は，鉄鋼産業や自動車産業などの救済を政府主導で行おうとしたが，その試みは成功したとは言い難かった。政府などの公的介入は，国際化が加速する経済に対応しにくく，非効率を回避するのは難しいと指摘された。

このような公的介入批判の背景となったのが，経済に介入する「大きな政府」を見直し，「小さな政府」をめざす**新自由主義（ネオリベラリズム）**の拡がりである（ギャンブル 1990）。戦後の政治経済体制を財政支出や福祉政策などで支えてきた政府と経済の関係は見直しを迫られる。金融・証券市場の規制緩和や国際的な貿易・投資の自由化が進められた。また，鉄道や道路，電話など公営事業の大規模な民営化も進んだ。1990 年までにスウェーデンの経営者組織が労使間の全国組織による中央集権的な労使交渉から離脱したように，労使関係も変貌していく。

▷ **政治経済体制の構造変化と理論的考察**

現代の比較政治経済学研究が本格的に発展したのは，まさにこのような時代である。1970 年代の経済危機から，インレーションの政治的要因は何か，危機対応は各国でどのように違うのかなどのテーマが注目された。グローバル化が進むと，政治と経済の相互依存の強まりは当然となり，その関係を追究する国際政治経済学や比較政治経済学への関心は大きく高まった。労使などの利益団体の組織化のあり方，政党システムや選挙制度，単独・連立政権の相違など政治要因が経済にどのような影響を与えるのか，逆に景気の変化な

第 1 節　戦後政治経済体制の形成と経済の国際化への対応　**241**

ど経済要因が労使交渉や選挙，政党システムなど政治のあり方や政策選択にいかなる影響を与えるかなどをめぐって，活発な研究が行われてきた。

1970 年代の経済危機から 1980 年代の経済停滞への対応をめぐる研究としては，まず先に述べたように産業政策への再着目があった。フランスや日本の経済発展を例に国家官僚制の役割に注目する研究や，国家主導の公的金融（日仏）・銀行主導の長期信用（独）・株式や社債など資本市場での短期信用（英米）といった，企業の資金調達方法（産業金融）の制度設計に注目する研究も登場した（Zysman 1983）。

危機対応として注目されたもう一つの研究アプローチは，賃上げ要求・抗議運動抑制と雇用維持を柱にした労使の対話，それを福祉政策等で支える政府も含めた政労使協議などの「協調」あるいは**ネオ・コーポラティズム**である（シュミッター＝レームブルッフ 1997）。北欧諸国やベネルクス（ベルギー，オランダ，ルクセンブルク）を筆頭とした中小国は，組織力が高い利益団体がそれぞれ企業や労働者を掌握し，政党も相対的に高い組織力を活かして支持者をコントロールした。これらの関係者が，輸出競争力の維持を共通の目的として，賃上げ抑制・職業訓練と成長部門への労働力移動の促進，雇用維持，失業や所得減少への福祉政策による手当などで合意した結果，インフレ抑制と失業対策・成長維持を両立させることができるとされた。

経済パフォーマンスを左右するのは，労使の利益団体がそれぞれの部門をどの程度組織化できているか（利益団体の包摂度・集権度），利益団体と提携した政党が政権にいるか（政権の党派性）が重要とされた。経済パフォーマンスが高いのは，北欧など集権度が高く組織化された市場をもつ国々か，イギリス，アメリカ，日本といった

242　第 12 章　政 治 経 済

集権度が低い自由市場重視の国々である。イタリアなど南欧諸国のように、集権度が中途半端な程度の国々は、内部対立によって経済パフォーマンスが低下しかねない。この反省は、共通通貨ユーロ導入のための社会保障費削減が課題になった1990年代後半に、南欧諸国などが「社会契約」を旗印に、中道左派政権下で政労使協調の政策形成を試みた際に活かされた。

戦後政治経済体制の研究において、労働者と使用者の組織化は最大の注目点であったが、実際に重視されたのは労働部門の性質であった（**労働中心アプローチ**）。労働組合の組織化のあり方、経済路線の穏健性、政党との関係、ストライキやデモと社会の安定、公的介入の規模や福祉の充実などが、経済政策路線を左右する鍵と考えられた。政党に注目する場合でも、もっぱら労働組合と対応した社会民主主義政党など中道左派政党に集中していた。

他方で、使用者の組織化についての研究は進まず、政党としても保守政党やキリスト教民主主義政党など、第二次世界大戦後に長く政権の座に就いていた勢力との関係の研究は看過されてきた。ただし、新自由主義の隆盛やグローバル化の進展の中で、労働組合の政治経済的影響力は後退を余儀なくされ、労働中心アプローチを前提とする政治条件や社会経済条件が変化している（ホール＝ソスキス2007）。

▷ 資本主義の多様性論

経済のグローバル化が進み、さらに労働勢力の組織力が衰退すると、政治経済学研究の焦点も企業に移行していく。これに対応して、各国の政治経済体制の共通性や相違を説明する際に有力となっている議論が、**資本主義の多様性論**である。

ホールとソスキスは、企業を軸に、それを取り巻く市場制度や経

表 12-1 資本主義の多様性論の主要な特徴

	自由市場経済（LME）	調整型市場経済（CME）
政策形成	イノベーション重視	漸進的調整
コーポレート・ガバナンス	株主	ステークホルダー間合意
労使関係	自由な労使関係	制度化された労使協調
雇用保障・失業保障	低水準	高水準
労働市場の流動性	高い	低い
金融	直接金融	間接金融
政治制度	多数決型	コンセンサス型
事例	米・英	日・独

［出所］　ホール＝ソスキス 2007 を基に筆者作成。

済制度（労使関係，職業訓練，教育，コーポレート・ガバナンス〈企業統治〉，企業間関係など），年金などの福祉制度，政党政治などの政治制度が相互に適合するように組み合わされていると考える（**企業中心アプローチ**）。これらの相互補完的な関係のパターンは，**自由市場経済（LME）**と**調整型市場経済（CME）**の2類型に区分できる。企業から経済・福祉・政治などの諸制度が制度的補完性を有する組み合わせになっているので，持続性は高まる。グローバル化への適応のパターンも，LME と CME によって違いが生じる（職業訓練・教育については**第13章**を参照）（ホール＝ソスキス 2007）。資本主義の多様性論が注目されたのは，従来の労働中心アプローチから転換して，企業を軸に据えた企業中心アプローチという視点の斬新さ，制度の役割を体系的にとらえた新制度論の理論的精緻さゆえである。

　資本主義の多様性論には，批判もある。まず，現代の政治経済体制ではなお国家が重要な役割を担っているにもかかわらず，国家の特徴や，LME・CME の類型間，あるいはそれぞれの類型内における国家の役割については説明が欠けている。たとえば，CME 諸国

244　第 12 章　政 治 経 済

の中には，日本やフランスのように伝統的に国家の経済的役割が大きい国もあれば，ドイツなどのように国家の役割は補完的に留まる国も含まれている。

次に，LME・CMEの類型内部の相違が非常に大きく，2類型への区分は過度に単純化していて，現実の多様なパターンをとらえられていないという批判もある。たとえば，ドイツはCMEの典型とされているが，CMEの典型と扱うのは難しいという見解もある。つまり，ドイツはもともと，戦後の「社会的市場経済」の政治経済体制をとっており，かなり自由化が進んでいたのである。また，1980年代以降は株式市場改革やイノベーション推進などの重要な変化が生じている。そのほかにも，規制緩和や労働市場の流動化など，LMEとCMEの間で新自由主義の影響が双方の類型を横断して波及している点が看過されているという批判もある。

2 グローバル化の政治経済学

東西冷戦が終結して迎えた1990年代以降には，安全保障上の懸念が後退し，経済のグローバル化が進む。国境を越えた商品，金融，サービス，労働力の移動は，飛躍的に高まった。自動車1台を製造するのにも，車体の鋼板とエンジンなどの部品がいろいろな国から集まり，組み立てられる。そして，その車は，国内市場だけでなく，輸出に向けられる。さらに，日本企業がアメリカで現地生産を拡大したように，製造業の国外進出が加速する。日本の技能実習制度やアジアの介護労働者の欧米進出のように，移民は働き場所を求めて自国の外に出て，その本国への送金が経済を支える。国境がなくなったわけではないが，**グローバル化**は各国単位の経済と経済政

策運営の考え方を，根本から変えている（ロドリック 2013）。

▷ 収斂・非収斂をめぐる論争

グローバル化による商品・資本・サービス・人の国境を越えた移動の増大は，各国の経済政策や規制の効力を奪い，経済的な国家主権の喪失をもたらすのでないかという議論を呼んだ。このような「国家の衰退」論は一時的に盛り上がったが，国家はグローバル化のゲートキーパー（門番）として役割を強めた領域もあり，単純な経済的主権の衰退が生じたとはいえない。

グローバル化は国際的な規制の調整や競争への適応を各国に求める。そのため，各国の個別の政策のみならず，政治経済体制までも収斂に向かうのかが争点となった（Berger and Dore 1996）。有力な研究は，各国の適応が，**収斂・非収斂**の二者択一ではないとする。政策領域ごとに適応の度合いは異なり，LME と CME 間の違いなど政治経済体制の類型の特徴も反映する。さらに，各国の適応は国際関係からの圧力に受動的に対応するばかりではなく（ダウンロード），自国の規制を積極的に普及させて国際基準にする側面も重要である（アップロード）。グローバル化は，単に各国の主権喪失や国家の衰退につながるわけではないのである。

他方で，イギリス，アメリカなどの自由市場モデルの政治経済体制の特徴が類型を超えて広がっていることを主張する研究もある。日本における大企業を頂点とした企業系列がグローバル化や企業買収で大きく変貌を遂げたように，CME の国々が規制緩和・法人税引き下げへの圧力を受けて，LME に接近していると指摘されている。実際にグローバル化への適応をみる限りでは，国ごとの違いは残り，一方的な収斂が生じるわけでもないものの，公共支出削減や規制調整など，国を超えた共通の変化も無視できない状況である。

246 第 12 章 政 治 経 済

図 12-1 グローバル化のトリレンマ

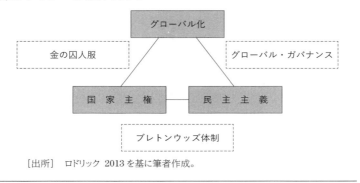

［出所］ ロドリック 2013 を基に筆者作成。

▷ グローバル化のトリレンマ

　経済のグローバル化は各国にとって大きな挑戦であり，国内政治や経済政策の自律性との間で，厳しい選択を迫っている。冒頭のクイズで扱ったように，国際政治経済学者のロドリックによれば，各国は，(最大限の) グローバル化・国家主権・民主主義という3つの要素を同時に満たすことはできない**トリレンマ**を抱えている。いずれか1つを断念して，残りの2つを両立させざるをえない (ロドリック 2013)。

　第二次世界大戦後の IMF と GATT を軸とした**ブレトンウッズ体制**の下では，資本移動や貿易の自由に規制をかけて日本やヨーロッパ諸国の経済を保護していた。つまり，グローバル化を制限した状態であった。このような戦後の政治経済体制では，各国が選挙や政党間対立など民主主義政治の事情に合わせて，中央銀行が市場に資金供給する際の金利 (政策金利) を操作したり，景気対策として公共事業や減税などの財政出動を行ったりした。

　しかし，資本移動や貿易の自由が飛躍的に増大した現代では，グローバル化を受け入れなければならない。もし政府が経済政策の自

律的決定という国家主権を維持しようとすれば，国内の利害調整の
ために民主主義的な経路を抑圧せざるをえない。もともと19世紀
の金本位制時代に，金本位制を軸とした経済統合を受け入れながら
国家主権を維持するためには，選挙権の拡大など民主化を抑えなく
てはならなかった。それゆえに，この選択は「**金の囚人服**」と呼ば
れる。

　現代においても，たとえば，アジア金融危機（1997年）やリーマ
ン・ショック（2008年），ユーロ危機（2010年）に見舞われた日韓・
西欧の国々は，金融・財政破綻を防ぐために，社会保障や財政支援
の大幅な削減や大規模な増税を実施せざるをえなかった。多大な痛
みを伴う政策は，非政党専門家を中心とするテクノクラート政権へ
の大幅な委任や，緊縮反対デモの拡大と取り締まりなど，民主政治
における通常の意見反映の経路を抑圧して，社会に犠牲を求めざる
をえない。それが行き過ぎれば，欧州連合（EU）に参加するポー
ランドやハンガリーのように，野党や市民の政治的自由を制限する
ような民主主義の後退につながりかねないだろう。

　他方，グローバル化とともに民主主義の追求を両立しようとすれ
ば，国家は自立した決定を行えなくなる。まさに「**グローバル・ガ
バナンス**」とされる路線の代表は，ユーロを導入したヨーロッパの
民主主義国が，独自の中央銀行を廃止し，金融政策の自律性を手放
したことに現れている。

▷　インサイダー・アウトサイダー問題

　グローバル化は，国内政治経済体制の中で高待遇を得られる**イン
サイダー**と所得や雇用・福祉などの点で疎外された**アウトサイダー**
の間で，格差を一段と顕在化させている。戦後の政治経済体制でも，
インサイダーとアウトサイダーの亀裂（いわゆる「**デュアリズム**」）が

248　第12章　政治経済

存在していなかったわけではない。ただし，先進国では，経済成長と雇用や所得の安定，比較的手厚い雇用保障や社会保障のネットワークが存在していたので，両者の分断は緩和されていた。しかし，グローバル化が再分配や福祉国家の維持（→第13章）を難しくしている状況では，両者の格差は再浮上せざるをえない。

グローバル化が進む現代では，失業リスクが低く比較的手厚い社会保障制度に守られた正規雇用労働者，高学歴高所得のホワイトカラーなどのインサイダーは，その安定した地位を活かしたり，金融市場や教育への投資を高めたりして，将来世代にわたって地位を安定化させようとしている。他方で，アウトサイダーとされるのは，失業率が高く安定雇用をみつけるのが難しい若年世代，合法的な労働法制の保護を十分受けられない移民やエスニック・マイノリティ，不安定雇用に従事せざるをえない人々などである。グローバル化の影響を受けて，不安定化する雇用と縮小する福祉に苦しむ人々は増えている。

また，移民・難民など，通常の市民権（シティズンシップ）の枠外にある人々も比重を高めている。たとえば，経済構造の変化によって増大しているサービス産業の労働は，移民の進出や海外へのアウトソーシング（外部委託）の普及を通じて，交易可能な財に近づいた（Baldwin 2016）。そのため，サービス産業に従事する労働者は，手厚い雇用と福祉の保護から外れてしまう。人々は国際競争に巻き込まれて，生活条件は低下を余儀なくされる。アウトサイダーとされる人々は，さまざまな社会的リスクに直面せざるをえない。格差拡大へのアウトサイダーの不満は，2001年のジェノヴァ・サミットのときの大規模な抗議活動など，反グローバル運動の隆盛につながった。

格差の拡大は各国でも重要な争点となっており，多様な対応が模

索されてきた。とくに注目されるのは，政党の役割の相違である。社会民主主義政党は，インサイダーの労働者の保護に重点を置いて，アウトサイダーの労働者の保護を軽視していると批判されている。さらに，社会民主主義政党は近年，高学歴の大都市リベラル層に傾斜した政策路線を採用して特権化し（インドのカースト制度に倣って，「**バラモン化**」ともいわれる），結果として主流派政党としての支持を喪失して苦境に陥っている（Bandau 2023）。

また，近年のポピュリスト政党の伸長は，グローバル化で打撃を受けた勢力が急進的勢力に囲い込まれた結果であるとする議論もある（経済ポピュリズム論）。とくに左派ポピュリズムが盛んな南欧諸国やラテンアメリカ諸国では，経済危機・緊縮政策をきっかけに左派ポピュリスト政党が台頭している。

ただし，グローバル化と政党支持との関係，グローバル化の敗者としての経済ポピュリズムという見方には，比較政治学におけるポピュリズム研究からの異論も少なくない。経済的状況が悪くない人や，安定して高い所得を得ている人でも，イデオロギー的理由からポピュリスト政党を支持する場合もあるとされている。

3 財政政策と金融政策の政治

これまで主に政治経済体制の構造にかかわる比較政治経済学研究の知見を検討してきた。次に，主要な政策分野として財政政策，再分配，金融政策を取り上げ，それぞれの政策分野に関する比較政治経済学の議論をみていこう。

▷ 財 政 政 策

　先進国の財政では，近年，中央政府の財政赤字，さらに中央政府と地方政府を合わせた政府債務の拡大が問題になっている。1970年代から少子高齢化に伴う社会保障費の増大や経済停滞の長期化を受けた歳入の伸び悩みと財政出動によって政府債務残高は上昇を続けており，とくに新型コロナウイルス感染症のパンデミック（世界的流行）に伴う経済対策で増加している。ただし，政府債務残高が2020年代までに国内総生産（GDP）比で200％を超える日本のように大幅に上昇した国，100％前後のアメリカやフランス，イギリスのように相対的に緩やかに上昇している国，60％台のドイツのように債務抑制に転じた国など，国ごとの違いは大きい。

　日欧米などで，財政赤字や公的債務が問題とされながら増加し続けてきたのはなぜだろうか。1980年代から新自由主義の影響で財政肥大化は強く批判されるようになっていた。しかし，イギリスのサッチャー政権を筆頭に，小さな政府路線を標榜し，財政均衡を支持するはずの中道右派政権でも，実際に公的支出の縮小は成功したとは言い難い（ギャンブル 1990）。中には，1980年代のアメリカ共和党政権（レーガン大統領）時代のように，支持基盤の高所得者層向けに所得税の税率引き下げを行い，大きな政府を支持するといわれる中道左派政権よりも財政赤字を拡大させた例もある。他方，EUでは共通通貨ユーロの採用条件となる財政赤字3％・公的債務残高60％の安定成長協定の要件を満たすために，とくに1990年代後半から2000年代にかけて公的債務の顕著な削減が実現した。

　財政支出全体の規模と長期的傾向としては，高齢化による社会保障費の拡大圧力やさまざまな既得権益に切り込むことになるので削減が難しい。全体的・長期的な潮流として，顕著な財政支出削減の実現は，ユーロ導入や国際経済危機といった**外的拘束**など，例外的

な要因が存在するときに限られるだろう。

　短期的・中期的な局面で，財政支出を拡大するかどうかについても，政治経済学は関心を寄せてきた。とくに注目してきたのが，選挙との関係である。選挙前に好景気をもたらすために財政支出を拡大させるとする説（**政治的景気循環論**）では，政府は，選挙の支持拡大に間に合うタイミングで，減税や家庭への給付を行うと予測する。他方，増税や手当の削減など負担を増大させる政策は，選挙から離れたタイミングで行おうとする。たとえば，近年の日本でも，選挙が近づくと，自民党政権が児童手当改革，民主党政権が子ども手当導入をそれぞれ打ち出した。

　また，有権者が財政支出の拡大や国債発行が将来，増税につながるリスクを認識しにくい限界を悪用して，政府は短期的に支持を拡大するために，財政赤字を生んでも支出を拡大するとする説（**財政錯覚**）も指摘されている。実際に，有権者は福祉給付の拡大や減税といった具体的な政策が，どの程度マクロ経済や財政に負担になるのかを特定するのは難しい。そのため多くの国で，将来的な負担の拡大を意識させないまま，与党も野党も減税や財政拡大を競う。やがてその影響で財政赤字が拡大する頃には，責任（アカウンタビリティ）を問われないで済むだろう。ユーロ危機の震源となったギリシャの財政悪化は，象徴的な事例である。

　さらに，左右などの政権の党派性，連立政権か単独政権かの政権構成，多数決型か比例代表型かの選挙制度の差異も注目されてきた。経済への公的拡大を重視するイデオロギーをもつ左派政権，多くの政権政党の要求を満たす必要がある連立政権と，そしてそれを生みやすい比例代表制のほうが，財政規模は拡大するとされる（**党派的景気循環**）。典型的なのは，中道左派の社会労働党が長期政権を担った 1930 年代以降のスウェーデンである。スウェーデンは，高負

252　第 12 章　政 治 経 済

担・高福祉で，収入・支出の双方で財政規模が大きい。

ただし，左派政権であるほど拡張的な財政政策を志向するという主張がある。この主張に対しては，ユーロ導入前の財政改革を事例として，左派政権のほうが労働組合の同意調達が容易であるので，社会保障改革を通じて財政赤字の削減に成功しているとする指摘もある（Garrett 1998）。確かにユーロ加入がかかった 1990 年代中盤から後半にかけてのヨーロッパは，イギリスのブレア政権，ドイツのシュレーダー政権，イタリアのプローディ政権など，中道左派政権が優勢な時代であった。

▷ 再 分 配

課税や財政支出を通じた財政政策は，所得が相対的に高い人から低い人への資源配分（**再分配**）を，いかに，どのくらい行うかという問題と不可分である。再分配は経済成長の停滞をもたらす原因であるという主張は新自由主義の議論などによって展開されたが，十分に実証されていない。むしろ，格差の縮小は政治的不安定性の抑制や教育投資を可能にすることで，成長に寄与しているという見解もある（Alesina and Perotti 1996）。再分配の規模については，福祉政治でも研究されているように（→第 13 章），政治制度が大きな影響を与える。

仮に社会を低所得者層，中間層，高所得者層に分けると，支持者の数は所得が高くなるほど少なく，再分配を支持しなくなる。国内政治で多数派を形成する場合には，低所得者と高所得者は政策距離が大きく連携は難しい。そのため，中間層が他のいずれと連携するかで多数派の内容が決まる。ただし，イギリスやアメリカのように小選挙区制など多数代表制を採用する国では，支持者の数が多い低所得者層が有利で，支持者の数に比べて過大に代表される。そのた

め，中間層は，低所得者層と組んで政権を形成した場合には，少数派に陥るリスクが高い。そのリスクを回避するために，中間層は，自分たちの数が多くて有利だとして，より数が少ない高所得者層との連合を選択するのが合理的である。そうなると，再分配は拡大しない。アメリカやイギリスでは，中道右派の共和党や保守党の政権はもちろん，民主党や労働党の政権になっても，再分配の規模が小さいのは，このような事情に起因している。

これに対して比例代表制の国では，社会の勢力比率が選挙でも反映される。そのため，中間層の低所得者層に対する勢力比は，小選挙区制のときと比べて大きくなる。中間層は，低所得者層と組むほうが有利となる。なぜなら，この場合は，高所得者層を排除してその資源を再分配できるからである（Iversen and Soskice 2006）。たとえば北欧諸国のように，比例代表制で社民主義政党主導の長期政権が続いたところでは，高い所得税のように再分配の規模が大きくなっている。

▷ 金融政策（1）——為替レートの安定

金融分野は，専門性が高く一般にはみえにくい政策領域であるが，経済への資金供給，人々の所得，企業経営を左右する重要な政策である。金融政策としては，中央銀行が行う通貨や金融の調節に関する（狭義の）金融政策から，金融規制，中央銀行制度まで幅広い。経済のグローバル化が進んだ現代では，財政支出の増減を通じて経済全体の需要を調整するのは難しい。そのため，景気対策として，市場への資金供給量の調整や金利の調整など金融政策の重要性は高まっている。

グローバル化の時代の金融政策の舵取りは簡単ではない。国境を越えた財やサービスの移動を前提とした開放経済下では，**マンデ**

ル・フレミング・モデルの理論に従えば，資本移動の自由，為替レートの安定，金融政策の自律性（金利の決定など）を同時に成り立たせることはできず，いずれかが犠牲にならざるをえない。グローバル化の時代に資本移動規制はもはや有効ではない。そのため，為替レート安定と金融政策の自律性の一方を重視し，他方を諦めなくてはならないからである。

為替レートの安定を重視した路線の代表は，**共通通貨ユーロ**を導入したヨーロッパである。ヨーロッパ各国は，代償として各国の中央銀行が独自に行ってきた公定歩合の決定を断念して，欧州中央銀行（ECB）に権限を譲り渡した。金融政策の自律性を重視した路線は，超低金利政策時代の日本が採用したものである。景気回復とインフレ対策を狙った欧米諸国が金融引き締めに転じた2024年，日本は低金利政策を続ける道を選んだ代償に，大幅な円安に見舞われた。日本銀行の円買いやドル売りなど為替相場への介入は，短期的な効果しか期待できず，円相場は国際市場の動向に左右された。

▷ **金融政策（2）――中央銀行の独立性**

金融政策は，それを支える制度設計にも影響を受ける。中央銀行は，平時には金融の引き締め・緩和を通じて通貨と物価の安定の責任を担う。また，経済危機時には市場に資金を提供する最後の貸し手として金融システムの安定の責任を担う。そのため，中央銀行は，政府からの独立性を確保することが必要だとされる。もし中央銀行が政府からの適切な独立性をもたなければ，選挙向けの景気対策を求める政治圧力のために，金利引き下げや資金供給の増大を迫られ，やがてインフレを招き，金融システムの安定は損なわれかねないからである。言い換えれば，**中央銀行の独立性**は，政府の経済政策の自由を制約することで成立する。

第3節　財政政策と金融政策の政治　**255**

政府は，なぜ自らの経済政策決定の手足を縛ってまで中央銀行に独立性を与える制度設計を採用するのだろうか。中央銀行を司法や食品安全規制などを担う独立規制機関の一部としてとらえると，中央銀行は独立性を付与した政府を支える政治勢力が，将来的に不利にならないための政治的保険と考えられる（いわゆる**保険理論**）。保険理論によれば，歴史的にみると，たとえば20世紀の民主化の過程で，中央銀行に独立性が付与されるのは，従来の支配勢力であるブルジョワジー（資本家）などが，自らの資産を守るためであるとされる。将来の選挙で左翼政党が勝利し，労働者の利益になるような財政拡大策を行おうとしても，中央銀行が独立性を有していれば，通貨価値の維持を重視して，資産価値を損なうようなインフレ政策を阻止することも可能である。実際に，1970年代から80年代にかけて，ドイツで成立した社会民主党・自由民主党の中道左派政権時代には，時のシュミット首相が景気対策で採用した財政拡大策の効果を打ち消すように，中央銀行であるドイツ連邦銀行が金融引き締めに動いた。

　経済の安定を達成したい場合には，中央銀行を政治的圧力から独立させることが，市場に対してインフレ抑制の信頼を与えるとされる。いわゆる「**クレディブル・コミットメント**」である。ただし，中央銀行の独立性が実際にインフレ抑制や経済パフォーマンスの向上につながるかについては，議論は一致していない。従来，インフレ抑制・通貨価値安定を重視する中央銀行の独立性が低い金融制度のほうが，財政赤字の拡大につながると指摘されてきた。他方，近年の研究では，労働者と使用者の賃金交渉（Hall and Franzese 1998），政権の党派性（Pontusson et al. 2002）など，さまざまな要因が影響を与えるとされている。

256　第12章　政治経済

▷ **金融政策（3）——政府，企業，個人の債務拡大の影響**

　金融政策は，21世紀以降，中央政府・地方政府の公的債務だけでなく，民間部門の債務も増大する中で，一段と重要性を高めている。財政政策のところで指摘したように，20世紀末以降，中央政府・地方政府の政府債務は増加してきたが，21世紀に入って金融危機対応や新型コロナウイルス感染症のパンデミックに対する経済対策で，いっそう拡大傾向にある。さらに，民間部門でも，以前から存在してきた企業の資金調達に伴う債務に加えて，最近は個人の債務の拡大が指摘される。とくに住宅ローンや教育ローンの規模が飛躍的に拡大しており，今世紀には個人が長期間債務を抱えることが増えている。

　政治経済学研究では，このような国家財政と個人を横断した**金融化**が，政府，企業，個人の行動を変容させていることに注目している（Carstensen and Röper 2019）。政府の側では，経済構造の変化を受けて，金融部門の機能を維持し，投資を引き付ける重要性は格段に増している。民間企業の資金調達は，以前と比べても銀行融資などの間接金融よりも，資本市場などからの直接金融に依存するようになっている。そして，個人の側では，公的住宅などに代わって住宅の個人所有が拡大し，ローンを通じて資産化が進んでいる。そのため，従来の政治経済学のように，もっぱら有権者を被用者と想定できなくなる。中間層を中心に，有権者は，金融資産保持者として資産価格の維持を求めるようになり，インフレ抑制への関心が被用者としての立場と比べても強まる。

　近年，先進民主主義国で中道左派政党の支持基盤であった労働者層や中間層が離反している理由の一つは，相当な人々が資産保有者となって，インフレ抑制と資産価格の維持を重視する中道右派などに支持が流れたことにある。政府の側も，財政支出を増やしても以

前のように政治的支持を期待できないので，中道左派政党であっても，資産価格を維持するためにインフレ抑制を重視した政策をとらざるをえない。たとえば，1980 年代のイギリス保守党政権（サッチャー首相）が公営住宅払下げで労働者や中間層を含めた資産保有者を生み出すことによって，90 年代後半まで長期政権を維持する一助となった。後継の労働党政権，さらにその後の保守党政権も，21 世紀に中間層の支持を得るためには，財政支出を引き締め，通貨ポンドの価値を維持する高通貨政策を採用しなくてはならなかった。

▷ コーポレート・ガバナンスと政治の関係

　資本主義の多様性論で指摘したように，最近の政治経済学研究では，企業とそれを取り巻く市場制度の設計が研究関心を呼んでいる。その代表が，**コーポレート・ガバナンス（企業統治）**の制度である（ゴルヴィッチ＝シン　2008）。

　株主と経営者の関係は，有権者と政治家の関係のように，**本人‒代理人（プリンシパル・エージェント）関係**としてとらえることができる。企業を所有する株主（本人）は，専門性が必要な企業経営を，経営者（代理人）に委ねる**委任関係**が成立している。

　本人である株主は，経営者が経営において株主利益を尊重しているかを監視（モニタリング）する必要がある。しかし，株主は経営者のように企業の経営に関する詳細な状況を知ることは難しく，専門経営者と株主間には情報の非対称性が生まれざるをえない。そのため，株主によるモニタリングは困難となり，経営者が株主の委任範囲を逸脱して行動する**エージェンシー・スラック（エージェンシー・ロス）**のリスクが生じる。たとえば，企業経営者が，利益に見合わない高水準の報酬を得たり，自らの関係者に有利な取引を行ったりするリスクがある。

258　第 12 章　政治経済

このリスクに対応するための制度設計としては，①社外取締役や少数株主も含めてモニタリングを強化すること，②ストック・オプションなど業績連動報酬を導入して，株主と同じ基準で適切な経営に向けた経営者のインセンティブを確保することなど，さまざまな改革が進められてきた。

　モニタリングやインセンティブの制度設計は，企業中心アプローチを説明したところで学んだ資本主義の多様性論における LME と CME の類型に対応して異なる形をとる。LME では経営者の裁量が大きいので，エージェンシー・スラックが発生しやすい。また，資本市場から短期資金を中心に資金調達を行うので，経営が短期的に大きく変化するリスクもある。その対応として，株主や外部取締役，司法も含めたモニタリングやストック・オプションなどインセンティブの仕組みが整備されている（ホール＝ソスキス 2007）。

　CME では融資などのかたちで，企業に長期信用を提供する銀行などが，企業の実質的なモニタリングを行うために，企業は安定した経営をめざすとされる。そのため，経営者にストック・オプションなど個別のインセンティブを付与して，経営をコントロールする必要性も低下する。ドイツや日本において，中長期信用を提供する銀行と企業が結び付いて，安定した成長を維持してきた。

　LME と CME の安定性に差が生まれるのは，資金調達をめぐる制度の相違だけが理由ではない。背景としては，政治制度，とりわけ選挙制度の差異が作用している。多数決型選挙制度を多く採用する LME と，比例代表制が多い CME では，前者のほうが政権の変化が大きくなりがちである。そのため，企業の経営方針も政権の経済政策に応じて変化しやすくなる。ただし，コーポレート・ガバナンス分野でも，グローバル化に伴う相互の接近が進んでいる（ハイブリッド化）。LME 諸国の企業では，銀行融資を通じた資金調達を

強化して短期的変動のリスクを分散しようとしている。他方で，CME 諸国では，近年ストック・オプションの導入など LME に接近するコーポレート・ガバナンス改革が急速かつ大規模に進んでいる。

✐✐✐ *Book guide* 読書案内 ✐✐✐

・ピーター・A・ホール゠デヴィッド・ソスキス編／遠山弘徳・安孫子誠男・山田鋭夫・宇仁宏幸・藤田菜々子訳『資本主義の多様性──比較優位の制度的基礎』ナカニシヤ出版，2007 年。

　　現代の資本主義について，自由市場経済（LME）と調整型市場経済（CME）の 2 つのモデルに基づく新しい枠組みを提示した著作。現代政治経済学研究の共通基盤といえる。

・ダニ・ロドリック／柴山桂太・大川良文訳『グローバリゼーション・パラドクス──世界経済の未来を決める三つの道』白水社，2013 年。

　　グローバル化の意義を経済的側面だけでなく，政治的側面も含めて考察した著作。グローバル化のトリレンマとして，民主主義と国家主権の維持の緊張関係を指摘する。

・久米郁男編『なぜ自由貿易は支持されるのか──貿易政治の国際比較』有斐閣，2023 年。

　　日欧米等を対象に，今なお底堅い自由貿易の支持に関する政治的要因を，サーヴェイ実験など新しい手法を用いて分析した本。

✐✐✐ *Bibliography* 参考文献 ✐✐✐

　　ギャンブル，A.／小笠原欣幸訳 1990『自由主義と強い国家──サッチャリズムの政治学』みすず書房。

　　久米郁男編 2023『なぜ自由貿易は支持されるのか──貿易政治の国際比較』有斐閣。

　　ゴルヴィッチ，ピーター・A.＝ジェームス・シン／林良造監訳 2008『コーポレートガバナンスの政治経済学』中央経済社。

　　シュミッター，P. C.＝G. レームブルッフ編／山口定監訳，高橋進・辻中豊・藪野祐三・阪野智一・河越弘明訳 1997『現代コーポラティズム II

――先進諸国の比較分析』木鐸社。

ションフィールド，A.／海老沢道進ほか訳 1968『現代資本主義』オックスフォード大学出版局。

ホール，ピーター・A.＝デヴィッド・ソスキス編／遠山弘徳・安孫子誠男・山田鋭夫・宇仁宏幸・藤田菜々子訳 2007『資本主義の多様性――比較優位の制度的基礎』ナカニシヤ出版。

ロドリック，ダニ／柴山桂太・大川良文訳 2013『グローバリゼーション・パラドクス――世界経済の未来を決める三つの道』白水社。

Alesina, Alberto, and Roberto Perotti 1996, "Income Distribution, Political Instability, and Investment," *European Economic Review*, 40(6), pp. 1203 –1228.

Baldwin, Richard 2016, *The Great Convergence*, Harvard University Press.

Bandau, Frank 2023, "What Explains the Electoral Crisis of Social Democracy? A Systematic Review of the Literature," *Government and Opposition*, 58(1), pp. 183–205.

Berger, Suzanne, and Ronald Dore eds. 1996, *National Diversity and Global Capitalism*, Cornell University Press.

Carstensen, Martin B., and N. Röper 2019, "Invasion From Within: Ideas, Power, and the Transmission of Institutional Logics Between Policy Domains," *Comparative Political Studies*, 52(9), pp. 1328–1363.

Garrett, Geoffrey 1998, *Partisan Politics in the Global Economy*, Cornell University Press.

Hall, Peter, and Robert Franzese 1998, "Mixed Signals: Central Bank Independence, Coordinated Wage Bargaining, and European Monetary Union," *International Organization*, 52(3), pp. 505–535.

Iversen, Torben, and David Soskice 2006, "Electoral Institutions and the Politics of Coalitions: Why Some Democracies Redistribute More Than Others," *American Political Science Review*, 100(2), pp. 165–181.

Pontusson, Jonas, David Rueda, and Christopher R. Way 2002, "Comparative Political Economy of Wage Distribution: The Role of Partisanship and Labour Market Institutions," *British Journal of Political Science*, 32(2), pp. 281–308.

Zysman, John 1983, *Governments, Markets, and Growth: Financial Systems*.

福祉政治

第 **13** 章 *Chapter*

Quiz クイズ

現代の福祉制度の原則は，均等な負担・給付で均一性の高い制度か，職種や所得ごとの給付・負担に基づく差を前提とする制度かに分かれます。後者のような制度を採用する国家は，社会保険の整備を進めた政治家にちなんで，「○○型」福祉国家と呼ばれます。その政治家を選んでください。

a. ロイド=ジョージ　　**b.** ビスマルク　　**c.** ベヴァリッジ
d.（F. D.）ローズヴェルト

Answer クイズの答え

b. ビスマルク

　ドイツ帝国の宰相ビスマルクは，19世紀末に勢いを増す社会主義や労働勢力への対抗として，労災保険などの社会保険を導入しました。そのような職種ごとの社会保険に基づき，格差を含んだ福祉制度は，ビスマルク型と呼ばれます。均一給付で格差が小さいものは，イギリスの『ベヴァリッジ報告』に範をとってベヴァリッジ型といわれます。

Chapter structure　本書の構成／Keywords

1　福祉国家の成立と発展
社会保険，戦後合意，ベヴァリッジ報告，ケインズ主義的福祉国家

2　福祉国家の形成をめぐる理論
権力資源動員論，福祉レジーム，男性稼得者モデル

3　現代の福祉改革
新しい社会的リスク，フレキシキュリティ，社会的投資国家論

4　福祉改革をめぐる政治学的議論
経路依存性，シティズンシップ，福祉排外主義

264　第13章　福祉政治

現代の福祉国家は、厳しい批判に晒されている。興味深いのは、批判が「ムダ」と「不足」という両極端な方向からなされていることである。福祉国家の過大さを批判する人々は、福祉支出やそのための個人や企業の負担を、財政赤字の原因や経済成長への障害とみなす。福祉国家の不十分さを指摘する人は、貧困や失業など社会問題の深刻さに及ばない規模の小ささや、ジェンダー（社会的性差）やシングルペアレント（一人親家庭）など既存の福祉政策で適切に手当てされない人々の存在を指摘する。しかし、いずれの立場も、必要な福祉改革が、既得権の保護などの問題のために実現していないことを批判する点では、共通している。

　現代の福祉国家は、どのような変化を遂げているのだろうか。改革は、いかなる方法で取り組まれているのだろうか。政治学では、福祉国家の政治をどのように説明できるだろうか。本章では、まず第1節で福祉国家の形成と発展の過程を振り返った後、第2節でその背後にある政治学の理論を説明する。続いて第3節と第4節では、現代の福祉改革の特徴とその理論的議論をみる。

1 福祉国家の成立と発展

福祉国家の成立

　国家が本格的に福祉政策を担う福祉国家が始まるのは、19世紀末から20世紀初頭である。この時期、工業化が進んだ余波として、失業問題や労働条件が深刻化し、都市化によって公衆衛生問題や住宅問題が悪化した。このような、いわゆる「**社会問題**」に注目が集まった。経済や福祉の問題解決を訴えた労働運動や社会運動が勢力

を拡大する中で，国家としての対応が求められた。それまでの時代のように，家族や地域の伝統的共同体の互助や宗派組織の慈善事業，あるいは最低限の救貧政策として福祉を提供するだけでは，社会問題の解決には不足であった。

　年金や労災保険など福祉国家の重要な政策は，国民からの要求もあったが，政府の側から社会主義政党や労働運動の勢力の拡大を抑え，都市や社会を適切に統治していくための社会管理を目的とした。代表的な試みとしては，19世紀末のドイツ帝国の宰相ビスマルクによって行われた，労災や年金といった一連の**社会保険**の導入がある。

　社会保険に基づく福祉国家は，ヨーロッパを皮切りに，20世紀前半にかけて世界に広がっていく。労働者が経営者と並んで拠出者となる社会保険制度の導入は，当初は，国や経営者の負担削減を企図していた。ところが中長期的には，労働者が社会保険の運営に参加し，制度化された発言権を有したことで，労働組合や社会民主主義政党の発展の助けとなった。とりわけ，1901年にベルギーのヘントで導入された労働者拠出を自治体拠出で補完する失業給付制度をきっかけに，同様の失業給付制度（**ヘント制**）がベルギーの他の都市や北欧諸国に広まった。そうなると，制度を運営する労働組合に加入する労働者の誘因が高まり，労働組合とその支持を受けた社会民主主義政党の勢力拡大を促した。

　さらに，左右対立が緩和された第二次世界大戦後には，労使（労働者と使用者）が共に参加する社会保険の制度は，企業内外で労使協調を促すインセンティブとして働く場合もあった。たとえば，日本の健康保険組合では，事業主と従業員が同数の代表を送り，運営されており，労使の協議の機会を提供した。

　総力戦となった第一次世界大戦への参戦は，前線に兵士として動

266　第13章　福祉政治

員された男性だけでなく，銃後の生産現場に動員された女性にとっても，政治的・社会的権利が拡大するきっかけとなった。第一次世界大戦後，成人男子さらに一部では女性の普通選挙権が導入され，国民の需要に対応した福祉供給の拡大も進んでいく。さらに，戦争が生んだ膨大な数の傷痍軍人，退役兵士，戦争未亡人，戦後の経済混乱による困窮者の存在は，福祉政策の刷新を必要とした。1919年に制定されたドイツのワイマール憲法には新たに社会権規定が導入され，フランスでも 1930 年には包括的社会保険立法が成立した。

　福祉国家の発展をさらに進めたのが，1929 年に発生した世界恐慌である。経済危機の深刻化を受けて，福祉の対象は労働者から中間層へと拡大した。イギリスでは 1934 年に新しい失業法が制定されて，保険料納付とは切り離して失業給付を行うことになった。福祉国家は，文字通り国家全体のリスクを対象とし，多くの公的資源が振り向けられる制度へと変化していく（田中 2017）。

福祉国家の発展

　第二次世界大戦は，さらに大規模な総力戦体制の経験を通じて，日本の源泉徴収制度の導入（1940 年）のように，国民を組み込んだ社会政策・経済政策の手段を発展させた。終戦後，政治面のみならず経済面でも民主化の要求が強まり，戦争の惨禍からの復興と生活の安定が求められていた。戦争の背景となった経済危機と左右対立を繰り返さないことは，第二次世界大戦が終結した後の民主政治の目標となる。そのための政策手段として，福祉国家の発展は，戦後政治の中心的な課題とされた。

　戦時中から，戦後の課題への取り組みは始まっていた。イギリスでは，政府が国民生活の基本的条件を保障する義務を負うという考えに立つ『社会保険の関連サービス』報告書（いわゆる『ベヴァリッ

ジ報告』）が公表された。健康保険・年金・失業給付などの統一的な
サービスを創設する構想が示された。アトリー労働党政権において，
この構想は，1940年代後半に，**国民保健サービス**（NHS），国民保
険法などの形で実現する。1951年の総選挙で保守党への政権交代
が起きてからも，年金・医療，公営住宅建設などの福祉政策を充実
させる試みは続いた。他の国々も，福祉政策の整備は進む。スウェ
ーデンでは，社民党政権の下で**付加年金**や児童手当が整備される。
アメリカでも老齢年金の拡充が図られた（ピアソン 1996）。

　1960年代頃までは，多くの国で福祉国家の発展について左右の
党派を超えた支持が成立していた。このような「**戦後合意**」の存在
の背景には，2度の大戦への反省と国際的冷戦への対応があった。
第二次世界大戦の遠因として，1920年代から30年代にかけて，ド
イツやイタリアで民主主義体制が崩壊したことが挙げられる。両国
で民主主義体制が崩壊した原因の一つに，1929年に起こった世界
恐慌などの経済危機による左派と右派の間の亀裂の深刻化がある。
第二次世界大戦後に，同じ破局を繰り返すわけにはいかなかったの
である。それにもかかわらず，1940年代末から国際冷戦の本格化
に伴って左右対立は再び拡大し，日本や西欧の民主主義国では，国
内の共産主義勢力や急進的労働運動の拡大を阻止する必要に迫られ
る。厳しい状況の中で経済復興と民主主義体制の安定を実現するた
めには，福祉政策の拡充を通じて左派と右派の対立や労働者と使用
者の対立を緩和することが不可欠だと意識された。日欧では，アメ
リカを模範に，共産主義勢力への対抗上，生産性の向上を核に労使
双方が妥協する「生産性の政治」を推進される。

　さらに，アメリカ主導の国際的自由貿易体制に参入する日欧は，
そのショックを緩和する補償が必要であった。福祉国家の拡大は，
左右・労使和解と国際経済参入の補償として必須の政策手段となっ

268　第13章　福祉政治

た（→**第 12 章**）。それゆえ，中道左派の社会民主主義政党だけでなく，中道右派のキリスト教民主主義政党や保守政党も，福祉国家を支持したのである（田中 2017）。

第二次世界大戦後の福祉国家の拡大は，どのように進んだのだろうか。社会支出の水準として，福祉国家建設の先頭を走るヨーロッパの数カ国をみても 1914 年には対国内総生産（GDP）比で 3% 程度，40 年には 5% 程度であった。戦後の福祉国家の拡大期に入ると，1950 年代前半には 10% から 20% の間まで高まり，70 年代半ばまでには GDP の 4 分の 1 から 3 分の 1 を超える水準に上昇していた。社会保険のカバー率（人口に対する保険加入者の割合）も多くの国で終戦直後に 5 割を超えて，1970 年代半ばまでに G7（主要 7 カ国）諸国のほとんどでは 9 割以上，アメリカでも 6 割近くに達した。1940 年代後半に始動し，50 年代から 60 年代にかけての経済成長に合わせて，さらに拡大した福祉国家は，70 年代に入るまで「**黄金の 30 年間**」を迎えたといわれた。

完全雇用の維持を目標に，財政政策を通じて景気浮揚と経済成長を図りながら，福祉給付の対象と水準を急速に高める福祉国家は，**ケインズ主義的福祉国家**モデルとも呼ばれた。福祉国家は，国民の社会的市民権と結び付けられ，戦後の民主主義を支える基盤を提供したのである。

2　福祉国家の形成と発展をめぐる理論

▷　福祉国家の形成要因

福祉国家の成立や発展，そして成立した福祉国家の特徴は，どのように説明できるだろうか。政治学からの福祉研究では，政治制度

や政治勢力の関係などに注目した理論的なアプローチが試みられてきた。

古典的な議論では，福祉国家を産業化の副産物ととらえる**産業社会論**や，市民的権利・政治的権利に続く**社会的権利**の実現とするマーシャルの議論などがある。これらの研究は，社会経済的発展に注目しているので，福祉国家全体の形成・発展を説明することに長けている。他方で，地域や国ごとの相違を説明するには十分とはいえない。

そこで，コルピやエスピン−アンデルセンは，組織化された労働組合と社会民主主義政党の影響力を通じて労働者の権力が動員されるパターンに注目する**権力資源動員論**を提示した。たとえば，大規模な福祉国家で知られる北欧諸国は，強力な社会民主主義政党の長期政権と労働者を包括的に組織する強力な中道左派系労働組合の提携が成立したので，労働者の利益を代表する権力資源の動員が成功して，高水準の福祉国家の発展を促したとされる（田中 2017）。

他の理論としては，19世紀末以降の国家による福祉整備に注目するリッターらの社会国家論，キリスト教民主主義政党による社会民主主義勢力とは異なる影響を重視する研究，先行する国家機構や政治制度を重視する歴史的制度論による研究などがある。政治経済学との関係では，階級を超えた連帯やリスクの共有に注目するボールドウィンの議論も注目に値する。いずれの研究も，人口動態や経済発展といった社会経済的要因と比べて，政党間の勢力関係や政治制度・政策制度などの政治的要因の影響を重視した理論的主張を打ち出してきた。

▷ 福祉レジーム論

福祉国家は，産業化や第二次世界大戦後の国際経済への参入など

表 13-1 福祉レジームとその主要な特徴

福祉レジーム	自由主義	保守主義	社民主義
脱商品化	低	中	高
階層化	高	中	低
政策的重点	市場＋扶助	家族の所得保障	公的サービス
地域	英・米・加・豪	独・仏・ベネルクス・墺・伊・日	北欧

［出所］　エスピン-アンデルセン（2001）を参考に筆者作成。

共通の環境を踏まえながら，国ごとにその制度や政治的・社会経済的状況によって異なる道をたどって発展した。各国の福祉国家は給付や財源などの政策面や運営方法などの制度設計において多様な姿をとる一方で，主要な特徴を共有する点で国を横断したいくつかの類型（**福祉レジーム**）に分けることができる。

　最も代表的な福祉レジーム論は，『福祉資本主義の３つの世界』を著したエスピン-アンデルセンの提示した枠組みである。彼は，主に自由主義，社民主義，保守主義という３つの福祉レジームの存在を明らかにして，のちの福祉レジーム論をめぐる議論の基準を提供した（エスピン-アンデルセン　2001）（→**表 13-1**）。

　エスピン-アンデルセンが提示した３つの福祉レジームは，**脱商品化**と**階層化**に応じて区分される。脱商品化とは，個人や家族が，失業，病気，退職などによって働けない場合にも，社会的に受け容れられる生活水準を維持できる程度を指す。階層化とは，国民の間の階級格差の程度である。

　アングロサクソン諸国などに多くみられる**自由主義レジーム**は，年金など最低限の普遍的な補償に，困窮者への公的扶助を組み合わせた政策を軸とする。また，個人年金などの追加の所得保障やサー

第２節　福祉国家の形成と発展をめぐる理論　　**271**

ビスは市場や非政府組織（NGO）から調達する。たとえば，イギリスの公的年金制度は給付水準が日本や他のヨーロッパ諸国に比べて低い一方で，最低限補償としての基礎年金を超えた所得補償については，私的年金の果たす役割が際立って大きい。

大陸ヨーロッパ諸国や日本などが当てはまる**保守主義レジーム**は，職業や地位と結び付いた社会保険を基盤としており，家計への所得移転に重点を置いた政策を提供する。日本やドイツなどでは雇用時の社会保険納付と結び付いた所得比例の年金が老後の所得保障で大きな役割を果たす。そのほか，子どもやその他の家族に対する現金給付の重要性が高い。

北欧諸国を中心とした**社会民主主義レジーム**は，高水準の租税や保険料の負担の代償に，普遍主義的な公的サービスの提供を図る政策を重視する。たとえばスウェーデンは付加価値税率が 25% でイギリスやドイツなどに比べて 5% 以上高い。その一方，介護関連のサービスは基本的に税金で賄われているなど，際立って手厚い福祉供給が行われている。

福祉レジーム論に対しては，批判や修正の必要性も指摘されてきた。保守主義レジームのうちでも南欧や日本は，所得移転水準が低く，家族による福祉供給に依存しているので，別の類型（**家族主義レジーム**）を立てるべきといわれた（新川 2011）。さらに福祉レジーム論は日欧米を対象に類型化したものであるので，アジアやラテンアメリカは独自の地域的な福祉レジームに類型化すべきであるという提案もある。さらに，福祉レジーム論のモデル化そのものについて，**ジェンダー**の観点から，レジームを横断して主たる家計支持者である成人男性労働者の雇用と所得の補償を軸とした**男性稼得者モデル**を前提としているという問題点が追及されている。

また，福祉レジーム論は，大規模な移民の流入の時代において，

272 第 13 章 福 祉 政 治

福祉の基盤となる**市民権**（シティズンシップ）の変化を十分に考慮できていない点も問題視された。のちにエスピン-アンデルセン自身も，ジェンダーの観点などを踏まえて，修正したレジーム論を提示した。

福祉国家の中核的な政策領域について，福祉レジーム論は妥当しないとする批判もある。年金については，税を財源とする普遍主義的な補償（**ベヴァリッジ・モデル**）と，職種別の社会保険を財源とする階層化された補償（**ビスマルク・モデル**）という2分論がある。一般には普遍主義的な福祉制度の持ち主とされるスウェーデンは，年金ではビスマルク・モデルに区分されている。また，医療については，自由主義諸国のイギリスでも普遍主義的な NHS が実現しており，1970年代以降は南欧など保守主義的諸国でも社会保険型から NHS 型への転換が生じている（伊藤 2011）。

3 現代の福祉改革

▷ 縮減の政治

戦後福祉国家の「黄金の 30 年」は，1970年代に，2度の石油危機と経済停滞に見舞われたことで，終わりを迎えた。1980年代以降，新自由主義，グローバル化，少子高齢化を受けて，福祉国家は改革の時代に突入する（ピアソン 1996）。各国の福祉改革は，福祉支出・給付の削減を柱とする**縮減**の潮流に飲み込まれていく。

縮減をめざす中でも少子高齢化はそれを上回るペースで進むので，福祉財源の縮小と給付の膨張は同時進行せざるをえない。増税や保険料引き上げなどの財源強化のための負担増には強い反発が予期されるので，改革の焦点は福祉給付の抑制に当たらざるをえなかった。

年金では，給付を抑制するために，受給開始年齢の引き上げや，経済状況に応じたマクロ経済スライドに基づく給付算定の導入が行われた。介護では，公的な財源による介護サービスの現物給付でなく，市場メカニズムの部分的導入（事業者やサービスを選択できるバウチャー制度など），移民ケア労働者の活用によるコスト抑制が進められた。場合によっては，イタリアのように，非正規移民がケア労働の提供先として活用される場合もあった。医療でも，提供サービスの限定や公費投入の抑制などが試みられた。

縮減期の改革では，福祉受給を就業と関連づけるワークフェアが推進される。そこでは，職業紹介拒否者は，手当削減や打ち切りの対象となる。福祉は，シティズンシップに基づく権利としての側面を後退させて，就業強化を通じて収入・支出の両面で福祉財政への圧力を減らす条件付きの政策へと変貌していく。なぜなら，企業や個人の保険料負担や国の財政負担を軽減しなければ，企業は投資を抑えるか国外に脱出し，国民は消費を抑え，経済は停滞し，社会保障の基盤は弱体化する。政府が経済の弱体化を防ごうとすれば，極端な福祉削減によって企業収益や経済成長を維持しようとするソーシャル・ダンピングが発生し，最終的には国々の間で福祉切り捨てによる底辺への競争を招きかねないと懸念された。

このような福祉国家の行き詰まりを打開するためには，働くことが可能な人々は労働市場に参加させる政策（アクティベーション）を推進して，福祉の財源となる保険料などの福祉財政の収入を増やす必要がある。と同時に，福祉に依存する期間を減らして福祉支出を減らすことが不可欠である。たとえば，現在の日本では，65歳の年金受給開始年齢を繰り上げて早く受給する場合は年金受給額が削減される一方，最長75歳まで繰り下げて受給する場合は年金受給額を増額する制度を採用している。この制度は，労働市場からの早

期退出にはマイナスのインセンティブを，労働市場への長期参加については プラスのインセンティブを，福祉政策を遂行するうえで設定していることを意味する。

福祉国家の縮減の難しさ

しかし，福祉国家の縮減は容易には進まなかった。少子高齢化の圧力と既存の福祉プログラムの現状維持圧力は根強い。日本の社会支出を経済協力開発機構（OECD）基準でみた場合は，1980年には20兆円を少し超える程度であったが，2021年には140兆円を上回るまで増加している。

福祉縮減は，なぜ難しいのか。政治的には，日米欧いずれの国でも，投票率が高く政治的比重を増す高齢者の利益を損なう改革を実施するのは容易ではない。他方，数と投票率の双方で比重を低下させる若年層の利害は政策に反映されにくい。いずれの国でも期待したような規模の改革は実現しなかった。現状維持圧力の帰結として，福祉改革の負担は，現役世代や若年世代に集中した。たとえば，近年のイタリアなどの年金改革では，保険料引き上げと給付削減による負担拡大は，年金受給世代ではなく，将来の世代に適用されることで，立法化された。

福祉レジームのタイプによっても，縮減の困難は異なる（田中2017）。日本，ドイツ，フランスなどの保守主義レジームに多い社会保険型の福祉制度では，受給は保険料支払いの対価としての権利と強く意識されるため，削減反対は強い。さらに職種ごとに細分化された制度間の格差是正と統一は，困難を極める。北欧諸国の社民主義レジームにおいて採用されている租税型の福祉制度では，削減そのものへの個別の反対は相対的に弱いが，国民の支持が高い福祉供給を削減するのは難しい。他方，イギリスなど最低限補償の自由

主義レジーム諸国では，公的福祉への負担を削減する場合は私的年金や市場での調達に負担分を回すことができるため，反対は強固になりにくい。そのため大規模な給付削減が行われ，もともと低い福祉水準が更に切り下げられ，福祉の貧困とまで呼ばれる問題が表面化した。

　福祉縮減に関する政治学研究は，縮減圧力が増加したにもかかわらず，大規模な改革が困難で，実現した改革も漸進的な内容にとどまらざるをえない原因を考察してきた。ピアソンは，レーガン期アメリカとサッチャー期イギリスの比較研究において，福祉国家の**政策遺産**は変化に抵抗力を有しているために持続性が高く，改革が例外的に成功する場合は，反対派の分断・代償の提供・改革内容の隠_{いん}匿_{とく}などの「政治」が重要であることを指摘した（Pieson 1994）。福祉プログラム固有の受益層の形成に加えて，それを運営する専門スタッフなど職業スタッフの形成が，既得権益となって改革に反対する点に注目する論者もいる（Manow et al. 2018）。これらの既存の利益の制度化，労働市場や財政政策とのリンケージ（結合）など，福祉国家の制度は，歴史的制度として**経路依存性**を有するがゆえに変え難いとされる。

▷ 新しい社会的リスク

　福祉改革が限界に直面する中で注目されたのが，**新しい社会的リスク**である。従来の福祉国家は，工業社会の男性稼得者モデルに紐づけられ，男性労働者の短期失業・疾病等の**旧い社会的リスク**への対応を主眼に設計されていた。工業社会の時代には，男性が完全雇用に近い労働市場において正規雇用で働くのが通例とされた。そのため，福祉政策の重点は，現役時代の補完的な家族手当と例外的・一時的な失業や労災に対応する給付制度，そして退職後の所得補償

のための年金制度に置かれた。

しかし，**ポスト工業社会**の到来とサービス経済化の進行，女性労働者の増加，核家族化，低成長の常態化と労働市場の流動化などの変化は，長期失業や子ども・高齢者のケア，既存の枠組みでカバーされない国民の増加など，新しい社会的リスク（Hieda 2012）を生んでいる。安定した就業に連動した年金や失業手当に重点を置いた従来の福祉政策では，新しい社会的リスクへの対応は難しい。たとえば，日本でも近年，急速に増えている非正規雇用では，雇用期間が短いので，年金受給に必要な保険料の最低納付期間の要件に満たない人々がたくさん生まれてしまう。このような人を無年金や著しい低年金の状況で放置するのは，社会の安定や人権の観点から問題があるだろう。

▷ 新しい社会的リスクへの対応

新しい社会的リスクへの対応をめぐっては，福祉レジームを横断した共通の処方箋が注目されている。年金制度では，制度間格差の縮小と一元化，経済状況に合わせて給付を抑制するマクロ経済スライド，既存の政労使協調を超えた政治主導の改革手法などを挙げることができる。福祉給付を経済指標に紐づけて財政的に持続可能なものにする安定化装置（ビルトイン・スタビライザー）を導入することによって，給付水準をめぐる議論が過剰な政治争点となるのを抑制しようとした。同時に，2001 年に成立したドイツ・シュレーダー政権の年金改革のように，既存の政策調整枠組みを超えた政治的リーダーシップを発揮することで，それまで難しかった改革を行う試みがなされた。

福祉レジームごとに，対応の格差も際立つ。社会民主主義レジームの北欧諸国は，普遍的なサービス志向の制度を有するので相対的

に容易に対応できた。スウェーデンでは，保育や介護サービスや職業訓練がもともと充実していた。そのため，女性や若年層が労働市場に参加するのを支えたり，失業者が流動化する労働市場に対応して雇用可能性（エンプロイアビリティー）を高めたりすることが可能になった。

自由主義レジーム諸国は，市場への依存から不十分なサービス提供と貧困悪化の罠に陥っている。たとえば，イギリスでは福祉給付に対する面談・求職義務と違反者への手当て打ち切りなどの罰則が強化された。その結果，失業率自体は目立って改善していない一方で，シングルマザーや障害者など新しい社会的リスクに脆弱な人々が置き去りにされていると非難されている。

保守主義レジームでは，ドイツ・フランスなど経済水準の高い国は所得移転の増大で制度改革の不十分さを補えた。他方，経済水準が高くないイタリア・スペインのような南欧諸国では，家族，とくに女性に負担が偏り苦しんだように，内部で格差が拡大している。たとえば，女性就業率を比較してみよう。高い家族関連手当と柔軟なケア・サービスが導入されたフランスや家族手当が充実したドイツは 70% を超える一方，家族手当も低く，女性のケア負担が大きいイタリアは 50% 台に停滞している。

福祉縮減が進む現代でも，新しい社会的リスクに対応する福祉改革は，縮減一辺倒にはなっていない。就労強化と福祉受給を結び付けるアクティベーションの潮流は継続しているが，一人親家庭，移民など，より大きなリスクに直面している集団には手厚い条件の就労支援を行う国も増加している。このように，福祉レジームの特徴に沿った独自性のある改革と福祉レジームを横断した共通の改革が並行する複雑な改革は，既存制度の持続性を核とした経路依存的議論では十分に説明できない。そのため，新しい変化を含んだ**再編**と

278　第 13 章　福 祉 政 治

とらえられている。

　ただし，再編も十分な成功を収めているとはいえない。経済構造の変化で，比較的安定し高所得を得られる雇用を有する者と，不安定雇用や経済的貧困に苦しむ者との格差が広がり，十分な保護を期待できるインサイダーと，セーフティーネットから外れたアウトサイダーの相違が職種を超えて問題化している（→第12章）（Häusermann 2010）。

▷　経済危機と福祉改革

　2008年以降のリーマン・ショック，および2010年以降の欧州債務危機は，福祉改革に格別の影響を及ぼしている。厳しい緊縮政策の導入は，経済危機への対応を理由としながら，既存の福祉プログラムの存立可能性を揺るがすほどであった。緊縮政策が恒常化すると，財政支出の拡大は到底望めない。経済成長を実現するには，財政支出に依存しすぎない改革，とくに労働市場政策に関連する改革に関心が集まった。

　とくに注目されたのは，デンマークをモデルに，労働市場の流動性（フレキシビリティ）と雇用や社会保障の保障（セキュリティ）を両立した「**フレキシキュリティ**」である。解雇規制を緩める代わりに，失業者は技能向上を促す職業訓練と手厚い失業手当を提供されることで，成長しやすい産業に再就職するのが容易になる。結果的に福祉負担は減少して，デンマークは周辺国よりも高い経済成長を記録した。

　ただし，実際に労働市場の流動化と雇用・社会保障の両立は困難である。流動化を大きく進めれば，スペインのように失業が一気に拡大して福祉の対応範囲を超える深刻な状況になったり，日本やイタリアのように非正規雇用のアウトサイダーに負担が偏りすぎたり

第3節　現代の福祉改革　**279**

する。デンマークなどのように高負担ながら充実した福祉財源の支えや，オランダのように非正規雇用の手厚い保護が伴わないと，両立は困難である。

2010 年代以降は，サプライサイド（供給者側）の改革に注目した**社会的投資国家論**が，新しい福祉改革のパラダイムとして注目されている (Garritzmann et al. 2023)。高等教育や職業教育の充実とそのための福祉の活用に重点を置いて，福祉を経済成長など社会に貢献する投資ととらえる見方である。社会的投資国家論は，負担をめぐる議論で分断されがちな福祉改革について合意を調達する方策として注目される。しかし，職業教育では，北欧諸国など手厚い福祉サービスによる支援がない国での実現は難しい。また，従来型の福祉給付の削減の代償に高等教育を充実させても，恩恵が上位の社会階層に偏り，実際には社会保障の低下につながる懸念も指摘されている。

経済停滞状況での抜本的な福祉見直しは，このように非常に難しい。福祉改革は，家族などへの移転給付の削減や国民・企業の負担増大に対する不満を避けて，EU の社会政策のように，ジェンダー差別の是正など規制改革に重点をますます移している。

さらに，既存の社会保障では十分に救済できないアウトサイダーの社会層の存在や貧困悪化への対応も課題となっている。その中で，一元的な最低所得保障制度（いわゆるベーシック・インカム）の導入が注目されている（田中 2017）。フィンランドやイタリアなど，一部の国では実際に導入が進んでいる。ただし，実験を超えた規模で全体に導入しようとすると，財政負担も制度変更のコストも非常に高くなる。そのため，イタリアが就労条件を付したように，本来の制度趣旨とは違う運用がされる場合も目立つ。学生，移民など，アウトサイダーの特定層に絞った，手当給付など**ターゲット型**の福祉

プログラムも活用されている。このようなプログラムは政策対象を限定しているので，コストは相対的に低い一方で，社会福祉全体の向上にはつながりにくいだろう。

▷ 高等教育・職業教育と福祉政策

社会的投資国家論など近年の福祉政策で注目されているのが，福祉制度そのものではなく，保険料や税金など財源を負担した支払ったりする生産者側（サプライサイド）の改革，とくに職業教育・高等教育分野の改革である。労働者や企業，政府がコストを負担する年金や家族手当など，従来の福祉政策は，経済成長の負担となりやすい。これに対して，職業訓練への給付や，それと組み合わせた寛大な失業給付の制度が整っていると，労働者は技能向上への高いインセンティブをもつことが可能となり，経済成長に有利になると主張される（Hemerijck 2018）。

資本主義の多様性論（→第12章）においても，自由市場経済（LME）と調整型市場経済（CME）の相違の一つとして，職業教育に着目している。アメリカやイギリスなどLMEの国が一般性のある教育，とりわけ高等教育を重視する一方，ドイツやスウェーデンなどCMEの国は国や地方政府による公的職業教育の提供や，企業・業界団体等による自立的な職業訓練の提供を重視している。たとえば，アメリカではコンピュータ・サイエンスやデータ分析に関する大学院教育が整備されて多くの学生を引き付けている。他方，スウェーデンでは，充実した職業訓練教育を受けた労働者が，技術革新が進む先端産業に転職する例も目立っている。

近年の労働市場・福祉研究では，職業教育を通じて習得される技能の性質に注目して，多様な**技能レジーム**の存在を明らかにしてきた。技能レジーム論は，職業教育への公的関与の有無・企業の関与

第3節 現代の福祉改革　**281**

表 13-2 職業教育の技能レジーム

		企業の関与	
		低	高
職業教育訓練への公的関与	低	自由主義的技能レジーム（イギリス・アメリカ）	分断主義的技能レジーム（日本・スイス）
	高	国家主導技能レジーム（北欧諸国）	集団的技能レジーム（ドイツ・オーストリア）

［出所］　Busemeyer and Trampusch 2012, Figure 1.1. を修正。

の有無の2点に注目して，4類型に整理している（**表13-2**）。

　まず自由主義的技能レジームでは，歴史的に国家の経済介入水準は低く，職人組合による技能独占の歴史的伝統も存在しないので，現在の職業教育でも，国の公的関与も企業の関与もともに低い。その代わり，大学・大学院など高等教育機関への依存が高くなる。高等教育をめぐる競争が激化し，学費高騰が問題になっているアメリカやイギリスは，その代表例である。

　次に，北欧諸国などの国家主導技能レジームでは，企業の関与は低いが，国家の公的職業訓練を整備している。スウェーデンは，充実した公的な職業教育で，衰退する産業部門から成長する産業部門へと労働者を移動させて，失業を抑えて経済を成長させる積極的労働市場政策を行ってきたことが知られている。

　これに対して，ドイツやオーストリアのように，高度な職業知識を独占する職業組合の歴史的伝統が存在し，それを支える公的制度化が進んできた集団的技能レジームの国々では，労使協定などに基づく職業訓練が推進されてきた。職業教育の成否は企業経営や労働組合の影響力に左右されるので，企業側も労働者側も技能高度化をめざした職業教育の整備を望み，結果として産業競争力は高まると

いわれる。

他方，日本やスイスのように，公的関与の程度は低いが，企業単位の職業訓練が盛んな分断主義的技能レジームでは，習得した技能はその企業に根ざしたものであることが多いので，別の企業で利用しにくくなる。そのために，グローバル化と労働市場の流動化が進む現代では，技能の高度化を阻み，経済成長の足枷となっていると評価されている。

4 福祉改革をめぐる政治学的議論

▷ 福祉改革の政治力学

これまでみてきた通り，福祉国家をめぐる戦後合意を支えてきた左右の穏健主流派政党の衰退と，ポピュリスト政党の浮上によって，従来型の福祉国家を維持する政治的支持は一層弱体化している。このような政治環境の下で，どのような福祉改革が可能だろうか。改革を可能にするのは，いかなる条件だろうか。

福祉改革が進む政治的要因の説明としては，まず本章第2節にある福祉国家形成で挙げたように，労働組合や社会民主主義政党の権力資源動員を重視するものがある。そして左派が強い国ほど福祉国家の維持に成功している一方，小さな政府を支持する右派が強い国は福祉縮減が実現しているとする。これに対しては，産業界や右派政党を福祉充実に否定的だと想定するのは誤りであり，組織労働と産業界の階級横断的連合（Mares 2003）や中道右派政党の影響（Pierson 1994）が福祉改革の重要な要因であると指摘する研究も登場している。

政党政治や左派や右派の党派性の影響については，政権や政権連

合の党派構成，党派性の関係の見直しなどに注目して，さらに詳細な研究が行われている（田中 2017）。たとえば，政権党派の影響は，右派が福祉削減で左派が福祉維持といった単純なものではない。単独多数かそれに近い右派政権のほうが大規模な福祉削減を推進しやすいという主張は有力である一方，財政再建が求められる状況下で福祉の縮減を推進するのは，むしろ左派政権のほうであるという研究もある。また，論争的な福祉改革は政権基盤の広い連合政権のほうが実現されやすいとする研究もある（Armingeon et al. 2016）。

　福祉改革は，主に資源の分配・再分配をめぐる改革であるが，生産の観点からとらえる研究も存在する。ボイシュらの研究に示されたように，経済の国際化とテクノロジーの発展によって政策選択の幅が狭まる状況下で，福祉政策は企業などの生産側の条件をいかに整備するかが問われ，とくに職業教育の充実と，家族のケア問題への対応が重要になる。政府の対応は，受動的なものに限らず，能動的な政策も行われてきた点が強調される。北欧諸国は福祉サービスなどの公的部門に，ヨーロッパ大陸諸国は家族手当などを介した私的投資に，それぞれ重点を置いた対応がなされている。日本も家族手当や保育料補助など給付政策による対応が通常である。しかし，高齢者ケアについてはドイツとともに介護保険を導入して家庭の負担を軽減する改革が実現している点が特筆される。

　福祉改革についての研究は，改革の実現方法や推進要因だけでなく，改革の難しさとその要因を明らかにすることに関心を払ってきた。いわゆる新制度論に基づく研究は，福祉国家に関する制度は現状変更が難しい**経路依存性**を有すること，そのため福祉改革は停滞するか漸進的なものにならざるをえないと説明する。たとえば，年金改革では，給付水準を経済状況の変化に柔軟に調整する。とくに，経済停滞下で給付水準が高止まりすることを避けるために，給付算

284　第 13 章　福 祉 政 治

定方式を保険料支払に対応して固定する賦課方式から，納付した保険料の運用益に対応した拠出方式に変更することが望ましいとされている。しかし，日本やヨーロッパ大陸諸国の年金改革では，賦課方式のままか，拠出方式の適用を若年層に限定するなど部分的な改革にとどまる。

　このような制約の下でも，現状の延長を超えた大規模な改革も実現している。そのような改革が可能になる要因としては，経済危機や体制移行など外生的ショックが指摘されてきた。欧州債務危機後の南欧諸国における大規模な年金削減は，この典型といえるだろう。他には，既存の福祉制度の利害関係を超えた改革をめぐる言説が拡がることを，大規模な改革の要因として挙げる研究もある（近藤2008）。先に述べた日本とドイツにおける介護保険の導入は，介護の財源もサービスも高齢化社会に対応できない貧弱な状況に対して，政策の必要性をうまく打ち出した政策起業家の言説によって，抜本的な改革の必要性が党派を超えて広がった帰結であった（キャンベル 2009）。

▷ 福祉改革とジェンダー

　近年の福祉改革では，ジェンダーの福祉改革への影響や，福祉改革におけるジェンダーごとの影響の相違が注目されている。ジェンダー平等が進んでいるスウェーデンなど社会民主主義レジームの国々でも，女性の就業促進策は，男性と比較して所得水準が低いとされる介護など公的部門の雇用拡大に依存しているので，男女の格差縮小につながるとは限らないという指摘がある。ドイツなどの保守主義レジームでは，ジェンダーの格差が明確であるので，育児負担は女性に集中し，女性の就業率は低下してしまう。イギリスなどの自由主義レジームでも，ジェンダーの差は覆いがたいが，市場が

大きな役割を果たす福祉政策メカニズムであるので，保守主義レジームと比べて格差は縮小するとされる。

ただし，ジェンダーと福祉レジームの対応関係については異論もある。女性運動の強さ，政党間競争の構造など状況依存的な要因に左右されるので，異なる福祉レジーム間や同一福祉レジーム内でも多様な姿をとりうるとされる（Sainsbury 1999）。たとえば，家族政策に関する研究では，ジェンダーの格差が根強かった保守主義レジーム内で，国ごとに多様な姿が見られるようになっている。すなわち，フランスでは豊富な家族手当による保育や少子化対策の革新が実現し，ドイツや日本では介護保険制度が導入された。他方，イタリアでは従来のように家族・とくに女性に負担が集中し続けている。

▷ 移民と福祉国家

近年，急速に増加する移民・難民は，福祉国家との関係でも政治争点になっている。すでに移民が多いヨーロッパやアメリカだけでなく，移民がまだ少ない日本でも，移民に対する福祉給付や医療をめぐる批判が，たびたび先鋭化している。福祉国家は，**市民権（シティズンシップ）** に基づき負担と受給を正当化してきた。そのため，批判する立場からは，市民権の範囲の外にある移民への福祉給付は，保険料や税金を適切に負担しないままの受給であり，国民の負担となっていると攻撃される。

福祉にフリーライド（タダ乗り）する移民という理解は，必ずしも正しくない。移民や難民は，一般に，受け入れ国の市民と比べると相対的に若く，労働市場に参加する場合は租税や社会保険料を負担する。ところが，社会保険の最低納付期間の条件を満たさなかったり，本国に戻ったりする場合も多いので，実際には負担超過であるともいわれる。そのため，移民は福祉受給で先進国側の重荷にな

286　第13章　福祉政治

るよりも，受給なき財源負担で高齢化する先進国の福祉を支えている面がある。

　しかし，国民の間には，このような移民の負担・受給のバランスの実情に関する認識は，十分には広がっていない。さらに，難民危機に見舞われた2015年以降のヨーロッパのように，難民が急増する最近の状況は，移民の福祉受給批判が増す背景となっている。たとえば，2024年の欧州議会選挙に関する調査では，若者がこれまでよりも反移民主義の右派ポピュリスト政党に多く投票した理由の一つとして，難民・移民に対する給付への反発を挙げている。

　ヨーロッパを筆頭とした右派ポピュリスト勢力の躍進に関する研究でも，移民の福祉受給を批判する**福祉ショービニズム**（福祉排外**主義**）の役割に注目してきた。右派ポピュリスト政党にとって，反移民の社会的保守主義の主張と国民への福祉や経済的分配を組み合わせるアピールは，勢力拡大をもたらす「勝利の方程式」であるといわれた（Römer et al. 2023）。福祉が充実している北欧諸国で，反移民の右派ポピュリスト政党が成長したことは，この戦略が有効であることを示しているだろう。

　ただし，近年の研究によれば，移民と右派ポピュリスト政党の成長の関係は，より複雑である。北欧諸国など租税を財源とした福祉国家では移民に対する受給権付与への反発が強まりやすい一方，南欧諸国や西欧諸国など社会保険を財源とする福祉国家では福祉を理由とした反発は乏しいという違いがある。社会保険型の福祉国家では，保険料納付条件を満たす者しか受給権が発生しないので，多くの移民は受給対象外となることが知られている。これに対して租税型の福祉国家では，福祉を受給する権利が妥当な負担なしでも発生する可能性がある。このことが，2つの型の福祉国家の間で，移民に対する反発の違いを生み出している。

移民と福祉との関係については，先進国の恵まれた福祉が途上国から先進国への移民・難民の移動をもたらしているとする「**福祉マグネット**」論が唱えられてきたが，説明が妥当かどうかは争いがある。デンマークに関する移民に対する福祉給付の削減と回復のタイミングを例に福祉が移民を引き付けていることを支持する研究がある（Agersnap et al. 2020）。他方，スイスを例に恵まれた給付と低い移動の壁がある場合でも福祉が移民を引き付けているとはいえないとする研究もある（Ferwerda and Hangartner 2023）。また，移民が増え社会の多様性が増すほど，国民の福祉を目的に再分配を行い，財源を負担するインセンティブは低下するという見方もあり，移民流入と福祉国家の存続とは緊張関係に立つ（Eger and Kulin 2021）。

⚡ *Book guide* 　読書案内 ⚡

・イエスタ・エスピン–アンデルセン／岡沢憲芙・宮本太郎監訳『**福祉資本主義の三つの世界——比較福祉国家の理論と動態**』ミネルヴァ書房，2001 年。

　　福祉レジーム論を提唱した先駆的著作。自由主義・社民主義・保守主義の3つの福祉レジームの区分を示し，その後の比較福祉研究の立脚点を提供した。現在もこの分類の妥当性をめぐる議論や他のレジーム類型の提案が行われる重要な研究である。

・田中拓道『**福祉政治史——格差に抗するデモクラシー**』勁草書房，2017 年。

　　福祉国家の形成から現代の変化までを歴史的かつ政治学的に概観する。権力資源動員論など重要な理論的テーマも押さえられていて，福祉の政治学的分析を考える際には，非常に有用である。

・Silja Häusermann, *The Politics of Welfare State Reform in Continental Europe: Modernization in Hard Times*, Cambridge University Press, 2010.

　　福祉政治にとって重要な政党との関係について，党派性に関する実証的ア

プローチを採用した画期的研究。福祉国家研究と政党政治・政党システム研究を接続する研究としても新規性がある。

Bibliography 参考文献

伊藤武 2011「現代ヨーロッパにおける年金改革──『改革硬化症』から『再編』への移行」『レヴァイアサン』49号，8-27頁。

エスピン-アンデルセン，イエスタ／岡沢憲芙・宮本太郎監訳 2001『福祉資本主義の三つの世界──比較福祉国家の理論と動態』ミネルヴァ書房。

キャンベル，ジョン・クレイトン／齋藤曉子訳 2009「日本とドイツにおける介護保険制度成立の政策過程」『社会科学研究』60巻2号，249-277頁。

近藤康史 2008『個人の連帯──「第三の道」以後の社会民主主義』勁草書房。

新川敏光編 2011『福祉レジームの収斂と分岐──脱商品化と脱家族化の多様性』ミネルヴァ書房。

田中拓道 2017『福祉政治史──格差に抗するデモクラシー』勁草書房。

ピアソン，C.／田中浩・神谷直樹訳 1996『曲がり角にきた福祉国家──福祉の新政治経済学』未來社。

Agersnap, Ole, Amalie Jensen, and Henrik Kleven 2020, "The Welfare Magnet Hypothesis: Evidence from an Immigrant Welfare Scheme in Denmark," *American Economic Review: Insights*, 2(4), pp. 527–542.

Armingeon, Klaus, Kai Guthmann, and David Weisstanner 2016, "Choosing the Path of Austerity: How Parties and Policy Coalitions Influence Welfare State Retrenchment in Periods of Fiscal Consolidation," *West European Politics*, 39(4), pp. 628–647.

Busemeyer, Marius R., and Christine Trampusch 2012, *The Political Economy of Collective Skill Formation*, Oxford University Press

Eger, Maureen A., and Joakim Kulin 2021, "the Politicization of Immigration and Welfare: the Progressive's Dilemma, the Rise of Far Right Parties and Challenges for the Left," in Markus M.L. Crepaz ed., *The Handbook on Migration and Welfare*, Edward Elgar Publishing.

Ferwerda, Jeremy, Moritz Marbach, and Dominik. Hangartner 2023, "Do Immigrants Move to Welfare? Subnational Evidence from Switzerland," *American Journal of Political Science*, 68(3), pp. 874–890.

Garritzmann, Julian L., Siliga Häusermonn, and Bruno Palier 2023, "Social Investments in the Knowledge Economy: the Politics of Inclusive, Stratified, and Targeted Reforms across the Globe," *Social Policy & Administration*, 57(1), pp. 87–101.

Häusermann, Silja 2010, *The Politics of Welfare State Reform in Continental Europe: Modernization in Hard Times*, Cambridge University Press.

Hemerijck, Anton 2018, "Social Investment as A Policy Paradigm," *Journal of European Public Policy*, 25(6), pp. 810–827.

Hieda, Takeshi 2012, *Political Institutions and Elderly Care Policy: Comparative Politics of Long-term Care in Advanced Democracies*, Palgrave McMillan.

Manow, Philip, Bruno Palier, and Hanna Schwander 2018, *Welfare Democracies and Party Politics: Explaining Electoral Dynamics in Times of Changing Welfare Capitalism*, Oxford University Press.

Mares, Isabela 2003, *The Politics of Social Risk: Business and Welfare State Development*, Cambridge University Press.

Pierson, Paul 1994, *Dismantling the Welfare State?: Reagan, Thatcher and the Politics of Retrenchment*, Cambridge University Press.

Römer, Friederike, Leonce Röth, and Malisa Zobel 2022, "Policymaking on Immigrant Welfare Rights: The Populist and the Mainstream Right," *Journal of European Public Policy*, 30(8), pp. 1537–1564,

Sainsbury, Diane 1999, "Gender and Social-Democratic Welfare States," *Gender and Welfare State Regimes*, pp. 75–114.

社会と政治

第 **14** 章 *Chapter*

Quiz クイズ

インターネット上で政治的意見を表明したことがある人は，おおよそどの程度いるでしょうか（2010 年代の民主主義国を対象とする）。

a. 60-70%　　**b.** 35-45%　　**c.** 10-20%

Answer クイズの答え

c. 10–20%

　国際社会調査プログラム（ISSP）によると，多い国でも 20% を超える程度というのが現実のようです。この教科書を読んでいる読者層からすると，もしかすると意外かもしれません。しかし投票と同じように，さまざまな政治参加にはそれに取り組む人もいればそうでない人もいます。その多様性や実態について理解を深めてみましょう。

Chapter structure 本書の構成／Keywords

1　社会と政治をつなぐ多様な経路
デモ，陳情，政治参加

2　ロビイングと利益団体政治
利益団体，コーポラティズム，情報提供機能

3　デモとオンライン運動
社会運動，SNS，インターネット投票

先進民主主義諸国の政治を比較する際に，第一義的に重要なのは
これまで取り扱ってきたように，公式の民主的プロセスを経由した
政治的代表の経路である。それは，選挙，議会，執政制度という経
路を通る。しかし，それ以外にも市民社会から政治に対するさまざ
まな経路があり，それこそが自由で民主的な社会の政治的媒介の一
部となっている。人々は，自分たちの関心に沿って，恒常的な組織
を作ったり，あるいは緩やかな連帯を形成したりして，さまざまに
政治の場に自らの思いや利害を伝えようとする。

　これらの自由な市民社会による政治へのアクセスは，政治家すな
わち議員に限られるわけではない。官僚や公務員を相手に，政治的
運営の現場に直接訴えかけることもあれば，メディアや世論といっ
たものに訴えかけることもある。時に司法的手段を用いることもあ
る。

　そういった自由な言論活動や組織活動を通じて，政治と社会をつ
なぐ手段としては，どのようなものがあるのだろうか。日常的によ
く行われているのが，ロビイングや陳情（そしてそれを媒介するもの
としての利益団体や市民団体），デモや署名といった社会運動であろう。
これらの活動は，選挙という公式の政治参加とは違う形で，広く行
われている政治と社会をつなぐ活動でもある。本章の第1節では
その全体像を概観したのち，第2節では利益団体とロビイング，
第3節ではデモと社会運動に着目して整理する。

1 社会と政治をつなぐ多様な経路

▷ **選挙以外の政治的表出の紹介**

　自由で民主的な国であれば，さまざまな組織を形成して自らの政治的主張を展開することができ，**デモ**や**陳情**といった自由な言論活動や組織活動が許されている。

　しかし実際に，デモ・陳情・抗議運動・署名といった投票によらない**政治参加**（非投票参加）は，どの程度行われているのだろうか。ここでは，先進国（2010 年までの経済協力開発機構〈OECD〉諸国＋台湾）を対象に，世界価値観調査にある政治的経験についてのデータを確認しよう（国際社会調査プログラム〈ISSP〉）。あくまで一時点の調査であるので，この数字そのものについては誤差や変動（あるいは虚偽回答者）もあるだろう。しかし，大まかな相場観や比較としては一定の意義があるだろう（→図 14-1）。

　一般に署名は多く経験されており，デモと陳情がそれに次いで多い。利用される社会運動のパターンは国によっても異なる。たとえば日本ではデモと陳情の参加経験者はきわめて少ないが，署名経験は相対的に広く実施されている非投票参加である。フランスではデモへの参加経験のある者が多い。オーストラリアでは署名と陳情は非常によくなされているが，デモへの参加経験は平均的である。といった具合である。全体的に，政治家や官僚への接触，すなわち陳情やロビイングについては，相対的に実施経験のある者が少ないが，それでも相当数の人々はそれを実施したことがあり，無視できないほどに十分に大きな政治参加・政治経験となっていることがわかる。

294　第 14 章　社会と政治

図 14-1 署名・デモ・陳情の経験

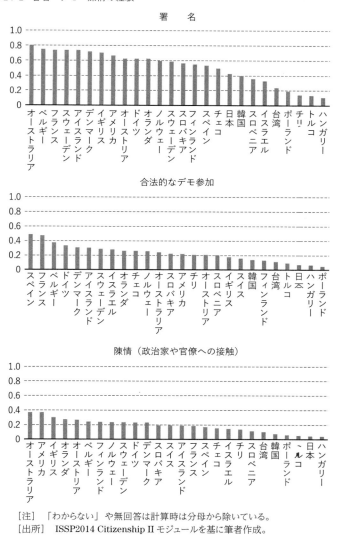

[注] 「わからない」や無回答は計算時は分母から除いている。
[出所] ISSP2014 Citizenship II モジュールを基に筆者作成。

第 1 節 社会と政治をつなぐ多様な経路

非投票参加のコスト

　さて，このように現実には，人々は選挙以外の形でも政治に対して，自分たちの意見や立場を伝達しようとしたり，表明しようとしたりしている。それでは，このような非投票参加は，誰によって行われているのだろうか。投票に行くか行かないかは，**第4章**でも言及したように，個人の属性から影響を受けていた。同じようなことが，投票によらない政治参加についてもいえるのだろうか。答えとしては，おおむねその傾向があることが知られている。

　一般に，非投票参加は必ずしも簡単ではない。投票であれば，万人にその権利が与えられ，投票所に行けばその権利を行使する用意は整っているので，人々がその権利を行使するか否かは，その意図による部分が大きい。投票についてはさまざまなことが，公的に御膳立てされているのである。

　ところが，非投票参加はそうはいかない。自分たちの声を関係各位に陳情・ロビイングするには，まずはどうアプローチするのか，どんな資料を作成するのか，いかに説明するのか，といった難しい判断要素が多く，一定の社会的スキル，経験，能力を必要とする。自分たちの抱える問題に関心をもってくれる議員や行政機関を適切に選定し，その背景にある法や条約の問題点を把握し，その改訂を政治や行政の論理をよく理解したうえで説明するのは，並大抵のことではない。さらに，社会団体のような組織を形成するとなれば，組織の中での意見調整や合意形成にかかわる多大なる時間的／人員的コストがかかる。

　デモも，組織する側になるとなれば，同様の大変さがあるし，単に参加するだけであっても，どこでいつどのようなデモがあるのかについて自ら積極的に情報入手のための時間や労力かけなければ情報は入ってこない。また，参加するにしても投票のようにわずか数

296　第14章　社会と政治

十分では終わらない。

　結局のところ，一定の時間なり能力なり資源なりをこういった活動に割く余裕のない人には，投票以外での政治参加に対するハードルはより一層上がってしまう。

▷ 非投票参加と社会経済的属性

　このことは，データからも確かめられている。一般に，非投票参加に参加したことがあるか否かという経験は，その回答者の社会経済的地位（SES）によって規定される（Dalton et al. 2010; Schlozman et al. 2018）。単純にいえば，学歴や所得の高い人は，そうではない人に比べて，投票によらない政治参加経験が多い傾向にある。一般に投票についても，高所得層や高学歴の高 SES 層のほうが参加しやすい傾向があるが（→第 4 章），非投票参加については，その効果がより顕著に表れる。それゆえ，多様な政治参加は民主的な政治参加を補足する一方で，投票の段階ですでにある SES と政治参加のギャップを，より拡大することになっている。

　非投票参加が，高 SES 層に有利であることの含意は何だろうか。率直に考えるならば，所得や学歴の高い層に有利な政治的決定が，ますます行われるようになるといえそうだ。ただし，それは高 SES に有利な，経済的右派（市場志向）の社会運動が頻繁になされるということを意味しない。データでみる限りは，非投票参加に参加したことがある人々の政治的志向は，そうではない人に比べて，国によって違いはあるものの，全体的に左派層に偏っている（Dalton 2017）。これは，多くの社会運動が，労働運動や抗議運動というような左派的な政治運動として展開されてきたことと関係している。また，高 SES 層が一般に社会文化的な争点においてはリベラルな政策を好むという態度とも整合的だ。

第 1 節　社会と政治をつなぐ多様な経路　**297**

ただし,この傾向は必ずしも理論から導き出されたものではなく,歴史的・経験的経緯に由来しているに過ぎない。論理的には,右派的な社会運動もあり,排外主義的な運動や宗教保守派による抗議運動,規制撤廃の自由化を求める運動といったものもある。先に述べた研究では,日本では右派層ほど非投票参加をする傾向が強いことが紹介されているが,この調査を行っていた時期にいわゆる在日特権を許さない市民の会や日本会議の運動が,非常に活発な市民運動として展開されていたこととも無関係ではないだろう。

2 ロビイングと利益団体政治

利益団体と民主政治

投票によらない政治参加として,欠かすことのできない要素が,**利益団体**などを通じた陳情やロビイングである。利益団体の中には,特定の職業や階層の利害を代弁するようなものもあれば,一定の社会的属性(出身地域や民族など)の地位を主張する集まり,価値観や趣味・嗜好を共有する者の集まりがある。また,いわゆる市民団体も概念的・広義にはここに含まれる。たとえば,日本の医師会や農業協同組合(農協),イギリスの英国ムスリム評議会,環境団体「地球の友」,アメリカのLGBTコミュニティや動物保護団体,はては趣味の集まりやサークル活動ですら,すべて広義の利益団体である。そもそもの英語でいうところのInterest Groupの "Interest" が利益だけではなく,興味や関心という意味も含むように,ありとあらゆる政策や政治的決定から影響を受ける当事者の集まりが,利益団体の実態である。

自由で民主的な国家であれば,人々が好きに集まって共有すべき

ことを共有することは何ら制限を受けない。しかしながら，陳情などを通じて政治の決定に関与することに関しては，「癒着」や「歪み」といった表現を用いて，望ましくないあり方とみる向きもある。確かに民主的経路を迂回した影響力の行使という面がないとはいわないが，利益団体政治・ロビイングは，健全な民主政治を維持する好ましい機能もあるということが，通説的な理解である。なぜならば，民主的な意思決定に内在する歪みを是正する効果や，政策実施上の情報提供機能があるからである。

　民主主義は多数決で物事を決める以上，個々の政治アクターの熱意や利害の大きさは考慮されない。多数にとってわずかに好ましい一方で少数にとって苛烈な負担を強いるような決定を，多数決は原理的には回避できない。少数の人間に対して苛烈な負担がある場合には，一人一票の原理とは異なる回路を通じて政治過程にインプットする必要がある。その機能を，利益団体によるロビイングや陳情がその機能を提供する。団体政治は，民主主義の決定を歪めるだけではなく，むしろ民主的決定がもつ歪みを時に是正する側面がある。

　また，利益団体がもつ情報提供機能も重要である。政治的決定や政策・法律が，社会の成員に対してどのような影響を与えるかについて，外生的に得られる情報は存在しない。さまざまな政策の影響についてよく知っているのは，一般的には政治家よりは官僚であり，さらにその官僚よりも詳しいのが，その政策の影響を受ける当事者たち，すなわち利益団体である。利益団体は，政治的決定や法案改正の前にあっては，当事者として最も詳しい情報をロビイングや陳情を通じて伝え，政治的決定に影響を与える。そしてまた，政治的決定や法案改正後に，影響を最も受けるのも利益団体の当事者たちである。したがって，政治的決定や法律に予期せぬ作用などがあった際に知らせる機能も利益団体はもつ（第6章でもふれた「火災報知

第2節　ロビイングと利益団体政治　**299**

器型監視」とも比喩される）。情報の提供先は，後で述べるように行政（官僚）であることもあれば，立法（政治家）であることもあるし，世論であることもある。あるいは時に，司法に対して訴えかけることもある。司法もまた，政治的決定とは無縁ではないのである。（→第8章）。

▷ 利益団体政治の国家的差異（競争型と調整型）

だから，国によってはこのような利益団体が影響力を行使することを，公式な政治決定の回路に設けているところもある。とくに人々の生活に影響を与える経済に対して最も影響を与えるのが，使用者や被用者の団体である。こういった団体の意向がどの程度政治に影響を及ぼすことができるかは，国によって考え方や運用が異なる。**図 14-2** は，そういった団体がどの程度，政治的決定の場において，公的な影響力を担保され，保護されているかを示す指標である。

まず一つには，アメリカやイギリス，そして日本のような国々では，こういった利益団体の活動は，社会と政治をつなぐ自由な活動の一環として扱われる。つまり極端な制限を受けることもなければ，反対に補助してもらえることもない競争型の国である。こういった国々では，社会的団体が政治に対して自分たちの影響力を行使できるかどうかは，その影響力行使の意欲や巧みさに依存する。

他方，オーストリアやベルギー，オランダのような国々では，国内において重要な社会団体が，ヒアリングと政治インプット機会を半ば公式に有している（こういった調整型の仕組みを**ネオ・コーポラティズム**とも呼ぶ）。こういった国々では社会団体が，いわば民主的回路を迂回する形で，その政治的影響力を行使することが担保されている。みようによっては癒着ともいえる関係を制度化しているわけ

300　第 14 章　社会と政治

図 14-2 コーポラティズムの強さ

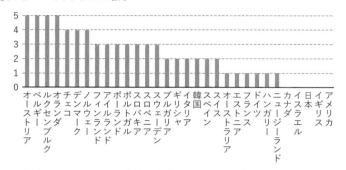

[注] TC, BC, RI の 3 変数合成（網谷 2021 に準拠）。
[出所] ICTWSS データ（Visser 2019）より筆者作成。

であるが，しかしそれこそがこれらの国において，民主的決定がもたらしうる歪みを是正する安全弁としても機能している。

　どちらが優れているのか。その優劣は，ここでは問わない。この論点は，各国の政治経済システムが自由主義市場経済（LME）か調整型市場経済（CME）かといった**第 12 章**で挙げられた論点とも関連しており，簡単に優勝劣敗を語れるものではない。ここで重要なのは，利益団体が政治的影響力を行使する形態には国家間の差異がある点と，いずれの形態であっても，利益団体が政治に口を出し，政策決定を左右することが許容されている点にある。ただし，その影響力行使を競争原理に基づいて行うか，制度的調整の下で行うかに違いが存在している。

利益団体の影響力行使の実態

　一般に，利益団体の影響力の源泉としては，集票機能，説得・分析，資金という 3 つが挙げられてきた（リンドブロム＝ウッドハウス

2004)。このうち，最も重要なのは説得・分析を通じた情報提供機能であり，票や金を提供する機能は周辺的である。これは，団体が政治的な影響力を行使する際の経路を考えても説得的であろう。一般に利益団体が政治に影響力を行使する経路は，政策決定過程に直接的に働きかける場合と，間接的に働きかける場合がある（Hague et al. 2017: 311–314）。直接的なものとしては，政策当局である行政当局や政治的決定を行う政府に対して，陳情・ロビイングを行うことである。間接的なものとしては，自らに有利な政策を追求してくれるよう政党を支援したり，メディアや世論に呼び掛けたりすることである。

　ただし，前者のように政策担当者に直接影響力を行使する場合には，集票機能や資金提供は何の役にも立たない。むしろそこで役立てられるのは，団体がもつ当事者性からくる分析や説得であり，広義の**情報提供機能**である。日本の例でも，広義の利益団体がどのように政治的影響力を行使するかといえば，もっぱら行政のみに接触するのが多数派であって（32.6％），政党のみに接触するのは6.7％に過ぎない（森 2011）。

　政党を介して団体が影響力を行使する経路は，厳然として存在するものの，弱くなっているのが国際的に共通する傾向である。かつては，労働組合は社会民主主義政党と，環境運動は緑の党と（さらにヨーロッパなら教会はキリスト教民主党と），といったように，強固な結び付きをもっていた。ところが，先進民主主義国で団体加入率が下がり，かつ各政党が包括政党／選挙プロ政党化してくることで，特定団体だけとの結び付きが相対的に弱くなってきている（Hague et al. 2017, 314：第5章も参照）。

　利益団体の側も特定の政党だけに密接に結び付くのではなく，複数の政党にアピールしたり，あるいはより幅広い世論に訴えかけた

りすることに，団体としてのリソースを割くようになっている。た
とえば，アメリカのテック業界団体などは，共和党と民主党のどち
らが政権をとっても困らないように，両党に献金しているとされる。
日本でも農協が一時，自由民主党と民主党の双方を支援していたこ
となどは，その一例といえよう。

3 デモとオンライン運動

▷ 社会運動とデモ

　政治に対して声を上げるという行為は，恒常的に存在する組織だ
けによって行われるわけではない。時に，特定の争点をめぐって社
会的議論や世論が盛り上がり，**社会運動**が展開されることもある。
社会運動と利益団体は，政治的目的をもって政治に影響力を行使す
ることにおいて共通しているし，政党のように政府そのものを構成
する意図はない点も共通している。しかし，その組織の恒常性・公
式性であるとか，メンバーシップの厳密性などにおいては，社会運
動は利益団体よりも緩慢である傾向にある（Heywood 2019; Hague et
al. 2017）。

　社会運動は，恒常的な組織や系統だった統制の経路をもつわけで
はないので，ロビイングのような手段を用いるよりも幅広く，デモ
や抗議運動，署名集めのような大衆的参加を通じて，その政治的主
張を広く知らせようとする（もちろんこれは程度問題で，社会運動を利
益団体・市民団体のような恒常的な組織が運営することもあるので，社会
運動の過程で直接的な陳情などの戦術を組み合わせることもある）。社会
運動は，参加者の多さや主張の激しさを示し，その主張の重要性や
民主的正統性を訴えかける。こうしたことを通じて，何が政治的問

第 3 節　デモとオンライン運動　**303**

題であるかを可視化させ，アジェンダ・セッティング（議題設定）を行い，間接的に政治的決定に影響を与えようとする行為にほかならない。実際にアジェンダ・セッティング機能については，抗議運動の強さが（他の影響を考慮しても）当該争点に関する議会での質問数を増やすことが知られている（Vilegenthart et al. 2016）。そして，それがもつ民主政治における意味づけが，利益団体のときと同様に重要であることは論を俟たない。

政治レパートリーとしてのデモ活動の効果

社会運動やデモは，果たして本当に政治的帰結に影響を与えるのかについても，研究関心が向けられてきた。先に述べた通り，社会運動やデモは，政策決定者に直接訴えかけることは少なく，世論やメディアへの影響を企図して，間接的に政治的影響力を行使しようとすることが主である。具体的な政策争点について，政策当局に直接働きかけることがある／できる，利益団体の影響力に比べて，社会運動の影響力については，実証研究上はっきりしたことがいいづらい。

研究レベルで比較的明らかになっているのは，社会運動はそれ単体で政治を動かすというよりも，第2，第3の要因との相互関係の中で，政治に対して影響力をもつという点であろう。古典的な研究として，キッチェルトの研究はこれを示す好例である（Kitschelt 1986）。1980年代に先進諸国では同じような反原発運動が繰り広げられたが，これを受けて原発政策を控えた国（スウェーデン）と，そうではない国（ドイツ，フランス）があった。これはなぜか。その理由の一つには，社会運動がいくら展開されていても，その間接的な政治的影響力を政治過程にインプットする構造がなければ，意味がないという点がある。スウェーデンやアメリカは，元来利益団体

304 第 14 章 社会と政治

が競争的に影響力を行使することに対しては開放的な機会構造があった。だからこそそれとの相互作用で，社会運動が政策変更の実現（あるいは少なくとも公式の政治プロセスでの議題に上ること）に寄与したと考えられる。

また，社会運動は，人々の選挙政治における行動とも相互関係をもつ。たとえば，一般に，経済的苦境は業績投票理論に基づいて現職に不利な投票行動をもたらす傾向にあるが，この効果は同時期に社会運動が激しくなされているときにはより強くなる（Bremer et al. 2020）。当然，その両者を規定するような経済指標の影響はすべて統制して差し引いたうえでみられる効果である。社会運動は，問題の所在をより幅広く世論に知らせ，その問題の原因を政治に帰するシグナルを多くの人々に認識させる効果をもつ。したがって，不況による現職処罰の投票行動をより強くする効果があるのだろう。その効果は，左右の党派性や既存勢力か否かといったことによって異なり一意ではないが，間接的に人々に問題の所在を知らせ，その争点により注目させる効果があり，それが結果として投票行動にも影響する可能性があることを表している。

▷ オンラインと社会運動

今日では，社会運動のあり方は，路上のほかにオンラインでも展開されるようになってきている。オンライン上での抗議運動（SNS〈ソーシャル・ネットワーキング・サービス〉でのハッシュタグ・アクティビティなど）は可視化され，現実政治において無視できない存在感を示すようになってきている。また，SNS の普及を通じて，政治家や行政に対して直接接触を図ることへのハードルは大きく低下した。

他方で，SNS やインターネットの利用が通常のことになったか

第 3 節　デモとオンライン運動　**305**

図 14-3 インターネット上で政治的意見を発信したことがある比率

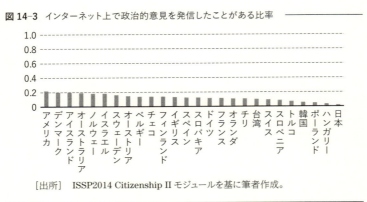

[出所] ISSP2014 Citizenship II モジュールを基に筆者作成。

らといって，それがオンライン上での政治活動そのものを活発化させているとは限らない。形態を特定せず，単にオンラインで政治的意見を表明したことがあるかといった設問に対してであっても，ほとんどの者は表明したことがないと回答している（→**図 14-3**）。平均的には，経験者は 10% 程度で，最も多いアメリカですら，20% 強であるので，どこの社会でもオンラインで政治的意見を表明したことがある者は極端な少数派といえるだろう（なお日本ではこのデータでわずか 2% であった）。ほとんどの国では，デモや陳情といったオフラインでの直接行動のほうがまだ相対的に身近であって，一見，簡便な手段にみえるインターネット上での政治的意見表明のほうが少ないのである。

　オンライン上での政治的意見表明が，本章前半で紹介したようなオフラインでの伝統的な非投票参加と似たものであるのか，違うものであるのかについては議論がある。とくに SES の高低と政治参加実施の関係については，高 SES 層のほうがオンラインで政治的意見を表明しやすいので，階層と政治代表の不均衡を加速させてい

る（要は高SES層をより有利にしている）という見解がある（Oser et al. 2013; Drews 2022）。他方，所得の高さはインターネット利用者である蓋然性を高めているだけで，オンライン・ユーザー内部での政治運動を増やすわけではないという指摘もある（Feezell 2016）。ただし後者の研究も，学歴によるオンライン政治参加の効果は認めているし，結局のところ総体として高SES層のほうがインターネット上で政治的意見を表明しやすいことを否定するものではない。

インターネット技術の普及は確かに政治的参加や意見表明のハードルを下げたが，それによって起きているのは，それまでハードルを越えてこなかった者がそれを越えるようになることではなく，すでに越えることができていた者たちが，より容易に越えるようになっただけなのかもしれない。そういった意味で，オンライン・ツールの普及を，より代表性のある民意表明のアゴラの到来のようにとらえるのは，楽観的に過ぎる見方だといえるだろう。

同じことは第5章のテーマである投票についてもいえる。たとえば，全国レベルでのインターネット投票を導入したエストニアでは，同制度の導入後もとくに投票率は上がってはいない。インターネット投票の導入に伴って，投票しない層が投票するようになる効果はなく，もともと投票する層がインターネットを用いて簡便に投票するようになっている，というのが通説的な理解となっている。

ただし，オンライン・ツールを用いて簡便に，他の伝統的な非投票参加を促進する動きは広くみられている。SNSという媒体を用いつつも，実際の路上での抗議運動につながった例は，数多く示すことができるだろうし，これからも増えていくだろう。さまざまな国でのハッシュタグ・アクティビティなどは，結局のところ，路上でのオフラインの伝統的抗議運動などにつながっていた（たとえば2014年ごろの #BlackLivesMatter などが顕著である）。多様なメタアナリ

第3節　デモとオンライン運動　　**307**

シス（研究・分析成果に関する研究や分析）からも，メディアの利用が伝統的な社会運動を促す効果が，薄弱ながらも，ある程度みられている（Copeland and Boulianne 2022）。

オンラインを用いた，公式の署名集めについても，利用が拡大している。一般にどこの国でも，有権者の一定数の署名や嘆願を集めることによって，「公式に」政治的なプロセスを開始することのできる制度がある（たとえば日本の直接請求制度）。国によってはこのプロセスにインターネットを介在させている。1999 年度のスコットランド議会での導入をはじめとして，ドイツ連邦議会などいくつかの国では，この署名集めと提出のプロセスを，電子化／インターネット化した電子陳情を採用することで，政治プロセスの簡便化を図っている（Lindner and Riehm 2009）。ラトヴィアの ManaBalss（私の声）システムは，発足・運用母体は一介の非営利組織（NPO）に過ぎないが，ラトヴィア議会との取り決めによって，そこで集めた署名が法定数に達した段階で議会に提出できる（公式な署名受理としたことと同じ扱いにしている）。

情報技術の発展と社会運動の関係を分析する研究は，発展途上の分野である。新しい情報技術の登場と，政治と社会の多様な媒介形態の変化が，質的に大きな変化となるのか，あるいは既存のあり方に対する量的な変化にすぎないのかは，判然としない部分も多い。民主主義諸国においても，多くの事例が蓄積されている渦中にあり，遠からず体系的な比較政治学の知が表れてくることであろう。

Book guide 　読書案内

・明智カイト『ロビイング入門──社会を変える技術』光文社，2015 年。
　　　陳情はどうやって行うのか，どのように影響力を行使しているのかについて実務や実際の観点から描き出したもの。民主主義とは選挙だけではないと

いうことを別の観点から教えてくれるうえに，社会に働きかける情熱にもふれられる。

・チャールズ・E. リンドブロム＝エドワード・J. ウッドハウス／藪野祐三・案浦明子訳『政策形成の過程——民主主義と公共性』東京大学出版会，2004 年。

政治過程論の教科書で，有権者や議会，行政の話も多いが，とくに団体政治についての記述が丁寧で充実している。やや古い教科書だが，今も褪せない内容となっている。

・富永京子『社会運動と若者——日常と出来事を往還する政治』ナカニシヤ出版，2017 年。

日本の若者で社会運動に身を投じている者たちの語りやあり方をフィールドから明らかにしている。

⋙ *Bibliography* 参考文献 ⋙

網谷龍介 2021 『計画なき調整——戦後西ドイツ政治経済体制と経済民主化構想』東京大学出版会。

前田幸男 2016 「社会観」池田謙一編『日本人の考え方 世界の人の考え方——世界価値観調査から見えるもの』勁草書房。

森裕城 2011 「利益団体」平野浩・河野勝編『新版 アクセス日本政治論』日本経済評論社。

リンドブロム，チャールズ・E＝エドワード・J・ウッドハウス／藪野祐三・案浦明子訳 2004 『政策形成の過程——民主主義と公共性』東京大学出版会。

Bremer, Björn, Swen Hutter, and Hanspeter Kriesi 2020, "Dynamics of Protest and Electoral Politics in the Great Recession," *European Journal of Political Research*, 59(4), pp. 842–866.

Copeland, Lauren, and Shelley Boulianne 2022, "Political Consumerism: A Meta-Analysis," *International Political Science Review*, 43(1), pp. 3–18.

Dalton, Russell 2017, *The Participation Gap: Social Status and Political Inequality*, Oxford University Press.

Dalton, Russell, Alix van Sickle, and Steven Weldon 2010, "The Indivisual-Institutional Nexus of Protest Behaviour," *British Journal of Political Science*, 40(1), pp. 51–73.

Drews, Wiebke 2022, "E-expression in A Comparative Perspective: Contextual Drivers and Constraints of Online Political Expression," *Political Research Exchange*, 4(1).

Feezell, Jessica T. 2016, "Predicting Online Political Participation: The Importance of Selection Bias and Selective Exposure in the Online Setting," *Political Research Quarterly*, 69(3).

Hague, Rod, Martin Harrop, and John McCormick 2017, *Political Science: A Comparative Introduction*, 8th edition, Palgrave.

Heywood, Andrew 2019, *Politics*, 5th edition, Red Globe Press.

Kitschelt, Herbert P. 1986, "Political Opportunity Structures and Political Protest: Anti-Nuclear Movements in Four Democracies" *British Journal of Political Science*, 16(1), pp. 57–85.

Lindner, Ralf, and Ulrich Riehm 2009, "Electronic Petitions and Institutional Modernization," *Journal of e-Democracy and Open Government*, 1(1), pp. 1–11.

Oser, Jennifer, Marc Hooghe, and Sofie Marien 2013, "Is Online Participation Distinct from Offline Participation? A Latent Class Analysis of Participation Types and Their Stratification," *Political Research Quarterly*, 66(1), pp. 91–101.

Schlozman, Kay L., Henry E. Brady, and Sidney Verba 2018, *Unequal and Unrepresented: Political Inequality and the People's Voice in the New Gilded Age*, Princeton University Press.

Vilegenthart, Rens, Stefaan Walgrave, Ruud Wouters, Swen Hutter, Will Jennings, Roy Gava, Anke Tresch, Frédéric Varone, Emiliano Grossman, Christian Breunig, Sylvain Brouard, and Laura Chaques-Bonafont 2016, "The Media as a Dual Mediator of the Political Agenda–Setting Effect of Protest. A Longitudinal Study in Six Western European Countries," *Social Forces*, 95(2), pp. 837–859.

Visser, Jelle 2019, ICTWSS Data base. version 6.1. Amsterdam: Amsterdam Institute for Advanced Labour Studies AIAS, November 2019.

索　引

＊太字の数字は本文で重要語句としてゴシック体で掲載されている語句のページ数を示す。

事項索引

■ アルファベット

ADR　→裁判外紛争手続
CME　→調整型市場経済
GAL‐TAN 軸　203
GATT　→関税及び貿易に関する一般協定
home style　**140**
IMF　→国際通貨基金
LGBT　206
LME　→自由市場経済
NHS　→国民保健サービス
NIMBY　**181**
NPM（New Public Management）
　121
NPO　→非営利組織
Parline　74
Political Regimes of the World
　Dataset　110
Polity　31
$R=BP-C+D$　78
SES　→社会経済的地位
SNS　305
V-Dem　33, 34

■ ア　行

アウトサイダー　248, 249, 279, 280
アウトソーシング　121
アウトプット・レジティマシー

154
アカウンタビリティ（accountability）
　49-51, 75, **121**, 155, 252
　垂直的（vertical）――　**50**
　水平的（horizontal）――　**51**
アクティベーション（activation）
　274, 278
アジェンダ・セッティング（議題設定）
　（agenda-setting）　304
　――・パワー（議題設定権）
　　（agenda-setting power）　102,
　　129
新しい社会的リスク　**276**, 277
新しい立憲主義（new constitutional-
　ism）　159
アメリカ・モデル　**161**
委員会中心主義　**131**, 132
委員会理論　133
違憲審査（constitutional review）
　160
　具体的（付随的）――　**161**
　集権的――　**161**
　抽象的――　**161**
　分権的――　**161**
違憲立法審査権　53
イスラーム原理主義　213
一院制　**130**
一体性　103
一党優位制（one-party dominant

system) 96
イニシアティブ →国民発案
委任 (delegation) **127**
　——関係 258
移民 (immigrant) 286–288
　反—— 205, 206
インサイダー 248, 249, 279
インターネット 305, 308
インプット・レジティマシー **154**
インフレーション 240, 241
埋め込まれた自由主義 (embeded liberalism) **240**
エージェンシー →代理人
　——・スラック (agency slack) 118, 258
　——・ロス (agency loss) **118**, 258
黄金の 30 年間 **269**
欧州統合の推進者 **222**
大きな政府 198, 241
オンライン 305, 308

■ カ 行

階級対立 **20**
解散権 111
階層化 271
外的拘束 (vincolo esterno) **251**
火災報知器 299
家族主義レジーム **272**
価値観 194, 198
カトリック教会 213, 217
ガバナンス (governance) **120**
環境運動 206
監視 (oversight) **119**
　火災報知器型——(fire-alarm oversight) 120
　事後型—— 120
　事前型—— 119
　パトロール型——(policy-patrol oversight) 120
関税及び貿易に関する一般協定 (GATT) 239

官僚 **118**
議院内閣制 (parliamentary system of government) 93, 109–112
議会 36, 127, **140**
　——主権 64
　——での活動の説明 (explanation of Washington activity) 140
　——内での影響力 **139**
　アリーナ型—— 133
　変換型—— 133
企業中心アプローチ **244, 259**
議決 (decision-making) 128
議題設定権 →アジェンダ・セッティング・パワー
規制 22
議席割り当て制 137
基礎自治体 183
期待効用 (expected utility) 77
技能レジーム **281**
　国家主導—— 282
　自由主義的—— 282
　集団的—— 282
　分断主義的—— 283
義務的 63
義務投票制 79
教育 14, 17
教会 20
凝集性 (cohesion) **101**
行政機関 109
行政指導 **150**
業績誇示 (credit claiming) **140**
競争 29
　——性 35
共通通貨ユーロ **255**
拠出方式 285
ギルド 14
亀裂 (cleavage) 97
金の囚人服 **248**
金融化 (financialization) **257**
国 183
クレディブル・コミットメント (credible commitment) **256**

グローバル化（globalization）　237,
　　241, 245, 250
　　──の敗者　250
グローバル・ガバナンス（global
　　governance）　248
ケア　278
経済的左右軸（economic left-right
　　dimension）　153
経済的な対立軸（市場か再分配か）
　　203
経路依存性　276
権威主義体制（authoritarianism,
　　authoritarian regime）　6, 41-43
　　軍事型　42
　　個人型　42
　　政党型　42
憲法（constitution）　149, 156
　　高次法としての──（higher law
　　　constitution）　157
　　立法府優位の──（legislative
　　　supremacy constitution）　157
憲法裁判所　151, 159, 160, 164
権力（power）　29
権力資源動員（論）（power resourse
　　theory）　270, 283
コアビタシオン　112
広域自治体　183
広域連携　183
拘束的　62
高通貨政策　258
公認制度　103
候補者中心　103
候補者割り当て制　137
合理的対応　202
合理的投票者モデル　77
国際通貨基金（IMF）　239
国制　156
国民（nation）　6
　　──の文化　193
国民意識の醸成　15
国民国家（nation state）　3

国民審査（people's review）　151
国民投票　57, 62, 64
　　義務的──　63
国民発案（イニシアティブ）　62
国民保健サービス（NHS）　268, 273
個人中心　76
国家（state）　3
　　──の衰退　246
国会議員　185
国家形成
　　強制力集約型（coercion-intensive）
　　　7, 8
　　資本集約型（capital-intensive）　8
コーポラティズム（corporatism）
　　10, 59
　　国家──　221
　　ネオ・──　21, 239, 242, 300
コーポレート・ガバナンス（企業統治）
　　258
コロンビアモデル　83
混合経済（mixed economy）　238
混合制（mixed system）　72, 74

■　サ　行

最小距離連合理論（minimal range
　　coalition）　116
最小勝利連合理論（minimal winning
　　coalition）　115
　　隣接──　116
最小政党数連合理論（coalitions with
　　the smallest number of parties）
　　116
再選　139
最低規模連合理論（minimum size
　　coalitions）　116
裁判外紛争手続（ADR）　150
裁判官（judge）　53
　　活動家──　166
　　キャリア（career）──　168
　　選出（elected）──　168
　　認定（recognition）──　168

事項索引　**313**

任命(appointed)―― 168
抑制的―― 166
再分配 253, 284
――重視 198
再編(restructuring) 278
裁量 181
サブカルチャー 218
参加 18
産業社会論 270
三権分立 110, 147
参政権 19
3割(4割)自治 183
ジェンダー(gender) 137, 198, 200,
285
――・クオータ(gender quota)
137, 138
資金 301
資源の配分(allocation of resources)
140
自己実現 194
事後統制 150
支持政党 85
市場経済重視 198
静かなる革命 194
事前統制 150
市町村合併 122
執政制度(executive system) 109
執政長官(chief exective) 109
執政府 110
――の長 109, 111
シティズンシップ(citizenship) →市
民権
シティ・マネージャー 179
自発的候補者割り当て制 137
司法(judiciary) 148
――の政治化(politicization of the
judiciary) 149, 151–153, 155
――の独立 147, 158, 163
――(重視)への転換 159
司法化(judicialization) 154
政治の――(judicialization of
politics) 149, 150, 153, 159

司法行動論 165
司法政治(judicial politics)論 147
司法評議会(judicial council) 162
――モデル 162
資本主義の多様性(varieties of capital-
ism) 243, 259
市民権(シティズンシップ) 249,
273, 286
市民社会(civil society) 122, 293
諮問的 62
社会運動(social movement) 294,
303, 304
社会学モデル 83
社会関係資本 →ソーシャル・キャピ
タル
社会経済的地位(socio economic
status: SES) 297, 306
社会契約(social pact)(論) 8, 243
社会的権利 270
社会的市場経済 245
社会的投資国家論(social investment
state) 280
社会的望ましさバイアス(social
desirability bias: SDB) 81, 196
社会的文化的対立軸 203
社会文化的争点 148, 153
社会保険(social insurance) 22,
266
社会民主主義レジーム 272, 277,
285
社会問題 265
自由 30
異議申し立ての―― 33
宗教 213
宗教思想の政治イデオロギー化
216
自由市場経済(LME) 244, 259, 260,
281, 301
自由主義レジーム 271, 275, 278,
285
終身 168
集票機能 301

自由貿易体制　238
　国際的——　268
自由民主主義（リベラル・デモクラシー）　30, 54, 214
住民投票　63
収斂（convergence）　246
縮減（retrenchment）　273, 275
主権（sovereignty）
　対外（external）——　4
　対内（internal）——　4
主権国家（sovereign state）　4
　近代——　3, 7
首相（prime minister）　52, 109, 111, 112
首長　179
主流派（教会）　225
条件付き政党政府モデル　102
少子高齢化　273
小選挙区制（single-member district system）　58, 72
小選挙区比例代表併用制（mixed-member proportional system）　74
小選挙区比例代表並立制（mixed-member majoritarian system）　74
情報コスト　83
情報理論　132
勝利の方程式　287
職能代表制（occupational representation）　221
シルバー・デモクラシー　84
審議　128
新自由主義（ネオリベラリズム）　241
浸透（penetration）　11
信任　110, 111, 129
スコープス裁判　225
スタグフレーション　240
性　205, 206
政教分離原則　215, 230
政権（government）　98, 99

——形成　114
　少数（minority）——　117
　多数（majority）——　117
　単独（single-party）——　93, 114
制裁（sanction）　135
政策（policy）　98, 99
　——遺産　276
　救貧——　266
　教育——　218
　福祉——　219
政策追求連合理論（policy-viable coalitions）　117
生産性の政治（politics of productivity）　268
政治意識　196, 198
政治関心　80, 81
政治参加（political participation）　294, 296, 297
　公式の——　293
政治的カトリシズム　216, 221
政治的景気循環論　252
政治的代表　293
政治的保険　163
政治文化（political culture）　195, 198, 200
脆弱国家（fragile state）　5
生存　194
政党（political party）　93
　——の一体性（unity）　101
　——の規律（discipline）　101
　——ラベル　85, 185
　右翼ポピュリスト——　232
　カトリック——　218, 219
　カルテル（cartel）——　94
　幹部（cadre）——　94
　忌避——　85
　キリスト教——　213, 214, 218, 219
　キリスト教民主主義——　222, 223
　組織——　94
　包括（catch-all）——　94

事項索引　315

ポピュリスト（populist）――
205, 237
政党カルテル・モデル　102
政党間の立法過程　136
政党帰属意識（party identification）
84
政党支持　84
政党システム（政党制）（party system）
95-97, 184
正統性（legitimacy）　6
政党組織（party organization）　184
政党中心　76, 103
政党内の立法過程　134
正統な物理的強制力（暴力）の独占
4
政府間関係　174
政府の監視機能　129
世界価値観調査　80
責任（accountability）　87, 127
世襲議員　138, 139
世俗化　223
絶対王政　13
説得　301
選挙（election）　43, 127
　中間――　80
　普通――　19, 37
　予備――（primary）　102
選挙区　140
　――定数　76, 97
選挙制度（electoral system）　71,
103
　多数決型――　259
戦後合意　268
全体主義（totalitarian）　41, 57
宣伝（advertising）　140
戦略モデル　165, 166
創価学会　228
創共協定　229
争訟モデル　150
造反　104
ソーシャル・キャピタル（社会関係資
本）　200, 202

ソーシャル・ダンピング　274

■ タ　行

第一次世界大戦　267
代議制　56
　――民主主義　49, 71
　――民主制　56
大臣による逸脱（ministerial drift）
136
大統領（president）　109-112
大統領制（presidential system）
109-112
　――の危機　113
　半――　112
大都市制　183
態度モデル　165
第二院
　元老院型　130
　公選第二院型　130
　連邦代表型　130
第二次世界大戦　38, 267
第2バチカン公会議　222
代表　127
代理人（エージェント）（agent）　51,
52
ターゲット型　280
多数制（majoritarian system）　72,
79
　絶対――（absolute majoritarian
　system）　72
　相対――（plurality system/relative
　majority system）　72
立場表明（position taking）　140
脱商品化（decommodification）
271
脱物質的（post-materialist）　204
多党制（multi-party system）　96
単一国家（unitary state）　177, 183,
184
単一制　174
単記移譲式投票制（single transferable
vote system）　73, 74

単記非移譲式投票制（single non-trans-ferable vote system）　74

男性稼得者モデル（male-breadwinner model）　**272**

団体主義的交渉デモクラシー　9

小さな政府　198, 241, 251

地方議員　185

地方政治　179

地方政府（local government）　173–175, 183

地方分権（decentralization）　122, 173

中央銀行（central bank）　61

　——の独立性　**255**

中央集権　173

　——国家　18

中央政府　173–175

中間団体（社団）　**12**

中立性・信頼性　163

調整型市場経済（CME）　244, 259, 281, 301

陳情　293, **294**, 296, 298

ディリズム　**239**

デモ　**294**, 296

デュアリズム　**248**

伝統的　194

　非——　194

伝統の創造　**16**

討議　55

党議　135

党規律（party discipline）　37

党派性　242, 256, 283

党派的景気循環　**252**

党派理論　**132**

投票（vote）　296

　——行動　224

　——選択　83

　——の規定要因　79

　——率　77

　足による——　**180**

　インターネット——　**307**

　回顧（retrospective）——　86

　議場（roll-call vote）——　101, 135

　業績（retrospective）——　86, 87

　個人——　75, 77

　政党——　75, 77

　「まえむき（prospective）」な期待からなる——　86

投票参加（turnout）　71

　非——　294, 296–298

独裁　29, 31

独立機関　60

独立規制機関（independent regulatory agency）　150

独立した司法機関（independent judiciary）　61

トリレンマ　**247**

■　ナ　行

ナショナリズム（nationalism）　203, 205–207, 208

ナショナル・アイデンティティ　208

難民　286

二院制（bicameralism）　**130**, 131

二元代表制　179

二層構造　178

二大政党制　96

日蓮主義　227

任意　**63**

ネイションの構築　16

ネオリベラリズム　→新自由主義

■　ハ　行

バウチャー　**274**

覇権国（hegemon）　238

バラモン化　**250**

非営利組織（NPO）　120

比較政治経済　237

ビスマルク・モデル　**273**

非民主主義　31

　——体制　29, 113

謬説表　216

事項索引　　**317**

票（votes） 98
標準化 15
比例制（proportional system） 72,
　79
比例代表制（proportional representa-
　tion system） 59, 73, 259
　　拘束名簿式（closed-list）—— 73
　　非拘束名簿式（open-list）—— 73
フェデラリスト・ペーパー 56
付加年金 268
賦課方式 285
福音派（教会） 225, 226
福祉国家（welfare state） 21, 22,
　265
　　ケインズ主義的—— 269
福祉ショービニズム（福祉排外主義）
　287
福祉マグネット（welfare magnet）
　180, 288
福祉レジーム 271, 286
不信任 111, 130
普通女性参政権 33
フランス革命 13
フリーダム・ハウス 31
プリンシパル（principal） →本人
旧い社会的リスク 276
フレキシキュリティ（flexicurity）
　279
ブレトンウッズ体制（bretton woods
　system） 239, 247
文化（culture） 191, 192
　　——戦争 203, 205
　　——変容 223
文化的バックラッシュ 205
分極化（polarization） 153, 237
分析 301
分配 21
　　——理論 132
ベヴァリッジ報告 267
ベヴァリッジ・モデル 273
ヘント制 266
包摂（性） 33, 35

法の支配（rule of law） 147
法律モデル（役割理論） 165
補完性原理（subsidiarity） 220
保険理論（insurance theory） 153,
　256
保護主義（protectionism） 238
保守主義レジーム 272, 275, 278,
　285, 286
ポスト工業社会 277
ポピュリズム（populism）
　経済—— 250
　左派—— 250
ポリアーキー（polyarchy） 33, 96
本会議中心主義 131
本人（プリンシパル） 51, 52
本人—代理人関係 51-53, 118,
　258

■ マ　行

マルチレベル 173, 184
マンデル・フレミング・モデル
　254
ミシガンモデル 84
3つの目標 99
ミニ・パブリックス 55, 65
民営化（privatization） 121
民主化（democratization） 35
　　——の第一の波（first wave of
　　democratization） 35, 37
　　——の第一の引き波 37
　　——の第二の波（second wave of
　　democratization） 38
　　——の第二の引き波 39
　　——の第三の波（third wave of
　　democratization） 40, 213
民主主義（democracy） 29-31, 39,
　49
　　——の後退 40
　　——の崩壊 113
　　間接（indirect）—— 55
　　キリスト教—— 216
　　合意（コンセンサス）型（consensus）

318　索　引

―― 10, 58, 59, 60
参加―― 55
熟議―― 55
選挙―― 54
多数決型(majoritarian)―― 58, 60
直接(direct)―― 57
メディア 17
メリット・システム(merit system) 162

■ ヤ 行

役割理論 →法律モデル
有権者に姿をみせること(presentation of self) 140
有効政党数(effective number of parties) 96
よい公共政策 139
ヨーロッパ・モデル 161
世論調査 193
国際比較―― 195

■ ラ 行

ライシテ 231
利益団体(interest group) 298, 299
立法(legislation) 128
――機関 109
――府 110

リベラル 204
――・デモクラシー →自由民主主義
――・ナショナリズム論 208
略奪国家(predatory state)論 7
冷戦(cold war) 39, 238
レファレンダム 57, 62
レールム・ノヴァールム 219
連邦最高裁判所 155
連邦制(federalism) 18, 61, 62, 174, 176, 178, 182, 184
――のパラドックス 177
非対称―― 177
民族――(ethnofederal state) 176, 178
領域的な―― 177
連立政権(coalition government) 93, 114, 136
――理論 115
労働中心アプローチ 243
ロー対ウェイド 226
ロトクラシー(lottocracy) 65
ロビイング(lobbying) 293, 296, 298, 299

■ ワ 行

ワークフェア(workfare) 274

事項索引 **319**

国名索引

■ ア 行

アイスランド　65

アイルランド　74, 151, 182

アメリカ　5, 7, 11, 31, 33, 34, 40, 53, 56, 62, 72, 79, 84, 86, 87, 102, 110, 129, 130, 132, 133, 138, 140, 151, 152, 155, 158, 160–162, 165, 167, 168, 173–177, 179–181, 191, 192, 194, 203, 205, 213, 214, 224, 225, 229, 238–240, 242, 245, 246, 251, 253, 254, 268, 269, 276, 281, 282, 286, 298, 300, 303, 304, 306

アルジェリア　77

アルゼンチン　110

イギリス　8, 10, 21, 36, 52, 58, 64–66, 72, 94, 121, 130, 131, 157, 158, 161, 163, 164, 239, 241, 242, 246, 251, 253, 254, 258, 267, 272, 273, 275, 276, 278, 281, 282, 285, 298, 300

イタリア　5, 9, 18, 21, 38, 112, 151, 154, 160–162, 166, 168, 183, 200, 222, 223, 241, 243, 253, 268, 274, 275, 278–280, 286

インド　112, 176, 250

エジプト　77

エストニア　194, 307

エチオピア　77

オーストラリア　176, 294

オーストリア　10, 73, 159, 176, 182, 219, 221, 223, 282, 300

オランダ　9, 10, 73, 157, 161, 183, 214, 219, 223, 242, 280, 300

■ カ 行

カナダ　72, 138, 174, 176, 182

韓国　41, 110, 138, 160, 161, 194, 196, 200, 241, 248

北朝鮮　31

キプロス　198

旧ユーゴスラヴィア連邦　176

ギリシャ　64, 182, 198

■ サ 行

シリア　5

シンガポール　31, 77

スイス　9, 10, 18, 33, 34, 62, 63, 66, 168, 176, 182, 198, 283, 288

スウェーデン　73, 191, 192, 198, 200, 206, 241, 252, 268, 272, 273, 278, 281, 282, 285, 304

スペイン　39, 41, 73, 149, 153, 160, 163, 177, 278, 279

スロベニア　194

ソマリア　77

ソ連　37, 38, 42, 207, 238

■ タ 行

台湾　41, 194, 196, 241, 294

中国　229

チュニジア　77

チリ　196

デンマーク　73, 176, 196, 198, 279, 280, 288

ドイツ　9, 10, 17, 18, 21, 22, 37, 38, 42, 74, 112, 159, 161, 163, 174, 176, 177, 182, 196, 214, 220, 222, 239, 245, 251, 253, 256, 259, 266–268, 272, 275, 277, 278, 281, 282, 284–286, 304

トルクメニスタン　77

トルコ　200

■ ナ 行

ナウル　77

ニカラグア　213

日本　5-7, 11, 13, 16, 22, 31, 34, 38,

320　索　引

52, 63, 71, 74, 85, 97, 104, 121, 122,
128–130, 135–138, 150, 151, 154,
158, 160–162, 165, 167, 168, 173–
176, 179, 182–184, 194, 196, 198,
200, 205, 207, 213, 214, 227, 230,
231, 238, 239, 241, 242, 245–248,
251, 252, 255, 259, 266–268, 272,
274, 275, 277, 279, 283–286, 294,
298, 300, 302, 303, 306, 308
ニュージーランド　33, 74, 196
ノルウェー　196, 200

■ ハ 行

ハイチ　77
ハンガリー　167, 203, 206, 248
フィンランド　33, 73, 182, 280
プエルトリコ　196
ブラジル　110, 198
フランス　8, 9, 12, 14, 17, 64, 72,
112, 158, 162, 183, 203, 206, 222,
231, 239, 241, 242, 245, 251, 267,
275, 278, 286, 294, 304

ベトナム　77
ペルー　196
ベルギー　10, 73, 174, 176, 178, 219,
219, 223, 242, 266, 300
ポーランド　164, 167, 203, 206, 213,
248
ポルトガル　41, 198
香港　194, 196

■ マ 行

南アフリカ　33
メキシコ　176, 182

■ ラ 行

ラオス　77
ラトヴィア　207
リヒテンシュタイン　110
ルクセンブルク　242
ルーマニア　167, 196
ルワンダ　77
ロシア　7, 176, 177

人名索引

■ ア 行

アイゼンハワー（Dwight D. Eisenhower）　53

アデナウアー（Konrad H. J. Adenauer）　222

アトリー（Clement R. Attlee）　268

アーモンド（Gabriel Almond）　193

アンダーソン（Benedict Anderson）　15

池田大作　229

石原莞爾　227

イングルハート（Ronald Inglehart）　194

ヴァーバ（Sidney Verba）　193

ウェーバー（Max Weber）　4

ウォーレン（Earl Warren）　53

エスピン-アンデルセン（Gosta Esping-Andersen）　270, 271, 273

遠藤周作　202

オードシュック（Peter C. Ordeshook）　77, 78

■ カ 行

海部俊樹　138

片山哲　138

岸田文雄　138

キッチェルト（Herbert Kitschelt）　204, 304

キャメロン（David Cameron）　64

キャリー（John M. Carey）　76

ケインズ（John Maynard Keynes）　238

ケルゼン（Hans Kelsen）　57, 159

ゲルナー（Ernest Gellner）　207

小泉純一郎　104

コルピ（Walter Korpi）　270

■ サ 行

サッチャー（Margaret Thatcher）　121, 251, 258, 276

ジブラット（Daniel Ziblatt）　18

シュガート（Matthew S. Shugart）　76

シューマン（Robert Schuman）　222

シュミット（Helmut Schmidt）　256

シュレーダー（Gerhard Schroder）　253, 277

シュンペーター（Joseph A. Schumpeter）　56

スコープス（John T. Scopes）　225

スターリン（Iosif Vissarionovich Stalin）　38

ストローム（Kaare Strom）　98

スプライト（Hendrik Spruyt）　9

ソスキス（David Soskice）　243

■ タ 行

大正天皇　16

ダウンズ（Anthony Downs）　77, 78

高安健将　52

高山樗牛　227

ダール（Robert A. Dahl）　32, 33, 35, 96

ティボー（Charles M. Tiebout）　180

ティリー（Charles Tilly）　7, 9, 10

デ・ガスペリ（Alcide De Gasperi）　222

デスハウアー（Kris Deschouwer）　184

ド・ゴール（Charles de Gaulle）　64

トルドー（Justin Trudeau）　138

ドルフス（Engelbert Dollfuss）　221

■ ナ 行

中曽根康弘　121

日蓮　227
野田佳彦　104
ノリス（Pippa Norris）　208

■ ハ 行

ハイエク（Friedrich Hayek）　238
朴槿恵　138
パットナム（Robert D. Putnam）
　200, 202
ハンチントン（Samuel P. Huntington）
　35, 37, 38, 40
ピアソン（Paul Pierson）　276
ビスマルク（Otto von Bismarck）
　22, 264, 266
ピーターソン（Paul E. Peterson）
　180
ファイナー（Samuel E. Finer）　156
ファルウェル（Jerry Falwell）　226
フェノ（Richard F. Fenno Jr.）　140
ブッシュ，G. W.（George W. Bush）
　138
フランツ（Erica Frantz）　42
フリードマン（Milton Friedman）
　238
ブレア（Tony Blair）　253
プローディ（Romano Prodi）　253
ボイシュ（Carles Boix）　284
ホブズボウム（Eric Hobsbawm）
　16
ホメイニー（Ruhollah Khomeini）
　213
ホール（Peter A. Hall）　243

ポルスビー（Nelson W. Polsby）
　133
ボールドウィン（Peter Baldwin）
　270

■ マ 行

マーシャル（Thomas H. Marshall）
　270
マルクス（Karl Marx）　222
宮澤喜一　104, 138
宮沢賢治　227
宮本顕治　229
モンテスキュー（Charles-Louis de
　Montesquieu）　56

■ ラ 行

ライカー（William H. Riker）　77, 78,
　115
ラヴィス（Ernest Lavisse）　17
リッター（Gerhard A. Ritter）　270
リンス（Juan J. Linz）　42, 112, 113
ルイ 14 世（Louis ⅩⅣ）　12, 13
レイプハルト（Arend Lijphart）　58,
　60, 74, 97
レーガン（Ronald Reagan）　226,
　251, 276
レームブルッフ（Gerhard Lehmbruch）
　9, 10
レンジャー（Terence Ranger）　16
ロッカン（Stein Rokkan）　11, 15
ロドリック（Dani Rodrik）　236, 247

【y-knot】

民主主義の比較政治学
Comparative Democratic Politics

2025 年 4 月 1 日　初版第 1 刷発行

著　者　　伊藤武・作内由子・中井遼・藤村直史
発行者　　江草貞治
発行所　　株式会社有斐閣
　　　　　〒101-0051 東京都千代田区神田神保町 2-17
　　　　　https://www.yuhikaku.co.jp/
装　丁　　高野美緒子
印　刷　　株式会社理想社
製　本　　牧製本印刷株式会社
装丁印刷　株式会社亨有堂印刷所

落丁・乱丁本はお取替えいたします。定価はカバーに表示してあります。
©2025, Takeshi Ito, Yuko Sakuuchi, Ryo Nakai, Naofumi Fujimura
Printed in Japan. ISBN 978-4-641-20014-2

本書のコピー，スキャン，デジタル化等の無断複製は著作権法上での例外を除き禁じられています。本書を代行業者等の第三者に依頼してスキャンやデジタル化することは，たとえ個人や家庭内の利用でも著作権法違反です。

JCOPY 本書の無断複写（コピー）は，著作権法上での例外を除き，禁じられています。複写される場合は，そのつど事前に，（一社）出版者著作権管理機構（電話03-5244-5088，FAX 03-5244-5089，e-mail:info@jcopy.or.jp）の許諾を得てください。